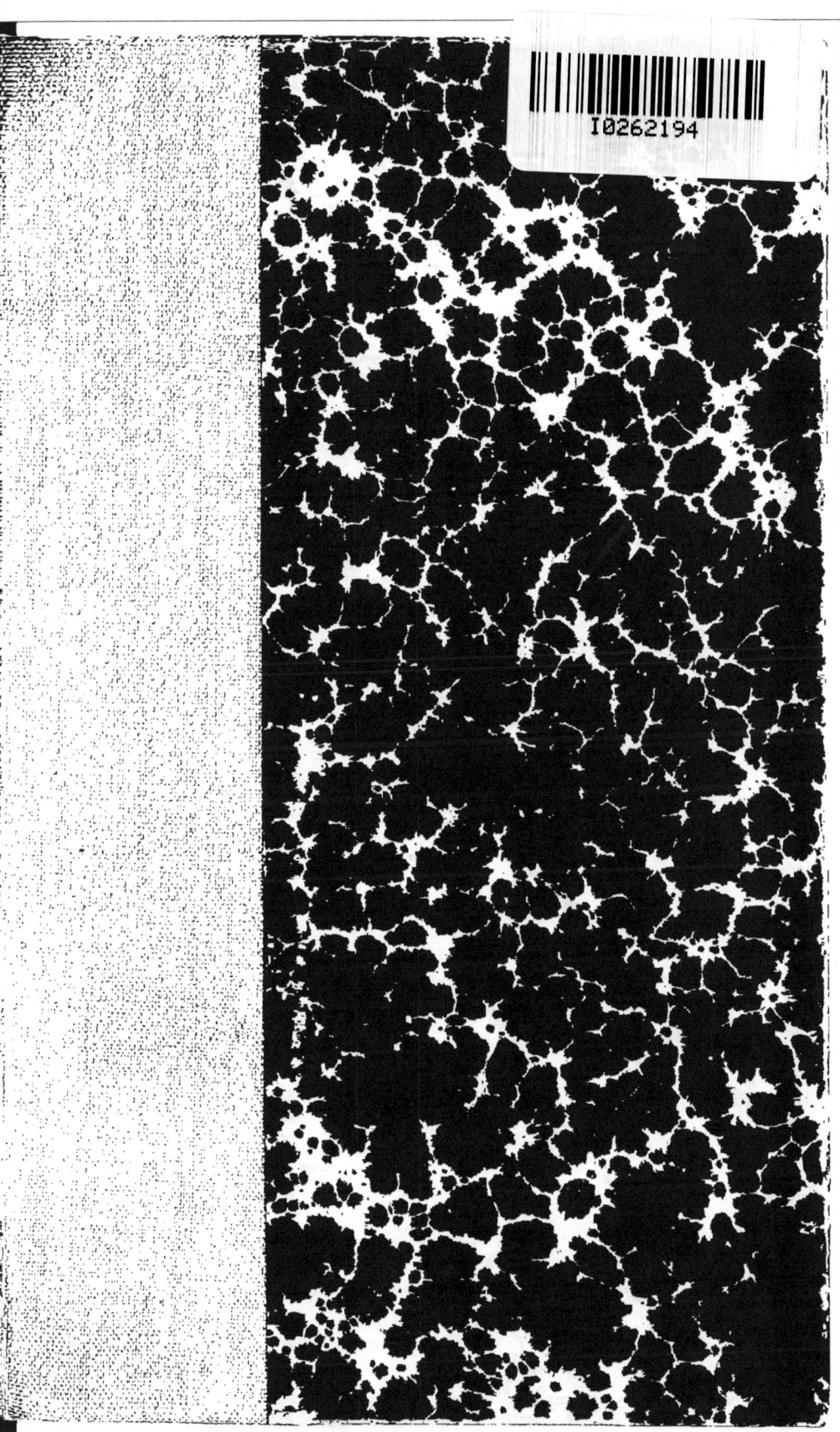

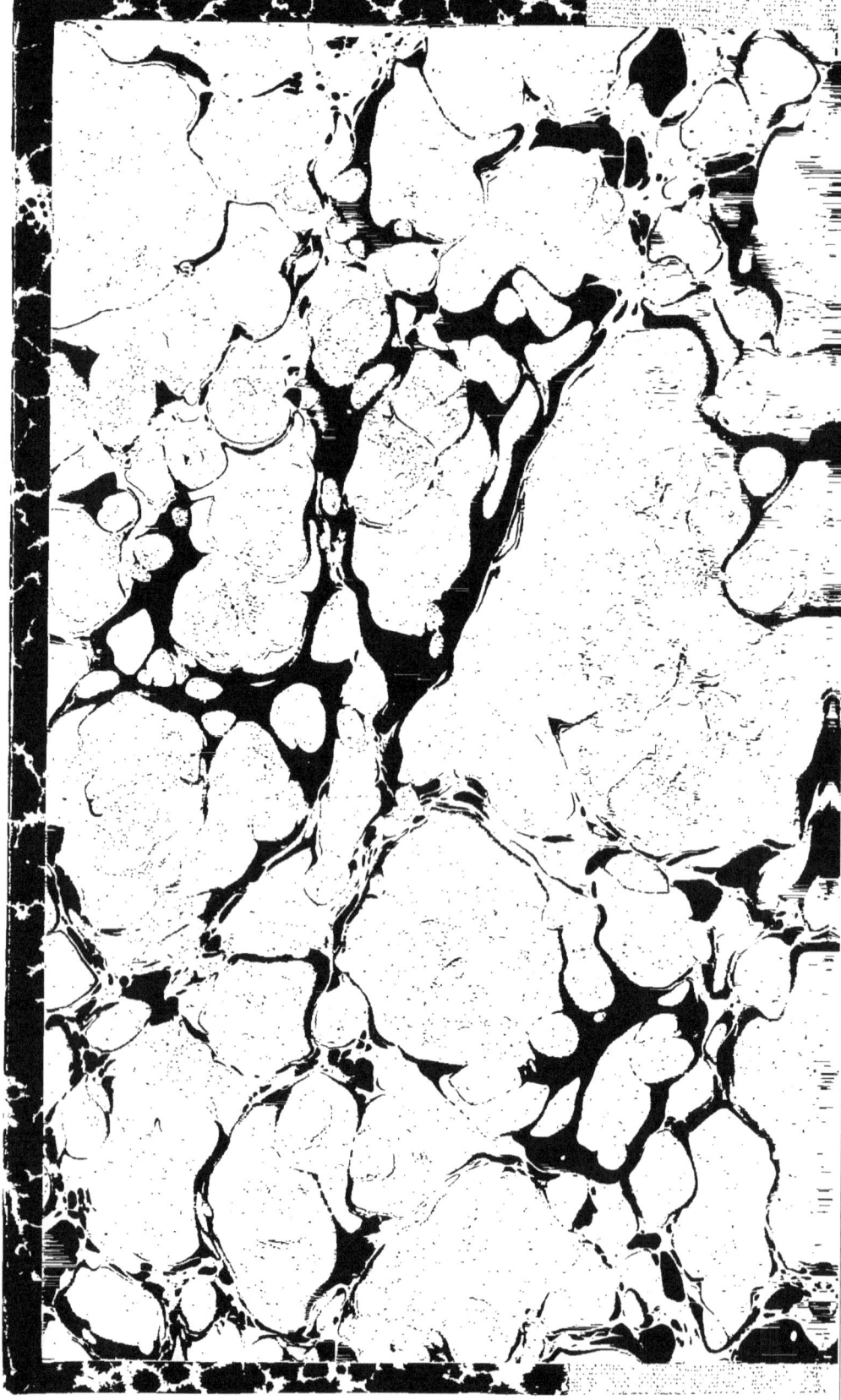

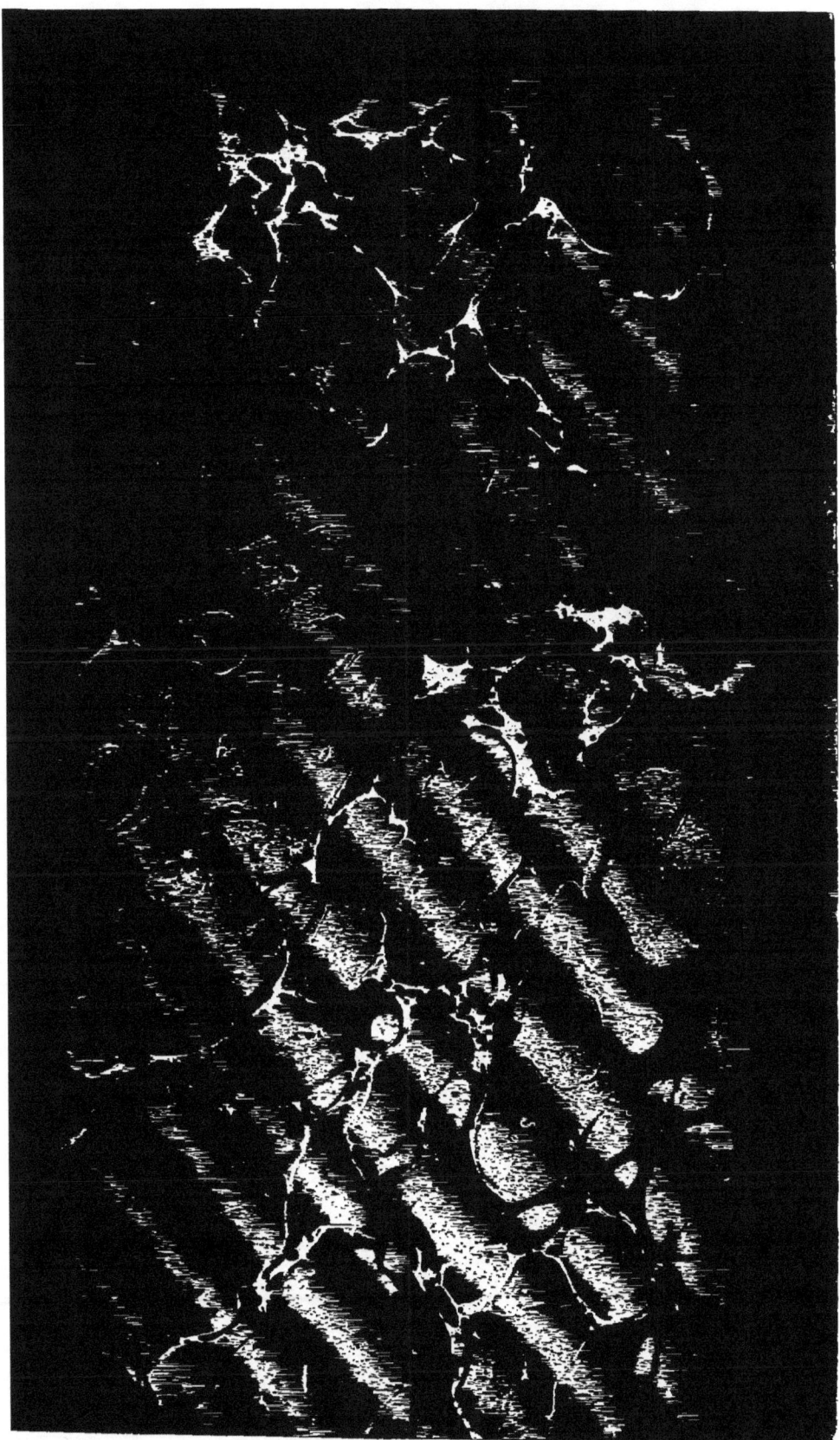

I. — BOULANGER

VIE
DE LA BIENHEUREUSE
LOUISE DE SAVOIE
DAME DE NOZEROY (JURA)
RELIGIEUSE DE SAINTE CLAIRE DU COUVENT D'ORBE

PAR

l'abbé F. JEUNET
Membre de l'Académie de la Société helvétique de Saint-Maurice.

Curé de Cheyres (Fribourg)

ET

J.-H. THORIN,
ANCIEN CONSEILLER D'ÉTAT

Membre de l'Académie de la Société helvétique de Saint-Maurice.

Ouvrage couronné par l'Académie de Savoie (22 janv. 1874)
et approuvé par Mgr Mermillod, évêque de Lausanne et Genève;
Mgr Besson, évêque de Nimes;
Mgr Marpot, évêque de Saint-Claude; Mgr Lachat, évêque de Bâle,
et Mgr l'archevêque de Turin.

DEUXIÈME ÉDITION

Ora pro nobis, quoniam mulier sancta es et timens Deum. (JUDITH, VIII, 29.)
Priez pour nous, parce que vous êtes une femme sainte et craignant Dieu.

DIJON
IMPRIMERIE DE L'UNION TYPOGRAPHIQUE
Mersch et Cie
40, RUE SAINT-PHILIBERT, 40

1884

VIE

DE LA BIENHEUREUSE

LOUISE DE SAVOIE

VIE
DE LA BIENHEUREUSE
LOUISE DE SAVOIE
DAME DE NOZEROY (JURA)

RELIGIEUSE DE SAINTE CLAIRE DU COUVENT D'ORBE

PAR

l'abbé F. JEUNET

Membre de l'Académie de la Société helvétique de Saint-Maurice.

Curé de Cheyres (Fribourg)

ET

J.-H. THORIN,

ANCIEN CONSEILLER D'ÉTAT

Membre de l'Académie de la Société helvétique de Saint-Maurice.

Ouvrage couronné par l'Académie de Savoie (22 janv. 1874)
et approuvé par Mgr Mermillod, évêque de Lausanne et Genève;
Mgr Besson, évêque de Nimes;
Mgr Marpot, évêque de Saint-Claude; Mgr Lachat, évêque de Bâle,
et Mgr l'archevêque de Turin.

DEUXIÈME ÉDITION

*Ora pro nobis, quoniam mulier sancta es
et timens Deum.* (JUDITH, VIII, 29.)
Priez pour nous, parce que vous êtes une
femme sainte et craignant Dieu.

DIJON

IMPRIMERIE DE L'UNION TYPOGRAPHIQUE

Mersch et Cie

40, RUE SAINT-PHILIBERT, 40

1884

APPROBATIONS

Lettre de Monseigneur Mermillod, évêque de Lausanne et de Genève.

Monsieur le Curé et cher ami,

Je vous félicite d'avoir écrit la vie de la bienheureuse Louise de Savoie. Vous mettez en lumière une existence qui se rattache aux souvenirs historiques de notre pays. Elle a, au milieu des brillants périls d'une cour, révélé dès son enfance toutes les vigueurs d'une forte vertu. A Genève, à Lausanne, elle a édifié le peuple catholique et honoré l'Eglise. Toutes les grâces de la sainteté couronnaient les délicatesses et les qualités exquises de la jeune fille et de la jeune femme. Elle était tout à la fois une humble et grande chrétienne, une femme forte et une princesse distinguée. Elle eut le couronnement de la douleur : Charles le Téméraire la fit prisonnière au Grand-Saconnez, et à vingt-sept ans elle resta veuve. Dès lors elle se consacra à Dieu, refusant les plus séduisantes situations pour se cacher sous le vêtement de sainte Claire dans le monastère d'Orbe. Vous avez fait plus que de raconter les faits de cette noble et sainte vie ; vous avez peint son âme, les mots que vous citez d'elle sont une révélation. Lorsqu'elle disait : « Il suffit que mon époux m'aime beaucoup », n'est-ce pas le tableau de tous les devoirs de la femme chrétienne qui comprend le mariage dans ses devoirs évangéliques ? La religieuse apparaît dans vos pages. Vous avez tout à la fois tracé la biographie d'une sainte et les événements de son époque.

Je suis frappé des similitudes qui existent entre cette princesse et sainte Jeanne-Françoise de Chantal.

Il m'est doux de vous encourager dans vos patientes et habiles recherches, et je ne puis qu'applaudir à la collaboration que vous avez obtenue d'un vaillant catholique qui sert la cause de la vérité et de la justice par sa parole, par sa plume et par son dévouement.

Votre livre, appuyé sur les documents les plus incontestables, écrit avec charme et sobriété, est une des lectures les plus fortifiantes, qu'il m'est doux de recommander chaleureusement aux prêtres et aux fidèles.

Que Dieu bénisse votre œuvre, et que la bienheureuse Louise, dont le souvenir est un enseignement et une protection, suscite des saints : notre siècle et notre pays troublés en ont un si grand besoin.

Tout à vous affectueusement en Notre-Seigneur Jésus-Christ.

† GASPARD.
Evêque de Lausanne et de Genève.

Lettre de Monseigneur l'évêque de Nîmes.

Nimes, le 12 janvier 1879.

Monsieur le Curé,

J'ai lu avec le plus grand intérêt, votre histoire de la Bienheureuse Louise de Savoie. C'est un modèle achevé pour toutes les classes de la société. Elle montre aux uns comment on use de la richesse pour soulager les misères d'autrui, et aux autres comment on pratique la pauvreté volontaire. Dans le monde et dans le cloître, au château de Nozeroy comme au couvent d'Orbe, sa vertu si douce eut le don de faire bénir Dieu et d'attirer les âmes à lui.

Le diocèse de Besançon a le bonheur de posséder le chef précieux de sainte Elisabeth de Hongrie. Louise a été pour nos pères une autre Elisabeth, aussi pieuse, aussi humble, aussi dévouée que la duchesse de Thuringe.

Si nous n'avons plus le bonheur de conserver ses reliques qui reposent aujourd'hui dans la chapelle royale de Turin, au moins, grâce à votre livre, si complet et si édifiant, nous garderons le souvenir de ses belles actions.

Aussi je fais des vœux pour que cette histoire soit dans les mains de tous ceux qui s'intéressent à la gloire de la religion et à l'honneur de la Franche-Comté.

Veuillez agréer, Monsieur le curé, l'expression de mes plus dévoués sentiments.

† Louis, év. de Nimes.

Lettre de Monseigneur l'évêque de Saint-Claude.

Saint-Claude, le 27 juin 1881.

Monsieur le Curé,

J'ai lu en partie le livre dont vous voulez bien me faire hommage. Ma pensée est que vous avez fait une œuvre utile, en écrivant l'histoire de la bienheureuse Louise de Savoie, dont les vertus honorent l'Eglise « et qui, ayant été placée dans toutes les conditions de la vie, peut offrir « un modèle aux personnes de tout âge et de tout état. » (Lettre de Charles-Albert à S. S. Grégoire XVI.)

Si la Bienheureuse appartient à la Savoie par sa naissance et par ses illustres ancêtres, à la France par sa pieuse mère et son alliance avec les princes de la maison de Châlon, elle appartient aussi au diocèse de Saint-Claude, qui comprend Nozeroy, et les lieux si longtemps sanctifiés par sa présence et ses vertus.

Votre livre est donc, pour nous, d'un intérêt particulier, d'autant plus grand que le culte et l'office de la bienheureuse Louise, déjà autorisé pour les diocèses de l'ancien royaume de Sardaigne, pour les églises et les couvents de l'ordre séraphique, vient de l'être également pour la ville de Nozeroy.

Quant au mérite de l'œuvre et au talent de l'auteur, je m'associe pleinement aux éloges qui en ont été faits, et, en particulier, au jugement si compétent des deux éminents prélats qui vous ont accordé leur approbation.

Comme eux je désire que votre livre se répande et porte, dans toutes les familles, l'édification des bons exemples et des vertus chrétiennes. J'en recommande spécialement la lecture au clergé et aux fidèles du pieux diocèse de Saint-Claude.

En terminant, vous exprimez le désir de voir bientôt décerner les honneurs suprêmes à la bienheureuse Louise de Savoie, et son culte s'étendre à l'Église universelle, c'est aussi mon vœu le plus ardent.

Nous avons si besoin, à l'heure présente, de protecteurs puissants et de modèles.

Veuillez, Monsieur le Curé, agréer l'assurance de mon affectueux dévouement.

† CÉSAR-JOSEPH,
Evêque de Saint-Claude.

Lettre de Monseigneur l'évêque de Bâle.

Monsieur l'abbé,

L'écoulement rapide du beau et intéressant livre intitulé : « *Vie de la bienheureuse Louise de Savoie* », dont vous et M. Thorin êtes les auteurs, est une preuve du mérite de cet ouvrage. Les personnes pieuses comme les amateurs de la belle littérature, ainsi que ceux de nos compatriotes, désireux de connaître plus particulièrement des faits historiques se rattachant plus intimement à la Suisse romande, que cette grande chrétienne a édifiée par ses nobles qualités et ses vertus sublimes, se sont senties puissamment attirées à lire ces pages à la fois charmantes et sévères, si bien que la première édition épuisée, on en demande de toutes parts une nouvelle.

Permettez-moi de profiter de cette circonstance pour vous dire avec quel intérêt j'ai lu votre érudit et judicieux travail, lequel a dû exiger de patientes recherches, quoiqu'il soit relativement peu volumineux.

Les hautes approbations, dont il est revêtu, en garantissent la doctrine orthodoxe, au point de vue de la foi, et la véracité des faits d'ailleurs appuyés des pièces justificatives.

D'un autre côté, les savants auteurs mettent en pleine lumière une admirable vie d'une grande âme, qui peut servir de modèle à la jeune fille, à l'épouse, à la veuve et même à la religieuse, élevée par la grâce à la plus haute perfection. Femme forte et princesse très distinguée, la Bienheureuse apprend aux personnes de sa condition la science chrétienne du gouvernement d'une grande maison, tandis qu'elle offre à la pauvre femme de ménage de touchants exemples de simplicité, de travail, d'humilité, de courage et de charité.

En lisant la vie de la bienheureuse Louise, on devine que les auteurs ont eu constamment sous les yeux ces remarquables paroles de la sainte Ecriture : « Louons ces hommes pleins de gloire, qui sont nos pères, et dont nous sommes la race. Ils ont dominé dans leurs états; ils ont été grands en vertu et ornés de prudence... Ils ont commandé à ceux qui vivaient de leur temps, et les peuples ont reçu de la solidité de leur sagesse des paroles toute saintes... Ils ont été riches en vertu; ils ont aimé avec ardeur la véritable beauté, et ils ont gouverné leurs maisons en paix. Ils se sont acquis parmi leurs peuples une gloire qui est passée d'âge en âge, et on les loue encore aujourd'hui pour ce qu'ils ont fait pendant leur vie... Ce sont des hommes de charité et de miséricorde, et les œuvres de leur piété subsisteront pour jamais... Leurs corps ont été ensevelis en paix et leur nom vivra dans la succession de tous les siècles. Que les peuples publient leur sagesse et que l'Eglise chante leur louange. » (*Ecclés.*)

Tout votre livre, Monsieur l'abbé, est le commentaire de ces paroles divinement inspirées. On dirait, en vous lisant, qu'elles ont été spécialement écrites à l'honneur de votre héroïne, car la bienheureuse Louise est véritablement glorieuse par sa naissance, par son esprit, par son cœur, par ses sublimes vertus et par la sainteté de sa vie, que vous avez à votre tour magnifiquement glorifiée en nous la révélant telle qu'elle est. Sa mort même fut un triomphe et ses saints ossements, retrouvés si providentiellement, apparaissent comme de nouvelles fleurs à son immortelle couronne.

Je recommande donc ce livre aux fidèles de mon diocèse comme une lecture instructive et fortifiante, très propre à nourrir la piété chrétienne et à la rendre féconde en bonnes œuvres.

Veuillez, Monsieur l'abbé, agréer mes félicitations pour vous et pour votre illustre collaborateur, ainsi que mes sincères remerciements. Je prie Dieu qu'il vous ait en sa sainte garde et je me dis avec un religieux respect,

Votre bien dévoué serviteur,

✝ EUGÈNE.

Lucerne, le 29 janvier 1883,
Fête de saint François de Sales.

Lettre de Monseigneur l'archevêque de Turin

Molto reverendo Signore,

Ho letto il libro scritto da V. S. contenente le memorie della Beata Lodovica di Savoja, figlia del Beato Amedeo duca di Savoya, e che mi fu gentilmente offerto da lei. Io lo trovai scritto quale si conveniva che fosse; rappresentando esso con esatezza storica e con uno stile semplice si, ma corretto e piacevole, le virtù di quella santa religiosa, la quale disprezzo tutte le grandezze che il mondo le offriva nella sua condizione principesca per consacrarsi in tutta la pienezza possibile all'umiltà della croce del nostro Signor Jesù Christo. Io giudico questo scritto molto utile per la pietà cristiana e per conoscere qualche tratto della storia ecclesiastica del Ducato sabaudo nel secolo decimo quinto.

Di V.S. molto reverendissima,

Devotissimo nel Signore.

† Lorenzo,
Arcivescovo di Torino.

Pour nous conformer au décret du pape Urbain VIII, et au respect que nous devons à la sainte Église, notre mère, nous déclarons ici publiquement que la qualification de *sainte* attribuée souvent par nous à la bienheureuse Louise, et que le nom de *miracles* que nous donnons à des faits plus ou moins merveilleux rapportés dans cette vie, ne sauraient préjudicier en rien aux droits et aux jugements de l'Eglise, à qui seule appartient de statuer sur ces matières, et à l'autorité infaillible de laquelle nous restons pleinement et irrévocablement soumis.

PRÉFACE

Toujours militante ici-bas, l'Eglise aime à proposer à ses enfants l'exemple et les vertus des saints. C'est un des nombreux moyens dont elle se sert pour retremper leur courage, pour soutenir leur ardeur dans les âpres combats de la vie. En leur offrant des modèles à suivre, elle leur donne en même temps des intercesseurs et de puissants protecteurs auprès de Dieu. Elle excite ainsi une sainte émulation entre la terre et le ciel, dont l'effet est de rapprocher de plus en plus ces deux cités, destinées à se réunir et à se confondre un jour dans l'unité triomphante des enfants de Dieu.

Ses saints, l'Église les prend indistinctement dans tous les rangs de la société, au haut comme au bas de l'échelle sociale. C'est ainsi que naguère elle plaçait sur ses autels l'humble bergère de Pibrac, Germaine Cousin, et qu'elle rendait les mêmes honneurs au saint mendiant, Benoît Labre : donnant par là au monde les plus beaux exemples de fraternité chrétienne et de sainte égalité devant Dieu et devant les hommes.

Mais lorsque ces héros du ciel ont appartenu aux sommets de la société ; quand à toutes les grandeurs de la terre ils ont uni toutes les grandeurs de la vertu ; quand toujours purs et fidèles à Dieu, ils ont traversé sans broncher tous les écueils de la fortune, toutes les séductions du monde ; quand, enfin, après avoir tout possédé, ils renoncent à tout pour suivre Jésus-Christ et embrasser sa sainte pauvreté : oh ! alors on se sent étonné, subjugué, comme le voyageur à l'aspect de ces pyramides qui enfoncent leurs pieds dans le désert et semblent cacher leur front dans les nuages.

Tous ces traits, nous les trouvons réunis dans la vie de la bienheureuse Louise de Savoie, princesse de Châlon, et devenue, par choix et par vocation, pauvre religieuse clarisse du couvent d'Orbe.

Sans jouer dans l'Église le rôle éminent de sainte Claire et de sainte Colette, ses mères spirituelles ; sans paraître dans le gouvernement des choses d'ici-bas comme Yolande, sa mère selon la nature, elle aura sa place et sa mission marquées dans l'Eglise et dans le monde, où Dieu, selon les besoins des temps et des lieux, suscite les grandes lumières et les grandes vertus, les généreux sacrifices et les dévouements héroïques.

Dans le monde, la mission de Louise semble avoir été de porter au milieu des cours la bonne odeur de Jésus-Christ, de prêcher le renoncement et l'abnégation à un siècle charnel et corrompu, mûr en partie pour le schisme et l'apostasie.

Dans l'église et dans le cloître, la mission de Louise sera de faire fleurir les vertus religieuses, de jouer le rôle des saintes femmes qui assistaient Jésus et ses apôtres, qui furent les dernières au pied de la croix, comme elles furent les premières au tombeau du Sauveur, après sa glorieuse résurrection.

Et cependant, malgré tant de mérites éclatants et tant de titres incontestables à l'admiration et à la dévotion des âmes pieuses, l'histoire de Louise de Savoie est peu connue, même dans le pays où elle a le plus vécu et qui s'honore de porter son nom. Chose singulière et triste à dire! Des hagiographes savoisiens ont publié en 1823 une *Vie des Saints* à Evian, cette ville si pleine des souvenirs de la bienheureuse Louise et de ses saintes compagnes, et ils n'ont pas trouvé un mot à dire de cette Louise de Savoie, digne à coup sûr de figurer à côté des saints personnages de sa famille, les bienheureux Humbert, Boniface, Marguerite et Amédée, son père!

C'est pour combler cette regrettable lacune et répondre, nous n'en doutons point, au vœu de toutes les personnes pieuses, que nous avons entrepris de donner au public une nouvelle vie, aussi détaillée que possible, de l'illustre et vertueuse princesse que la France et la Suisse peuvent disputer à la Savoie et revendiquer aussi comme leur.

Avant d'aborder notre sujet, il convient d'indiquer ici brièvement les principales sources où nous avons puisé pour composer cette histoire. Ces sources sont les suivantes :

I. *Vie de très haute, très puissante et très illustre Dame, Madame Louise de Savoie, religieuse du couvent de Madame sainte Claire, escripte par une religieuse*, avec cette épigraphe : *Jhesus adsit principio sancta Maria meo. Amen, Xpus* (1).

Ce manuscrit, qui se trouve aux archives royales de Turin, forme un cahier de quarante-cinq feuilles. L'écriture, généralement claire et distincte, est celle usitée au commencement du XVIᵉ siècle ; la forme et les abréviations révèlent cette époque. Il présente tous les caractères d'authenticité et de sincérité désirables (2).

Cet écrit est sans nom d'auteur. Par le texte

---

1. Que Jésus et Marie m'assistent dès le début.
2. Un ancien exemplaire de cette *Vie* se trouve au **couvent de** Sainte-Claire de Poligny (Jura).

même, on voit évidemment que cette vie a été écrite par une religieuse clarisse, du monastère d'Orbe, contemporaine de Louise de Savoie, témoin oculaire et auriculaire de tout ce qu'elle raconte.

Afin de faire connaître le but de cet écrit et d'en donner une idée au lecteur, qu'on nous permette d'en citer ici quelques passages, en commençant par les premières lignes qui servent comme d'introduction.

« Pour avoir un peu de souvenance de la tant vertueuse et bénite vie de notre très révérende mère et très excellente Dame, sœur Loyse de Savoie, digne de glorieuse mémoire, sera ici récité quelque peu de sa perfection et de ses vertus : voire très brièvement et quasi comme rien en regard de tout le fait d'icelle. Car n'avons pas la mémoire suffisante ni la faculté d'en savoir seulement raconter ce que nous-mêmes en avons vu. Et nous n'avons point la science de savoir raconter ce même peu qu'en savons par ordonnance, mais le mettons par écrit simplement et grossièrement ainsi qu'il nous viendra en souvenance. Et ce à l'honneur de Dieu et au salut des âmes, et à la révérence de ladite bienheureuse Dame, les saints mérites de laquelle nous soient en aide en la vie et à la mort. Amen. »

« De raconter la parfaite vie qu'elle a menée

en religion, le meilleur écrivain du monde, voire quand il en aurait autant vu que nous, ne serait oncques suffisant à le savoir réciter. Encore nous est-il donc quasi impossible, qui sommes si ignorantes. C'est pourquoi ne voulons pas présumer de rien dire, si ce n'est bien peu en général, sans exprimer aucune chose comme avons vu, mais tant seulement en écrirons quelque petit mot pour mémoire et édification. »

On attribue cette vie à Catherine de Saulx, dame d'honneur et confidente intime de Louise de Savoie, et plus tard sa sœur en religion. Nul mieux placé dès lors ni mieux renseigné que cette fidèle compagne pour redire les vertus et les perfections de sa sainte maîtresse. Et sans vouloir faire ici une comparaison qui serait choquante, il n'est pas sans intérêt de remarquer que, comme saint Louis, l'aïeul maternel de notre Bienheureuse, trouva son chroniqueur à jamais célèbre dans son confident et ami dévoué, le sire de Joinville, Louise de Savoie eut pour premier biographe sa confidente intime et sa suivante, Catherine de Saulx.

Il existe aujourd'hui deux éditions françaises du précieux manuscrit conservé à Turin, la première publiée par l'illustre comte Solar de la Marguerite (1), la seconde par A. M. Jeanneret (2).

1. Turin, imprimerie royale, 1840.
2. Genève, imprimerie de I. G. Fick, 1860.

Voici en quels termes émus et éloquents l'ancien ministre de Charles-Albert apprécie cet écrit dans l'introduction de son récit :

« Enfants du siècle, au milieu des illusions qui nous entourent, des passions qui nous troublent, nous pouvons à peine comprendre les grandes vertus qui ont couronné cette servante du Seigneur de l'auréole des saints : comment pourrions-nous en faire le récit avec cette ingénuité, cette naïve franchise partant d'un cœur qui connaît Dieu, avec ce sentiment de conviction intime qu'il n'est donné à aucun homme d'inventer ni de feindre, et que nul ne peut rendre, s'il n'est instruit dans la science des saints ».

Nous avons puisé largement à cette source originale. Nous en avons reproduit le récit tout entier et souvent même les expressions naïves et charmantes dans leur simplicité. Nous nous sommes servis tour à tour des deux éditions, qui présentent peu de variantes.

II. *Les vertus et merveilleux dons de notre Mère, Madame Loyse de Savoie, religieuse en notre couvent d'Orbe, avant la tribulation dudit couvent.* — Extrait, publié par M. Jeanneret, d'un manuscrit de 1599, conservé aux archives du couvent de Sainte-Claire à Evian, et déposé à Rome aux archives de la sacrée Congrégation des Rites. Cet extrait, qui ne renferme guère que six pages d'impression, est, comme le manuscrit lui-même, pareillement sans nom d'auteur.

La circonstance que ces manuscrits sont anonymes ne saurait, pour l'homme qui réfléchit, en infirmer en aucune façon la valeur et l'authenticité. Ici l'auteur s'efface par esprit d'humilité, écrivant, non pour lui, étranger à toute prétention littéraire et à toute gloriole d'écrivain, mais pour la communauté, au nom de ses compagnes, « à l'honneur de Dieu et au salut des âmes » — « pour mémoire et édification », comme nous l'avons vu.

III. *Vie de la très illustre et très religieuse princesse, Louise de Savoie*, en manuscrit, par l'abbé Rey, confesseur des religieuses Clarisses d'Evian, vers le milieu du XVIIIe siècle. L'auteur déclare avoir écrit cette vie sur les notes d'une religieuse présente à la profession et à la mort de la bienheureuse Louise, — probablement le récit de Catherine de Saulx. Le travail du P. Rey renferme peu de faits nouveaux. — Le même auteur a laissé, toujours en manuscrit, un précis *des établissements et origines des monastères de Sainte-Claire en Savoie* (1).

IV. *Synopsis ou recueil des actes concer-*

---

1. Nous devons à M. Lamouille, chanoine d'Annecy, la communication bienveillante de ces manuscrits.

nant l'approbation du culte public et immémorial rendu à la B. Louise de Savoie, publié à Rome en 1839, au nombre de soixante exemplaires, dont l'un se trouve aux archives de l'Evêché de Lausanne à Fribourg, lequel nous a été complaisamment communiqué.

V. *Vie de la B. Louise de Savoie*, publiée à Rome, en 1840, par Mgr Paolo Durio.

Parmi les ouvrages sacrés et profanes que nous avons consultés avec fruit, nous mentionnerons :

Narration historique et topographique des Couvents de l'Ordre de Saint-François et monastères de Sainte-Claire érigés dans la province de saint Bonaventure, par Fodéré. Lyon, 1619.

Histoire de Savoie, par Guichenon. Lyon, 1660.

Légendaire franciscain, par le R. P. Benoit Mazzarra. Venise, 1722.

Vie des Saints, par I. Massa. Turin.

Vie des Saints. Paris, in-8°, 1855.

Vie de sainte Claire, par l'abbé Demorre.

Vie de sainte Colette, par le R. P. Sellier.

Mémoires et Documents publiés par la Société d'histoire de la Suisse romande, tome XIV Lausanne.

Dictionnaire géogr., hist. statist. des communes du département du Jura, par A. Rousset.

Chroniques de Yolande de France, par Léon Ménabréa. Paris, 1859.

Histoire de la ville d'Orbe, par de Gingins-la-Sarraz. Lausanne, 1865.

Recherches hist. sur l'Abbaye de Mont-Sainte-Marie, par Bartholet. Pontarlier, 1858.

Essai sur l'histoire de la Franche-Comté, par Ed. Clerc. Besançon, 1870.

Indépendamment de ces sources où nous avons puisé, de nombreuses bibliothèques et archives publiques et particulières nous ont été ouvertes avec complaisance (1).

Nous avons voyagé en pèlerin à Chambéry, où notre Bienheureuse vint tout enfant, où elle a vécu jeune fille; à Nozeroy, où elle séjourna longtemps dans le palais des princes de Châlon; aux ruines de l'abbaye de Mont-Sainte-Marie, où était leur sépulture; nous avons suivi Louise de Savoie à Orbe, où elle prit la robe de bure des Clarisses, où elle a rendu le dernier soupir; à Evian, où se réfugièrent ses pieuses compagnes fuyant devant le Réforme; nous avons interrogé les vieilles traditions; nous nous sommes agenouillé devant la statue miraculeuse de Notre-Dame de Grâce, don de Louise au couvent d'Orbe;

---

1. Archives des villes de Neuchâtel, Besançon, Arlay, Nozeroy, Genève, Turin, Paris, Orbe, Fribourg, Lausanne; bibliothèques particulières de M. F. de Mulinen, du Marquis Costa de Beauregard, de Désiré-Monnier, etc.

nos mains et nos lèvres ont touché l'écuelle de bois qui servait à son usage dans la pauvre communauté, et que l'on conserve avec amour comme une précieuse relique.

Afin que le lecteur puisse mieux suivre toutes les circonstances du récit, nous nous sommes permis quelques excursions dans le champ de l'histoire profane et même dans le domaine de la politique, où le nom de Louise a été mêlé. Nous avons tenu à mettre en relief le caractère, les vices ou les vertus des principaux personnages, parents, amis ou alliés, qui ont joué un rôle plus ou moins grand dans la vie et dans les affections de notre héroïne. A ce titre, on le comprend, nous avons dû nous étendre plus longuement sur une existence particulièrement chère à la bienheureuse Louise de Savoie : celle de Hugues de Châlon, son noble et digne époux.

Poursuivi avec ardeur pendant de longs mois, ce travail nous a mis en rapport avec des hommes dont l'amitié est appréciée autant que le conseil. Nous ne nommerons personne en particulier; mais que tous reçoivent l'hommage et l'expression de notre gratitude.

Puisse cette nouvelle histoire que nous donnons au public être pour ceux qui la liront, comme elle a été pour nous, une source de pures et saintes émotions! Puisse-t-elle ranimer et fortifier la piété si affaiblie de nos jours, et tout en faisant honorer la Bienheureuse dont nous retraçons la mémoire, faire aimer et imiter ses vertus, ce qui doit être le principal fruit de la lecture de la vie des saints ! Puisse-t-elle enfin contribuer quelque peu à la gloire de Dieu et au bien des âmes : **notre seul but et notre unique ambition !**

VIE
DE LA BIENHEUREUSE
LOUISE DE SAVOIE
PRINCESSE DE CHALON, RELIGIEUSE CLARISSE,

PREMIÈRE PARTIE

SOMMAIRE : *Cette division comprend la plus grande partie de la vie de la bienheureuse Louise : sa naissance, sa jeunesse, son mariage, son veuvage, jusqu'à son entrée au couvent.*
Elle embrasse une période de trente ans (1462-1492).

CHAPITRE PREMIER

NAISSANCE DE LOUISE DE SAVOIE. — LE BIENHEUREUX AMÉDÉE, SON PÈRE ; LA DUCHESSE YOLANDE, SA MÈRE. — ENFANCE DE LOUISE.

> « La race des justes sera puissante sur la terre ; leur postérité sera bénie. » *Ps.* III.

Pendant que Louis Ier portait péniblement, au milieu des agitations et des troubles intérieurs, la couronne ducale de Savoie, Amédée, son fils et son héritier présomptif, était gouverneur de la Bresse et du pays de Vaud. Ce prince, qui semblait né pour faire régner avec lui la piété et la vertu, fut fiancé de bonne heure à Yolande, fille de Charles VII, roi de France. Un douaire de dix mille écus lui fut assigné par son père sur les villes et châteaux de Nyon, Morges, Cossonay, Yverdon, Estavayer, Sainte-Croix, Montagny, les Clées, Rue, Romont et Moudon (1). De son mariage avec Yolande, qui fut célébré en 1452, il eut dix enfants, sept fils et trois filles (2).

Louise, dont nous écrivons l'histoire, fut le cinquième enfant; elle naquit, selon toute vraisemblance, à Bourg-en Bresse, résidence ordinaire de la famille, le 28 décembre de l'année 1462 (3).

Dieu plaça sa naissance au jour de la fête des Saints Innocents.

« Bien a été ce dit jour congru à sa bienheureuse

---

1. Verdeil, *Histoire du canton de Vaud*, p. 278.
2. Voici, autant que nous avons pu l'établir, la généalogie des enfants d'Amédée et d'Yolande, avec la date de leur naissance et de leur décès :
   1453, un enfant mort le 3 janvier, sans nom;
   1454, 1er juin, Anne, qui épousa en 1478 Frédéric d'Aragon;
   1456, 15 septembre, Charles, né en Auvergne, mort à Orléans en 1471;
   1459, ou 1460, Marie, qui épousa en 1482, Philippe de Hochberg, morte en 1510;
   1462, 28 décembre, Louise, mariée le 24 août 1479 à Hugues de Châlon, morte le 24 juillet 1503;
   1465, 7 août, Philibert, duc de Savoie, né à Chambéry, mort en 1482;
   1467, 5 février, Bernard, né à Pignerol;
   1468, 29 mars, Charles duc de Savoie, né à Carignan, mort en 1489;
   1470, juillet, Jacques-Louis;
   1472, mars, Claude-Galéas, enfant posthume.
3. Guichenon, *Hist. de Savoie*. — Cardinal Gerdil, idem. — Semeria, *Storia di B. Amedeo* IX. M. Sordet, archiviste de Genève, place sa naissance à Montmélian (dép. de la Savoie), M. l'abbé Richard, et M. Paul Lullin, à Chambéry.

nativité, car toute sa sainte vie et tout le temps qu'elle a vécu en ce monde, elle a gardé et tenu l'état de vraie innocente, tant qu'il est guère possible à créature humaine et mortelle de le garder et tenir (1). »

Succédant à son père, Amédée fut le neuvième du nom et le troisième duc de Savoie. Il fit son entrée à Chambéry, capitale de ses États, le 29 mars 1465. Le nouveau souverain se montra grand par sa piété, par son zèle pour la religion, par sa patience dans les épreuves, et surtout par son immense charité. Comme on lui reprochait que ses aumônes épuisaient ses finances, il fit cette belle réponse, digne d'un prince chrétien : « La charité n'épuise jamais les trésors d'un État. Les pauvres sont les gendarmes qui gardent mes terres. Si mes soldats me gardent des atteintes des hommes, les pauvres me préservent de la colère de Dieu. » Il tira un jour de son cou le riche collier de l'ordre de l'Annonciade, dont il fut le cinquième chef, et l'offrit généreusement pour alléger les charges de son peuple. Il portait habituellement une bourse à la ceinture pour distribuer l'aumône sur son passage.

Yolande se montra en tout digne de son époux, soit dans sa vie privée, soit dans sa vie publique. Elle fit paraître beaucoup de prudence et une rare sagesse dans le gouvernement des États de Savoie, dont elle reçut la régence pendant les longues maladies du duc et pendant la minorité de son fils, Philibert Ier. Sa main ferme et habile sauva la couronne ducale du naufrage dont elle était menacée

---

1. Catherine de Saulx. Vie de très-haute... Louise de Savoie.

dans ces temps orageux. « Néanmoins, par la grâce de Dieu et de la glorieuse Vierge Marie et sous leur conduite, ès qu'elles a toujours eu son seul refuge et sa parfaite fiance, s'est tellement évertuée que, moyennant icelle divine grâce et sa grande prudence, bonté, sollicitude, bonne conduite et labeur, les durs et merveilleux affaires de la dite maison de Savoie ont été retirés de grands dangers et périls, remis et établis en état de sûreté et de paix (1). »

Les liens du sang et de la parenté unissaient Louise aux plus grands princes de son temps. Par sa mère, elle était nièce de Louis XI, roi de France, qui devint plus tard son tuteur et celui de toute sa famille. Louis, son oncle paternel, était roi de Chypre. Anne et Marie, ses sœurs, épousèrent, la première, Frédéric d'Aragon, roi de Naples et de Sicile ; la seconde, Philippe de Hochberg, comte de Neuchatel. Mais Dieu la prédestinait à une illustration plus haute que celle du rang et de la naissance. Le sang de plusieurs saints coulait dans ses veines. Elle avait sous les yeux, dans son illustre père, un modèle de vertu et de sainteté : la branche ne devait pas tomber loin du tronc. « Combien que de génération corporelle icelle est issue de la plus grande noblesse de sainte chrétienté, encore en sa très digne âme était-elle plus noble en toutes vertus et perfections (2). »

L'éducation de cette sainte enfant fut toute chrétienne, comme on pouvait l'attendre de si vertueux

---

1. Ménabrea, *Chroniques de Yolande de France.*
2. Catherine de Saulx.

parents. Ils s'attachèrent l'un et l'autre à cultiver avec tout le soin possible les dons rares et précieux dont le ciel avait orné l'âme de leur fille, douée d'ailleurs d'un esprit vif, pénétrant, sérieux, d'un jugement solide, d'un cœur fidèle et droit (1). « Le Seigneur lui fit voir si grande sapience qu'on ne saurait trouver femme de plus clair et plus vif entendement. » On peut deviner ce que devaient être les leçons du B. Amédée instruisant sa jeune fille, et l'impression que ces leçons, jointes aux exemples paternels, devaient produire sur la jeune Louise.

En bon prince et en père scrupuleux, le vertueux Amédée ne souffrait rien de léger ni de suspect autour de ses enfants et à sa cour. Tout blasphème, tout propos indécent en étaient sévèrement bannis, et ceux qui les proféraient, impitoyablement congédiés, quels que fussent d'ailleurs leurs services et leur mérite. Aucune recommandation n'y faisait.

Fidèles aux devoirs de la vigilance paternelle, Amédée et Yolande se séparaient rarement de leurs enfants, même en voyage. Nous pouvons suivre, dans les mémoires du temps, quelques-unes de leurs pérégrinations en famille, et les historiens nous disent qu'en arrivant dans un lieu, leur première visite était pour l'église.

Le 15 octobre 1465, le duc et la duchesse de Savoie, suivis de leurs enfants, arrivent à Chambéry (2). Le mois suivant, la cour est réunie sur les rives du

---

1. Rey.
2. « Livré une aulne de vellu noir tiers poil pour fère deux cornettes et deux frontailles pour mes deux damoyselles Marie et Loyse, vij flor. » (*Chroniques de Yolande*.)

Léman (1). Deux années plus tard, nous trouvons Louise à Pignerol, où son père donne à Jacques de Romont l'investiture de son apanage. L'année suivante, elle est à la cour de France. Une représentation (momerie) a lieu à Thonon, le 3 janvier 1469, en présence de l'ambassadeur de Venise et de l'évêque de Genève. Le 11 février, nouvelle représentation dans cette dernière ville, où la duchesse de Savoie et sa fille Louise ne dédaignent pas de figurer. Le 6 février 1471, on achète à Chambéry « quatre aulnes de drap de Tournay pour faire deux habillements pour mes deux damoiselles Marie et Louise, à jouer momerie. » Le 30 juin de l'année précédente, on jouait à Chambéry *la Moralité de sainte Susanne;* plus tard c'étaient *la Naissance, la Passion de Notre-Seigneur, l'Adoration des Rois Mages, la Destruction de Jérusalem, l'Histoire de saint Alexis, le Jeu de sainte Marie, le Martyre de saint Maurice et de sa légion,* etc...

Voilà comme on s'amusait dans ce bon vieux temps, en famille, sous les yeux des parents prenant eux-mêmes part à ces innocentes et utiles récréations. Bien différent de ce qu'il est devenu depuis, le théâtre était alors une école de moralité et de vertu.

Objet de tant de soins dévoués et intelligents, Louise devait s'attacher bien fortement aux auteurs de ses jours et comprendre le bonheur incomparable d'avoir des parents chrétiens. Aussi, après Dieu,

---

1. Au lieu de Thonon, le cinquième jour de novembre, livré à Jehans Romans, taillandier, trois aulnes de drap gris de Rouen ayant coûté dix-huit florins, de quoi il a fait deux robes à mes deux damoiselles Marie et Louise, pour porter tous les jours. » Ibid.

n'aimait-elle rien tant que son père et sa mère. Son respect, son amour pour eux se traduisaient de mille manières ; son obéissance était toujours prompte et joyeuse (1).

« Elle était naturellement si craintive, dit sa biographie, que oncques n'osa manifester son désir d'embrasser la vie religieuse, de peur d'offenser sa mère et ses autres nobles parents. »

Il est à regretter que nous ne connaissions point les heureux maîtres chargés plus spécialement du soin de l'instruire et de faire son éducation. Ce que nous savons de certain, c'est qu'un prélat, Barthélemy Choet, chapelain du duc Amédée, lui enseigna les premiers éléments de la religion. Il est certain aussi que la jeune Louise profita admirablement des leçons qu'elle reçut, surtout de celles qui avaient pour objet de l'initier et de la former à la science des saints.

On ne négligea pas les autres connaissances qui pouvaient convenir à une personne de son rang et de son sexe, et rendre son éducation aussi parfaite que possible pour l'époque. C'est ainsi qu'elle prit des leçons d'équitation : car c'était alors l'usage dans toute l'Europe, même pour les dames, de chevaucher. Les chemins étaient généralement étroits, mauvais, mal entretenus, et les voitures fort rares. On achète (en septembre 1470) « trois aulnes de vellours noirs pour faire deux housses pour mes deux

---

1. Matri et magistræ et pedagogæ ad nutum obediens. Vitæ synopsis, Romæ, 1839.) — Abbé Rey. — C. de Saulx. — Fodéré, *Description des monastères de Sainte Claire...*
Sempre amabile e docile, graciosa dava sempre signi d'amore alla donna che la instruiva ed avevo carita verso tutti.

damoiselles, Marie et Louise, pour mettre sur la croppe de leurs chevaux (1). » C'était aussi l'usage pour les dames de se faire porter en litière.

Née avec un tempérament faible et délicat, Louise était comme une fleur languissante, qui semblait destinée à s'épanouir sous d'autres cieux. Mais Dieu, qui veillait sur elle, la réservait pour donner de grands exemples au monde et édifier jusqu'aux générations futures.

1. Ménabrea.

CHAPITRE II

VERTUS DE LA BIENHEUREUSE LOUISE. — TESTAMENT DE LOUIS DE CHALON. — LE PRINCE HUGUES A LA COUR DE SAVOIE.

> « Heureux celui qui porte le joug du Seigneur dès sa jeunesse! »
> *Th*. III, 27.

Quand Dieu, par une vocation spéciale, appelle une âme à marcher dans les voies de la perfection, il la prépare pour l'ordinaire de bonne heure en la prévenant de ses grâces et de ses faveurs les plus insignes. De là une innocence pour ainsi dire baptismale, une pureté angélique, un goût prématuré pour la prière et pour tous les exercices de la dévotion et de la piété chrétienne. Ce sont les signes précurseurs de la sainteté et comme l'aurore de ces soleils de justice qui brillent au firmament de l'Église pour la gloire de Dieu et pour l'édification de la terre.

Telle fut, nous ne craignons pas de le dire, Louise de Savoie. Prévenue dès le berceau des dons les plus précieux de la grâce, elle y correspondit avec une merveilleuse fidélité (1). Éprise de bonne heure du désir du ciel et de l'amour de la vertu, elle sembla mépriser tout le reste : de l'enfance elle n'eut

---

1. Abbé Rey.

que la candeur, la naïveté et la pureté angélique. « Elle était si craintive, dit son historiographe, que le don de vraie timeur (crainte) de Notre-Seigneur était entièrement en elle (1). »

Dès qu'elle sut lire, « par si grande ferveur recordait les saintes oraisons et la sainte Écriture, que bien apparait que le benoît Saint-Esprit en elle demeurait (2). »

Elle était si assidue aux instructions religieuses qu'elle les gravait dans son cœur et dans sa mémoire, les répétait avec une grâce charmante de langage à ceux qui la servaient, commençant dès lors cette vie d'apostolat qui est l'apanage du vrai chrétien et qui fut surtout celui de Louise (3).

Quand la cour résidait à Chambéry, Louise pouvait, sans sortir du château, satisfaire sa piété, en se rendant à la chapelle que sa vertueuse mère se plaisait à orner et à pourvoir « de notables chapelains, chantres, clercs et autres gens d'église appartenant au service divin (4). » C'est dans cette pieuse chapelle que se conservait l'inestimable relique du St-Suaire, précieux héritage de la maison de Savoie. Amédée et Yolande faisaient quelquefois à pied le voyage de Chambéry pour y vénérer l'insigne relique.

La piété de Louise ne devait pas être moins vive à Turin, où le ciel venait, par un miracle éclatant et

---

1. Cath. de Saulx.
2. Idem.
3. Omne illius studium imo et solatium in addiscendis christianæ fidei rudimentis, in audiendis sacris concionibus, in divinorum librorum lectione : quæ omnia tanto animi ardore excipiebat, ut pleraque ex iis memorialiter recitaret. (Vitæ synopsis.) — Paolo Durio.
4. Ménabrea, *Chroniques de Yolande*.

public, de punir les profanateurs des vases sacrés et du Dieu caché sous les voiles eucharistiques (1).

Telle était la ferveur de cette jeune et sainte âme, que le jour ne suffisait pas à sa dévotion. A l'exemple du roi prophète et de presque tous les saints, elle se levait pendant la nuit pour adorer le Seigneur et se livrer à la prière et à la méditation des choses saintes. « Nous avons, rapporte Catherine de Saulx, nous avons ouï dire à de ses femmes qui l'avaient servie dans sa jeunesse, qu'elle, étant encore bien petite, on la trouvait souvent sur son lit en oraison. » Elle se fit remarquer dès lors par une tendre piété envers la mère de Dieu. « Dès son jeune âge, elle était si moult dévote à la vierge Marie, qu'était tout son plaisir et refuge à l'honneur d'icelle. »

C'est ainsi que dès « sa petite enfance, commença à faire en elle-même un beau et précieux édifice de toutes belles vertus que oncques sauroit nommer. » Cet édifice « de toutes belles vertus, » nous le verrons grandir et s'élever jusqu'à son couronnement ici-bas (2). Aussitôt qu'elle fut en âge d'apprécier la grâce du saint baptême, on la vit agenouillée au pied des autels, ratifier avec la plus touchante piété, les promesses baptismales et demander à Dieu la grâce d'y demeurer fidèle toute sa vie (3). C'est un trait de ressemblance de plus avec son illustre aïeul et patron,

1. Les détails de ce prodige sont donnés par Rohrbacher, *Hist. de l'Eglise.*
2. Ludovica à teneris annis in omnem pietatem instituta ac propensa, futuræ sanctitatis indicia præbuit. In ea jam tunc eluxere miræ vitæ innocentia, flagrans orationis studium, pudor singularis rerumque humanarum despectus. (Offices propres du diocèse de Lausanne et de Genève, 24 juillet.)
3. Abbé Rey.

saint Louis, roi de France, qui se plaisait à signer : « Loys de Poissi, ou bien Loys, seigneur de Poissi, aimant mieux être dénommé par le lieu de son baptême que par aucune cité fameuse (1). »

« L'immense avantage qu'ont sur nous ces anciennes générations, dit à ce sujet un pieux et savant évêque (2), c'était le sentiment, le respect qu'on y gardait de son baptême ; ou en d'autres termes, c'était la conservation de la foi qui est la racine première de la grâce, comme la grâce est la racine et le germe de la gloire... Alors comme aujourd'hui, la vie était souvent agitée et orageuse, la tempête des passions était violente et terrible ; mais dans le naufrage de tout le reste, la foi demeurait comme une planche de salut, des entrailles de laquelle jaillissait bientôt la prière, et, à la suite de la prière, la pénitence, la pénitence austère, la pénitence généreuse, la pénitence féconde en inspirations et en œuvres de sainteté. Ne l'oublions pas, la foi est le fondement posé en nous par le baptême. A chacun d'élever sur ce fondement l'édifice de notre vie. Heureux ceux qui n'emploient dans cette construction que l'or, l'argent, les pierres précieuses, c'est-à-dire les œuvres surnaturelles et méritoires pour le ciel. »

Nous avons exprimé le regret que l'histoire ne nous ait pas transmis le nom des maîtres de l'enfance de Louise ; combien plus devons-nous regretter qu'elle se taise sur l'acte le plus important de sa vie, après le saint baptême ! Nous voulons parler de sa première communion et des dispositions angéliques

---

1. P. Gros, *Vie intime de Saint Louis, roi de France.*
2. Mgr Pie, évêque de Poitiers.

qu'elle dut apporter à cette grande et solennelle action du chrétien. Il sera plus aisé à nos lecteurs de suppléer par la pensée à cette lacune regrettable de l'histoire, qu'à notre plume de retracer la ferveur toute céleste qui anima la sainte enfant admise à participer pour la première fois au banquet eucharistique. Il suffit de dire que ce fut comme l'aliment de son âme, et jusque sur son lit de mort nous la verrons fidèle à cet amour de toute sa vie.

La charité a toujours été la vertu des saints : elle fut celle du B. Amédée et de toute sa famille. A l'exemple de leurs parents, les enfants avaient leurs pauvres qu'ils visitaient, nourrissaient et habillaient. A certains jours ils leur lavaient les pieds, et ce que les plus jeunes ne pouvaient faire de leurs mains, les aînés le faisaient pour eux (1).

On comprend le bonheur d'Amédée et d'Yolande à la vue des heureuses dispositions et des sentiments précoces de leur sainte fille. Elle était comme le baume destiné à adoucir pour eux les épreuves et les amertumes dont leur vie fut semée.

Tout entière à Dieu et à ses parents qu'elle chérissait autant qu'elle en était chérie, Louise ne se sentait aucun attrait pour le monde. Et cependant le monde va jeter sur elle des regards de convoitise : nous verrons bientôt les princes briguer l'honneur d'obtenir sa main. Mais nul ne la remarqua davantage et ne sut mieux l'apprécier qu'un jeune et noble seigneur de Bourgogne, aussi distingué par sa nais-

1. Toile achetée pour les treize pauvres de la duchesse, pour les pauvres de Messeigneurs et mesdemoiselles Marie, Louise, Philibert, Charles et Jacques-Louis. 1471. (*Chroniques de Yolande.*)

sance et par ses qualités personnelles que par la précocité de ses infortunes.

Depuis le traité de Morges (1424), qui avait mis fin aux difficultés qui les divisaient, des relations d'une étroite amitié s'étaient établies entre les ducs de Savoie et leurs voisins, les seigneurs de Châlon (1).

Le mariage d'Éléonore d'Armagnac, nièce d'Amédée VIII, avec Louis de Châlon, avait encore resserré les liens entre ces deux maisons princières. Nous aurons bientôt occasion de parler plus au long de la puissante famille de Châlon. Avant de mourir (1462), Louis de Châlon avait disposé de ses riches épargnes et de ses nombreux domaines. Sans tenir compte de ses dernières volontés, Guillaume, son fils aîné, voulut régler lui-même le partage de la succession paternelle. Les cendres de son père étaient à peine refroidies, que quelques amis et affidés prenaient en son nom possession des seigneuries de Jougne, d'Orbe, des châteaux et terres de Grandson et autres lieux échus en partage, en vertu du testament, à son frère Hugues (2).

Orphelin, dépouillé par son frère, Hugues se rendit successivement aux cours de France et de Savoie, pour tâcher de les intéresser à son sort. N'ayant pu

---

1. Louis de Châlon assistait, avec Philippe, duc de Bourgogne, au mariage de Louis de Savoie avec Anne de Lusignan; il était même l'un des témoins du mariage (*Le comté de Bourgogne et l'Helvétie dès le XI° au XVII° siècle,* par Duvernois).

2. Boyve (*Annales de Neufchâtel et de Valangin*) et Bourgon (*Histoire de Pontarlier*) désignent ce fils de Louis sous le nom de Huguenin. On l'appelait dès lors communément Monsieur d'Orbe ou de Château-Guyon. Ce dernier château était bâti au-dessus de la ville de Salins, près de l'église de Saint-Anatoile. Les bourgeois de Salins le ruinèrent au XVI° siècle.

obtenir ce qu'il attendait de la justice de sa cause, il voulut employer la force pour le recouvrer. Cette tentative n'eut d'autre résultat que de le faire poursuivre par le duc de Bourgogne, Philippe le Bon. Le parlement de Dole prononça même contre Hugues et ses partisans un arrêt de bannissement avec confiscation de tous leurs biens (1).

Contre l'injustice qui le poursuivait, Hugues chercha un asile à la cour de Savoie. Amédée et Yolande s'intéressèrent au jeune proscrit et épousèrent chaudement sa cause.

Dès 1469, grâce surtout au nouveau duc de Bourgogne, Hugues put rentrer dans sa part d'héritage ; mais ce qui pour lui valait mieux que ses droits et ses domaines recouvrés, c'est l'insigne bonheur d'avoir rencontré, sur la terre étrangère, à la cour de ses nobles protecteurs, cette Louise de Savoie, destinée à devenir un jour la compagne et le trésor de sa vie.

---

1. Le 17 mai 1466, Hugues, toujours fugitif, fut solennellement banni, ainsi que ses partisans, de tous les Etats du duc Philippe et ses terres confisquées. Dès lors, âgé de seize ans, il vécut à la cour de Savoie, sans rentrer en Bourgogne, attendant la fin du règne du duc et l'avènement de son fils Charles (*Essai sur l'histoire de la Franche-Comté,* pages 541 à 542.—*Mém. et Docum. de la société d'hist. de la Suisse romande,* tome XIV).

CHAPITRE III

TROUBLES EN SAVOIE. — MORT D'AMÉDÉE. — SA SAINTETÉ. YOLANDE RÉGENTE.

> « L'humiliation m'a été avantageuse. » *Ps.* 118.

Dieu, qui est toujours « admirable dans ses saints » (1), ménageait de rudes épreuves à son serviteur Amédée et au cœur si sensible de sa servante Louise. Elle eut la douleur de voir son père bien-aimé plongé dans un abîme d'afflictions. Le prince de Piémont, son fils aîné, mourait au milieu d'une révolution aussi poignante que soudaine. Les comtes de Genève, de Bresse et de Romont, jaloux de l'autorité d'Yolande et de la confiance qu'elle donnait à d'autres seigneurs, s'étaient mis à conspirer pour obtenir une part au gouvernement du pays. Croyant avoir facilement raison d'un prince maladif et d'une faible femme, ils lèvent, au mois de juillet de l'année 1471, une armée dans la Bresse et viennent assiéger le duc enfermé dans Montmelian (2). Amédée tombe aux mains des insurgés, pendant que sa fidèle épouse fuit avec ses enfants du côté de Grenoble. Dans ce pressant danger, Yolande fut réduite à demander du

1. Ps. 67. 36.
2. Moréri, *Dictionnaire historique*.

secours à son frère Louis XI. Celui-ci, toujours disposé à se mêler des affaires de ses voisins dans l'espoir d'en tirer profit, se rendit sur le champ aux désirs de sa sœur, et bientôt après une armée française entrait en Savoie.

Heureusement pour tous, la diplomatie, plus que les armes, mit fin à cette guerre civile et à la captivité du malheureux Amédée. Par la médiation de Fribourg et de Berne, en dépit du puissant duc de Bourgogne, Charles le Téméraire, les difficultés s'aplanirent. Amédée pardonna généreusement à ses frères et leur accorda librement une part d'influence dans les affaires du pays.

Ce ne fut que le prélude de ses dernières épreuves et de ses derniers combats sur la terre.

Retiré à Verceil, il sanctifiait de cruelles souffrances par une patience inaltérable et des vertus toutes célestes. Il appelait la maladie dont il était atteint (l'épilepsie) *un don de Dieu, un frein au péché.* Quand les violents accès du mal étaient passés, il disait à sa fille fondant en larmes : « Pourquoi vous affliger de ce qui nous humilie et nous ouvre le ciel ? »

Sentant sa fin approcher, l'auguste malade fit creuser son tombeau et réunir sa famille autour de lui. Il venait de recevoir les derniers sacrements des mains de son pieux aumônier, Mermet de Verthièves, en demandant pardon du mal qu'il avait pu faire en paroles et en actions.

Il fit ses dernières recommandations à ses enfants : « Préférez, leur dit-il, la mort au péché. Je vous bénis, pour que vous viviez dans la crainte de Dieu et le respect de votre noble mère. Ceux qui méconnaîtront ce testament spirituel, je ne les reconnaîtrai plus pour mes enfants (1). »

A son épouse, il dit : « Je vous recommande, ma bonne Yolande, ces orphelins dont je laisse le soin à vous seule. »

Aux grands de sa cour, il adressa ces touchants adieux : « Mes amis, faites bonne justice, aimez les pauvres, protégez les veuves et les orphelins, faites fleurir la religion, et le Seigneur vous bénira (2). »

Cependant l'évêque de Turin ordonnait des prières publiques avec une procession pour obtenir de Dieu la guérison du duc et la conservation d'une vie aussi précieuse.

Mais le terme de sa carrière mortelle était arrivé. Amédée était mûr pour le ciel; il s'éteignit dans le Seigneur le 30 mars de l'année 1472, âgé de 37 ans seulement, après un règne agité de sept ans (3).

Sa mort fut accompagnée de prodiges, témoignages éclatants de sa sainteté. Elle fut pour la Savoie et pour l'Église un deuil public.

Comme le nom d'Amédée, qui signifie aimant Dieu, convenait bien à ce prince exemplaire (4) ! Il fut à Dieu toute sa vie, du berceau à la tombe, avant de monter sur le trône comme depuis, dans la bonne

---

1. Archives de Genève.
2. Guichenon, *Histoire de Savoie*.
3. Il se passa alors ce fait remarquable: presque au moment où Amédée venait de rendre le dernier soupir, il lui naissait un fils posthume, en sorte que le son des cloches de Chambéry annonça aux habitants de la cité et la mort du duc et la naissance de son fils. Jamais les deux extrémités de la vie ne s'étaient mieux rencontrées (Compte-rendu des syndics de Chambéry (1472).
4. Guichenon. — Saint François de Sales.

comme dans la mauvaise fortune, au milieu des hasards de la guerre comme au sein des jouissances de la paix. Aussi le Pape Innocent XI lui a-t-il décerné le titre de Bienheureux.

Sa mémoire est restée en vénération dans les États de la couronne de Savoie.

Glorifié par les orateurs sacrés, le B. Amédée le fut encore par les historiens.

« Après le signalé bonheur, dit Guichenon, que la royale Maison de Savoie avait eu de produire tant de fameux héros et illustres conquérants, dont les actions généreuses ont éclaté chez les nations les plus éloignées, il ne restait plus rien à souhaiter, pour le comble de sa gloire, que de donner, par une prérogative autant excellente comme elle est rare, ce saint personnage, qui a appris aux souverains que la piété peut régner à la cour, et que les vertus qui ouvrent le chemin du ciel ne sont pas incompatibles avec les sceptres et les couronnes. »

Un siècle plus tard, on vit l'illustre évêque de Genève, saint François de Sales, prendre en main la cause de la canonisation du B. Amédée et écrire en termes très pressants pour la recommander au duc de Savoie, son souverain, et au pape Paul V. Les vœux du saint prélat n'ont jamais été pleinement exaucés.

Il est plus facile de se figurer que de peindre la douleur de Louise à la mort de son bienheureux père. Son affection extraordinaire pour lui s'était surtout manifestée du jour où il fut pris des premiers symptômes de la maladie qui le conduisit au tombeau. Dans sa mort elle avait pu contempler le trépas du juste, et ce n'est pas trop présumer de dire que ce souvenir ne s'effaça jamais de sa mémoire et de son cœur filial.

En mourant, Amédée laissait un bien lourd fardeau à sa veuve désolée. A la demande des trois États réunis à Verceil, Yolande accepta la tutelle de son fils Philibert, proclamé duc de Savoie, ainsi que de ses autres enfants : Charles, Jacques-Louis, Marie et Louise (1).

Si l'on veut savoir, par un témoignage irrécusable, dans quelles dispositions et dans quels sentiments cette vertueuse et pieuse princesse inaugura sa régence et prit en mains les rênes de l'État, qu'on nous permette de citer ici un acte émané d'elle. C'est une double consécration de sa personne, de ses enfants et des États de Savoie à la vierge Marie. Nous ne reproduisons que le dernier de ces documents, qui, comme nous le verrons plus tard, se rattachent à l'histoire de notre Bienheureuse.

« Jésus, Maria.

« A vous, glorieuse vierge Marie, Mère de Dieu et Dame et maîtrese. Je Yolant de France, pauvre pécheresse, votre taillable et esclave, tout comme administresse et tutrice du duché de Savoie et du Piémont et autres Seigneuries, approuve et ratifie la

---

1. « Après le trépas duquel seigneur (Amédée), à la très-grande instance de tout le pays au delà des monts et de plusieurs citramontains, aussi par le conseil et confort du duc de Milan, fut à elle baillée, à grande solennité, la tutelle, administration et gouvernement de mon dit seigneur le duc Philibert, son fils, et de tous mes seigneurs et damoyselles, ses frères et sœurs, et de tout le pays. » (*Chroniques de Yolande*, p. 42.)

lettre écrite ci devant, et premièrement en vous baillant mon corps et âme et mes enfants, et vous remets toute puissance que par les États m'a été baillée : vous suppliant qu'il vous agrée l'accepter et gouverner mes dicts païs et enfants, et moi aussi, et les garder de leurs ennemis, de manière qu'après cette mortelle vie, puisse avoir la perdurable ; et de cette heure me démets de toute mienne puissance, et vous la remets ; et que choses que, par fragilité, fasse ou puisse faire contre vostre volonté, proteste pour qu'à l'heure de ma mort ne me puisse rien demander l'ennemi ; car je renonce à lui et à tous ses faicts et au monde aussi... Vous suppliant, glorieuse vierge Marie, qu'à l'heure de mon dict trépassement en veuillez être mon témoin... et veux vivre et mourir en vostre loi, et comme en bonne chrétienne, et en témoin de vérité ay confirmé et approuvé la dicte première lettre être valable, et celle-ci escrite de ma main et scellée de mon scel.

« Donné à Verceil le second jour de février et le premier de ma tutelle et administration.

« Votre très humble et misérable,

YOLANDE de France. »

Il serait superflu d'ajouter ce qu'une semblable mère et régente fut pour sa famille et pour les États confiés à ses soins. Fidèle aux principes d'éducation suivis par le duc, Yolande aura toujours ses enfants sous ses yeux. Louise est avec sa mère à Saint-Didie (juin 1474) (1), à Montcalier, à Turin, à Rivoli, à Pignerole (1478). Devant l'image de Notre-Dame de Myans, on vit un jour prosternées ensemble et absorbées dans la même prière la mère et la fille.

Ce ne fut que deux ans après l'événement qui l'avait rendue veuve, que la duchesse put ordonner dans l'église de Verceil un service funèbre pour le repos de l'âme du duc Louis, d'Anne, son épouse et d'Amédée, non encore béatifié.

Dans la splendide cérémonie de la translation des corps dans leurs tombeaux, on vit réunis tous les princes et princesses de Savoie, la plupart des prélats, barons, chevaliers, seigneurs et syndics du pays. « Et furent faites ces obsèques avec si grandes et si honorables solennités, avec si grande compagnie et si beau luminaire, que de mémoire d'homme jamais n'en furent faites de semblables ni en France ni ailleurs (2). »

---

1. Ay livré le dit jour à St-Didier, à mes deux damoyselles Marie et Louise, à chacune un escriptoire pour écrire. « Communication de M. Cherau, docteur en médecine à Paris. »
2. « Pour faire exèques (obsèques) de feuez mes dits Seigneurs, fut de la somme de cinquante mille florins, reçus et recouvrés en la cité de Verceil par la main de monseigneur l'évêque. » (*Chroniques d'Yolande*, p. 58.)

CHAPITRE IV

FIANÇAILLES DE LOUISE DE SAVOIE AVEC HUGUES DE CHALON. — BATAILLE DE GRANDSON. — LOUISE A NOZEROY. A LAUSANNE. — BATAILLE DE MORAT.

    « Qu'il doit coûter à un bon cœur de remporter des victoires. » *Paroles du dauphin, fils de Louis XV*.

Pendant que l'héritière des vertus du Bienheureux Amédée croissait en âge et en sagesse devant Dieu et devant les hommes, sous la tutelle de sa mère, le prince Hugues de Châlon faisait de fréquents voyages à Chambéry. Sous prétexte et sous l'apparence de remercier la régente de sa protection, il obéissait à un sentiment plus tendre, ses yeux aimaient à se porter sur Louise et à rencontrer son regard virginal.

Celle-ci n'avait alors que treize ans, et déjà plusieurs princes d'un mérite distingué l'avaient demandée en mariage. A cette époque, pour assurer la paix entre les États, les rois et les princes obtenaient fréquemment de l'Église la dispense de contracter, avant l'âge requis, des alliances ou des promesses de fiançailles.

A l'exemple de son père, le B. Amédée, que ses penchants portaient à la vie contemplative, Louise n'avait d'autre désir que de se consacrer à Dieu dans le cloître (1). Cependant, « pour obéir, dit

---

1. Abbé Rey (manuscrit). — *Chroniques de Yolande*.

Fodéré, à madame Yolande de France, sa mère et régente de Savoie, » elle ne refusa pas son consentement à son union avec Hugues de Châlon.

Le sire Antoine de Montjeu fut chargé de négocier ce mariage. D'après les instructions données par la régente, l'accomplissement des vœux de Hugues était subordonné à l'assentiment du duc Charles de Bourgogne et au gain d'un procès concernant son héritage et pendant devant l'empire (1).

Heureux de ce premier succès, Hugues s'était rendu à la cour de l'empereur, puis auprès de Charles le Téméraire, alors campé sous les murs de Neuss (2). Ayant également réussi auprès de l'un et de l'autre, il s'empressait de retourner en Bourgogne, rêvant de son union avec Louise de Savoie.

Dans l'intervalle, de graves événements venaient de se passer : la guerre avait éclaté entre les Ligues suisses et le duc de Bourgogne. Un des premiers actes des hostilités de la part des Suisses fut de s'emparer des terres et seigneuries de la maison de Châlon situées en deçà du Jura. En vain Yolande voulut-elle réclamer contre cette injuste agression : ses députés ne furent point écoutés, et les Suisses demeurèrent inflexibles.

1. L'empereur consentit à la révision du procès de Hugues avec son frère Guillaume, concernant l'importante seigneurie de Grandson. Celle-ci comprenait les lieux pour lesquels Marguerite de Montbéliard prêtait hommage au comte de Savoie en 1403, et dont la nomenclature se trouve dans le *Dictionnaire historique du canton de Vaud*, par Martignier et de Crousaz, p. 420.
2. Le duc de Bourgogne resta dix mois pour assiéger cette ville que défendait l'empereur d'Allemagne. Louis de Châlon, frère de Hugues, était au camp du duc de Bourgogne. (*La Suisse historique*, par Gaullieur.)

En même temps que le duc de Bourgogne s'avançait sur Neuchâtel pour attaquer les Confédérés, la régente de Savoie, sa fidèle alliée, se rapprochait du pays de Vaud. Le 1ᵉʳ mars 1476, elle arrivait accompagnée des princesses Marie et Louise, à Lausanne, où régnait, sans résider, le cardinal Julien de la Rovère (1). Là elle fut surprise d'apprendre que le comte de Neuchâtel, dont le fils, maréchal de Bourgogne, avait demandé en mariage la main de sa fille Marie, avait osé s'opposer au passage des Bourguignons en leur fermant l'entrée du Val de Travers et les forçant ainsi à venir par Jougne, Orbe et Yverdon, sur Grandson, occupé par les Suisses.

Les dépêches du lendemain (2 mars) furent plus mauvaises encore : elles annonçaient une grande bataille et la défaite de Charles sous les murs de Grandson.

Un des héros et une des victimes de cette sanglante journée fut Louis de Châlon, frère de Hugues, tombé au fort de la mêlée, à la tête de la gendarmerie bourguignonne. Il était le favori de Charles le Téméraire, lequel n'étant encore que comte de Charolais, disait de lui : « Qu'il étoit si bien dressé et plein de si bonnes et louables vertus, qu'il l'avoit en singulier amour et affection. »

Pendant que les vainqueurs ensevelissaient leurs morts et remerciaient Dieu sur le champ de bataille, Yolande, suivie de ses enfants, courait au devant du

---

1. Ma dite dame (Yolande) sachant venir Monseigneur de Bourgogne audit pays de Vaud, pour fère guerre aux Allemans, se partit... du pays de Piémont où qu'elle estoit avec tous mes seigneurs et mes damoyselles ses enfants, et s'en alla vers ledit Monseigneur de Bourgogne. (*Chroniques de Yolande*, p. 52.)

vaincu et arrivait presque en même temps que lui à Nozeroy (1).

La princesse trouva le duc de Bourgogne dans un état de prostration voisin du désespoir. Elle l'entendait répéter sans cesse : Grandson ! Grandson ! « Il étoit enragé, écrivait un ambassadeur milanais, de ce que ces maudits (Suisses) aient eu cet honneur par la couardise des siens, et aient taché sa renommée ; mais pour la recouvrer, il mourra sur le champ de bataille, ou reviendra plus puissant qu'auparavant. »

Yolande s'efforça de le consoler dans son malheur, lui jurant de nouveau amitié et lui prodiguant tous les secours qui étaient en son pouvoir.

Dans cette circonstance, la jeune Louise vit pour la première fois ce château de Nozeroy qu'elle devait habiter plus tard et embellir de tout l'éclat de ses vertus.

Hugues, sain et sauf, n'avait point pris part à la bataille de Grandson, retenu qu'il était dans les montagnes du Jura, où il commandait un corps de gendarmerie et de milices vaudoises et savoisiennes. Par ses courriers, il apprit que les Suisses réoccupaient ses seigneuries et s'installaient à Orbe et Grandson. Mais plus sensible que la perte de ses domaines fut pour lui la nouvelle de la mort de Louis, son frère bien-aimé. Ses restes mortels, recueillis sur le champ de bataille (2), furent transportés à Nozeroy et de là à l'abbaye de Mont-Sainte-

---

1. Frézet, *Histoire de la maison royale de Savoie.* — Boyve — Modesto Paroletti.
2. Boyve, *Annales de Neufchâtel et Valangin.* Neufchâtel, 1854.

Marie, où Hugues lui fit faire de magnifiques funérailles, au milieu d'un grand concours de chevaliers et de vassaux de la maison de Châlon (1).

Cependant Charles le Téméraire n'était resté que trois jours à Nozeroy. Brûlant du désir de prendre sa revanche de l'affront essuyé à Grandson, il était allé en toute hâte appeler aux armes les peuples de la Bourgogne et de la Flandre, pendant qu'Yolande et ses enfants regagnaient Lausanne.

Les princes de Savoie séjournèrent quelque temps dans cette ville épiscopale; ils l'édifièrent beaucoup par leur grande piété et leur charité envers les pauvres. On les rencontrait souvent à l'église de Saint-François ou à la cathédrale de Notre-Dame; pendant la Semaine sainte surtout, ils redoublèrent leurs prières et leurs aumônes (2).

Charles, qui déployait une activité fébrile, fut bientôt de retour à Lausanne. Le 15 avril, jour de Pâques, dit M. de Gingins (3), le duc de Bourgogne assista, avec la duchesse Yolande de Savoie, à la grand'messe qui fut célébrée avec beaucoup de pompe dans la cathédrale. L'église avait été décorée la veille avec les magnifiques tapisseries de Flandres qui garnissaient les pavillons du duc Charles. La duchesse Yolande, de son côté, avait fait venir de Genève et d'ailleurs tous les ornements propres à rendre la solennité aussi imposante que possible...

---

1. Barthelet, *Recherches hist. sur l'abbaye de Mont-Sainte-Marie.*
2. Libravi Lausanne, die XII aprilis pro eleemosinis pauperibus die Jovis sanctà ubi domina tunc erat. (*Chroniques de Yolande*, p. 156.)
3. *Histoire de la ville d'Orbe.*

« Dès le matin, le duc, richement vêtu, accompagné du prince de Tarente, du légat du pape, de l'ambassadeur de l'empereur et des principaux seigneurs et capitaines de sa suite, se rendit à la cathédrale, où la régente de Savoie, le duc Philibert, son fils, les ambassadeurs de Naples et de Milan l'attendaient avec toute la cour. Avant la célébration de la messe, le duc Charles fit proclamer solennellement la paix avec l'empereur par son chambellan, qui donna lecture des articles du traité. Les ratifications furent ensuite échangées avec un grand appareil, au son de toutes les cloches et au bruit des clairons. Après la messe, le duc retourna à son camp (1). »

C'est encore à Lausanne que, un mois plus tard, le duc de Bourgogne passait en revue, devant la cour de Savoie, la brillante armée destinée à venger sa première défaite par les Suisses (2). »

Il devait être cruellement déçu. La journée de Morat lui fut encore plus fatale que celle de Grandson.

En partant d'Orbe pour aller asseoir son camp sur les hauteurs de Lausanne, Charles y laissa Hugues avec un corps de cavalerie italienne pour garder les passages du Jura et maintenir la liberté de ses communications avec la Bourgogne (3). Plus tard, le sire de Château-Guyon dut se rendre en Piémont pour y recruter de nouvelles troupes. Il n'était pas revenu

---

1. Il fut malade en la cité de Lausanne, dit Legrand, où Madame de Savoje, son jeune fils le duc et les enfants d'icelle le vinrent voir à grand triomphe. (Collection Legrand. Louis XI, tome XXIV, page 685.)
2. Gaullieur, *La Suisse historique*.
3. De Gingins, *Mémoires et documents*.

de sa mission au delà des Alpes, lorsque Charles livra et perdit la bataille de Morat.

Atterré de cette seconde défaite et dévorant sa honte, l'infortuné duc se sauvait en toute hâte, suivi du comte de Romont et de quelques cavaliers seulement.

Tandis qu'il exhalait les plaintes et les regrets les plus amers, la duchesse Yolande, toujours accompagnée de ses enfants, se rendait de nouveau au devant du vaincu pour lui porter aide dans sa détresse et consolation dans son malheur. Nous allons voir comment elle en fut récompensée.

CHAPITRE V

LE DUC DE BOURGOGNE FAIT ENLEVER YOLANDE AVEC SA FAMILLE. — CAPTIVITÉ DE ROUVRES

> « La sagesse est descendue avec elle dans la fosse et dans la prison où elle a été injustement renfermée ; elle ne l'a point quittée dans ses chaînes ; mais elle l'a suivie et l'a protégée toujours jusqu'à ce qu'elle lui eût remis dans les mains le sceptre royal. » *Sag.* XI, 4.

Le malheur est trop souvent un mauvais conseiller : il aigrit et rend ombrageux les caractères les plus doux et porte à d'étranges excès les caractères violents et irascibles.

Charles le Téméraire appartenait bien certainement à ces derniers. Ne pouvant se venger des coups de la fortune sur ses ennemis, il s'en prit à ses amis et alliés, et particulièrement à Yolande de Savoie. Dans l'excès de son amertume, il accusa la duchesse de l'avoir trahi et même, chose incroyable, d'avoir voulu l'empoisonner ! A l'entendre, c'était pour elle qu'il était venu faire la guerre aux Suisses ; et elle, de son côté, s'était sans doute entendue avec le roi de France, son mortel ennemi : en un mot, elle seule était cause de tous ses désastres.

Certes, ni les apparences, ni la réalité ne justifiaient aucunement ces affreux soupçons (1). Il se peut que la politique d'Yolande et son attachement à la cause de Bourgogne n'aient pas été complétement désintéressés; qui l'était alors? Comme beaucoup d'autres princes à cette époque, la régente de Savoie avait longtemps caressé la pensée et s'était bercée de l'espoir d'unir son fils Philibert à la fille unique du duc de Bourgogne, riche héritière que tout le monde convoitait et que son père faisait espérer comme un appât à ceux qu'il voulait attacher à sa cause.

Il se peut aussi que, désillusionnée à cet égard, elle ait cherché à se rapprocher du roi de France, son frère, et que Charles, avisé de ses démarches, ait voulu l'en faire repentir.

Quoi qu'il en soit, au moment où le duc de Bourgogne, à peine échappé au désastre de Morat, se reposait à Gex, sur les terres de Savoie, Yolande, comme nous l'avons vu, venait avec sa famille lui faire les honneurs de l'hospitalité, ou plutôt, sans soupçon et sans méfiance, se livrer à sa merci (2). « Il (Charles) estoit fort mélancolique et facilement incité à l'ire depuis la perte de Grandson. » (Collection Legrand : C. 25, p. 974.)

Contre son habitude, Charles dissimula, et prenant un ton hypocrite, il l'engageait à l'accompagner dès le soir même, à chercher un asile en Bourgogne

---

1. Yolande avait envoyé 5,000 hommes de troupes auxiliaires qui combattirent à Morat, sous le commandement du brave Antoine d'Orlié, qui y fut tué en faisant des prodiges de valeur. (Guillaume Paradin, *Annales de Bourgogne.*— Boyve, *Annales de Neufchâtel et Valangin.*)
2. De Barante, *Les ducs de Bourgogne.*

contre les attaques à redouter de la part des Suisses.

Yolande s'excusa en faisant valoir ses devoirs de régente, les ressources qui lui restaient dans ses États et les places fortes où elle pouvait se mettre en sûreté. tant en deçà qu'au delà des Alpes.

Bref, ne pouvant l'entraîner spontanément, le duc ordonna à son chambellan, Olivier de la Marche, alors à Genève, de s'embusquer sur le passage d'Yolande, de s'emparer d'elle, de son fils le duc régnant, ainsi que des autres membres de la famille, et de les amener en toute vitesse dans la ville de Saint-Claude.

Afin de donner à son trop fidèle écuyer le temps de concerter et d'exécuter ce guet-apens, Charles feignit de tenir à la présence de la duchesse et chercha perfidement à prolonger l'entrevue.

Il était nuit lorsque, prenant congé du duc, Yolande partit de Gex pour rentrer à Genève avec ses fils, Philibert, Charles et Jacques-Louis, ses deux filles, Marie et Louise, et trois dames de compagnie.

Sous la garde des seigneurs de Menthon, Claude de Racconis, Louis de Villette (1) et de Geoffroy de Rivarole, son maître d'hôtel, elle chevauchait sans défiance, lorsque Olivier de la Marche, embusqué au village du Grand-Saconnex, fond à l'improviste avec ses hommes sur la faible escorte, la divise avec une étonnante rapidité, et mettant la main sur la duchesse l'attache brutalement sur la croupe de son cheval. Il cherche encore à s'emparer du jeune duc; mais dans l'obscurité il se trompe et fait prisonnier son frère Charles. Au bruit de cette apparition soudaine et in-

---

1. Louis de Villette sauva Jacques-Louis.

attendue, Philibert, âgé de onze ans, obéissant à son gouverneur, s'était caché dans un champ de blé.

Malgré ses officiers et leurs courageux efforts, la duchesse resta aux mains des Bourguignons. Louise, jeune et faible, surprise aux côtés de sa mère, ne put ni se défendre ni échapper à ses ravisseurs. Pendant qu'on la garottait comme une criminelle, son cœur était en proie à une vive inquiétude. Incertaine du sort qu'on lui réservait, elle appela à son secours, poussa des cris et, ne sachant que pleurer, elle réclamait en vain la liberté. Ni ses larmes ni ses supplications ne purent fléchir les sicaires du duc. A la violence ils joignirent l'insulte, accusant leur prisonnière « d'hypocrisie, de complicité avec la perverse duchesse. » Ces durs gardiens ne s'apaisèrent que bien tard, regrettant surtout de voir leur entreprise en partie échouée par la fuite du jeune Philibert (1).

Fermant les yeux pour ne point voir, Olivier de la Marche (2) s'éloigna au plus vite : il craignait que les hommes de l'évêché de Genève ne vinssent au secours de la belle-sœur de leur prince et prélat. La montagne de la Faucille fut franchie en toute hâte. Les augustes captifs, traités avec beaucoup de dureté, n'eurent qu'un moment de repos à Mijoux et arrivèrent le vendredi (28 juin) à Saint-Claude (3).

1. Gravi furore accensi. (Chronica sabaudie.)
2. « Or, pour obéir à mon prince et mon maistre, je fis ce qu'il me commanda contre mon cœur, et pris Madame de Savoie et ses enfants. » (*Mémoires d'Olivier de la Marche*, L. II, ch. 8.) — De Barante.
3. « Je me mis en chemin et portoye Madame de Savoie derrière moi et la suivirent ses deux filles et deux ou trois autres de ses damoyselles, et prismes le chemin de la montaigne pour tirer à Saint-Claude. » (*Mémoires d'Olivier de la Marche.*)

L'enlèvement de toute la cour de Savoie était regardé comme certain. En apprenant que le jeune duc lui avait échappé, Charles entra dans des transports de colère inouïs, il voulait se porter aux dernières violences contre les exécuteurs de ses ordres. Un peu revenu à lui-même, il songea au château de Rouvres (1), près Dijon, pour le lieu de détention de ses prisonniers; puis, afin de se soustraire aux plaintes et aux récriminations, il s'éloigna au plus vite.

Le jour même de la Saint-Pierre, Charles se met en route, pendant qu'Yolande, blessée dans son cœur de mère et dans sa dignité de souveraine, le cherchait et lui envoyait un courrier depuis Saint-Claude.

Malgré la solennité de la fête patronale de cette ville, et pour suppléer au défaut de préparatifs de voyage (2), l'écuyer de la duchesse, Antoine de la Forêt, acheta le bois et le cuir nécessaires pour la confection de deux selles pour les princesses Marie et Louise.

Yolande récompensa de leurs sympathies les bons religieux de l'abbaye de Saint-Claude, dont le supérieur lui dit à son départ : « Que Dieu veille sur vous, sur vos enfants, et daigne vous accorder un heureux voyage ! »

Les prisonniers toujours conduits par messire Olivier, se remirent en route le premier juillet et, le soir de ce jour, arrivèrent à Orgelet. On se reposa dans cette petite ville du Jura; puis on gagna Lons-le-Saulnier, Bletterans, Rochefort et Auxonne, où ils furent bien accueillis dans un hôtel tenu par un

---

1. Château à 12 kil. S.-E. de Dijon.
2. *Chroniques de Yolande.*

seigneur de Magne. En reconnaissance du bon accueil qui leur fut fait, Yolande donna à la fille du maître d'hôtel une chaîne d'or (1). Ce ne fut que le 27 juillet, un mois après la triste aventure du Grand-Saconnex, que les prisonniers arrivèrent au lieu de leur destination, le château de Rouvres (2).

1. *Chroniques de Yolande.*
2. Cibrario. — De Barante. (*Les ducs de Bourgogne.*) Olivier de la Marche. (Livre II, ch. viii.) — Perrin.

CHAPITRE VI

SITUATION DES CAPTIFS. — LOUISE VISITÉE DANS SA PRISON PAR SON FIANCÉ. — INTERVENTION DE LOUIS XI

> « Le juste est fort contre l'adversité. » *Prov.* III, 21

Eu égard à leur triste position, les prisonniers furent traités honorablement et sans rigueur. La garnison du château se montra honnête, bienveillante et pleine de déférence. Messire Jehan, prêtre de Rouvres et gardien « du rologe (horloge) du château, prenait peine de le conduire pour l'honneur de Madame (1). » On lui laissa plusieurs personnes attachées à son service : Antoine de la Forêt, Claude Correvon, Claude de Marcossey, Janin Lenvoyer, Pierre Treinca et quatre femmes de service.

Jehan Rouste, charretier, fut autorisé par Châtillon, gouverneur du château, à conduire la famille de Savoie en pèlerinage à l'abbaye de Citeaux, « sur un char branlant, » à quatre chevaux. Yolande put envoyer un messager à Genève pour y prendre « bagues et bijoux précieux » laissés en dépôt. Mais ce trésor, destiné à récompenser des amis fidèles, fut volé en chemin.

Par les ordres de la duchesse, des courriers furent

---

1. *Chroniques de Yolande.*

expédiés en France, en Savoie et en Piémont. Elle put également recevoir plusieurs ambassadeurs délégués par Montmélian, Chambéry, Pignerol et autres villes de ses États. Le trésorier général de Savoie, Alexandre Richardon, lui envoya en juillet et en août des vêtements et quelques objets précieux.

Mais le message le mieux venu fut apporté par Picard, écuyer de Monseigneur Philibert.

Qu'était devenu le jeune duc depuis la fatale soirée du 27 juin? Avait-il été blessé dans la mêlée? Avait-il été arrêté avec le reste de la famille? Dans ce cas, où l'avait-on conduit? Voilà ce que se demandaient naturellement les prisonniers avec une anxiété facile à concevoir.

Parti de Genève le vendredi 28 juin, Picard marcha sans relâche à la recherche de ses maîtres; malgré toute sa diligence, il ne put les atteindre que dans leur prison de Rouvres. Ils furent heureux d'apprendre par quel stratagème le jeune duc Philibert avait échappé aux mains des Bourguignons, et avec quelle bonté le prince-évêque de Genève, Jean-Louis de Savoie, son oncle, l'avait envoyé vers le roi de France, à Plessis-les-Tours. Yolande fut consolée aussi d'apprendre la part que partout on prenait à sa captivité.

Une nouvelle moins bonne fut l'annonce du traité de Fribourg (25 juillet 1476), qui ne rendait à la Savoie le pays de Vaud, conquis pendant la guerre, qu'à des conditions fort dures, et qui confisquait définitivement les possessions du fiancé de Louise au-delà du Jura.

Placée, d'un côté, entre les Suisses victorieux et le

duc Charles, devenu son ennemi et son persécuteur, et de l'autre, entre les factions qui agitaient la Savoie et les intrigues d'un frère qui ne pensait qu'à ses intérêts, la duchesse Yolande avait bien des sujets d'inquiétude; elle redoutait les suites de sa captivité et était jour et nuit préoccupée des moyens d'en sortir.

Des démarches faites par Henri de Vers à la Cour de Dijon furent sans succès (1). Charles était alors tout absorbé par ses préparatifs d'invasion de la Lorraine. Il ne se refusa toutefois pas à accorder des adoucissements à la position de ses détenus. C'est ainsi qu'Yolande put appeler auprès d'elle, du couvent des Cordeliers de Lons-le-Saunier, le P. Jean Perrin (2), destiné à jouer plus tard un rôle marquant dans cette histoire; elle put aussi faire venir de Genève plusieurs de ses officiers munis d'un sauf-conduit.

Ce fut aussi pour les captives une grande consolation de recevoir les visites de Hugues, le fiancé de Louise, et de Philippe de Hochberg, autre fiancé, destiné à la princesse Marie.

Pour charmer leurs loisirs et se distraire, Yolande et ses filles ne restaient point oisives : elles priaient, occupaient leurs mains à broder des parements d'autels pour l'église Notre-Dame-de-Mont-Roland et pour la chapelle du château (3).

---

1. *Chroniques de Yolande,*
2. Livré (11 août) à frère Jehan, cordelier, lequel dit les heures avec Madame, pour faire un habit, XII florins. (*Chroniques de Yolande*).
3. *Chroniques de Yolande.*

On avait acheté à Lons-le-Saunier (1), chez un mercier, un petit étui de barbier, garni de rasoirs, piques et autres menus instruments pour « esbattement et passer le temps à Monseigneur Charles. » Il fallait des jouets de ce genre à celui qui plus tard fut surnommé *le guerrier*.

Pour s'exciter à la piété et à la résignation en Dieu, les détenus pouvaient évoquer, dans ce même château de Rouvres qui leur servait de prison, de touchants souvenirs. Sainte Colette, l'illustre réformatrice de l'ordre de sainte Claire, dont Louise embrassera un jour la règle austère, était venue dans ce même manoir (1412) pour consoler une duchesse de Bourgogne, Marguerite de Bavière, que ni son sang ni sa fortune ne purent mettre à l'abri des soucis et des amertumes.

Impatiente enfin de voir arriver un secours qu'elle attendait vainement, Yolande se décida à surmonter ses répugnances et à solliciter l'intervention de son frère, Louis XI ; à cet effet elle lui délégua son secrétaire Pinerol.

Louis XI reçut d'abord avec une grande défiance la visite de l'envoyé de sa sœur. Il ne regarda point, comme gage de créance suffisant, la bague qu'elle avait reçue de lui, le jour de son mariage, et que l'étranger lui présentait : habitué au soupçon et à la tromperie, il ne voulut voir en lui qu'un espion et un ravisseur de l'anneau de Yolande.

Traité comme tel, l'infortuné Pinerol fut conduit sous bonne escorte dans les prisons de Rouanne. Heureusement pour lui, le seigneur Rivarole vint de

---

1. *Chroniques de Yolande.*

Chambéry pour traiter avec la cour de France. Contre toute attente, l'ambassadeur de Savoie fut bien reçu du roi, qui s'émut, ainsi que la reine Charlotte (1), au récit des souffrances et de la détention d'Yolande et de ses enfants.

Sur-le-champ, il dépêcha le sire de Bouchage auprès de Charles d'Amboise, gouverneur de Champagne, pour concerter avec lui l'enlèvement de la duchesse (2). Il recommandait d'agir promptement et de profiter de l'absence du duc Charles, qui venait de quitter la Bourgogne avec une nouvelle armée pour attaquer son neveu, René de Lorraine (3).

Dans cette cruelle épreuve, dont elle verra bientôt la fin, Yolande se montra digne d'elle et de son époux ; elle mérita de l'histoire cet éloge : « En face de l'odieuse trahison du duc de Bourgogne et de la ruine de ses espérances, elle soutint ses infortunes avec une force peu commune. »

1. Sœur d'Amédée IX, duc de Savoie.
2. Frézet, *Histoire de la maison de Savoie*.
3. De Barante, *Les ducs de Bourgogne*.

CHAPITRE VII

FIN DE LA CAPTIVITÉ. — ALLIANCE AVEC LE ROI DE FRANCE
RETOUR EN SAVOIE

> « Fussiez-vous seul, abandonné dans un désert, la manne du ciel y tombera, si vous avez confiance. »
> *Deut.* VIII, 16.

Le sire d'Amboise, quittant la Champagne au premier appel du roi, arriva sans obstacle avec trois cents lances sous les murs du château de Rouvres. Le fidèle Pinerol, celui-là même à qui Louis XI avait failli faire un mauvais parti, avait tout préparé pour l'évasion de sa maitresse. Grâce à un coup de main habilement exécuté (1), la duchesse Yolande sortit de prison avec son fils et ses deux filles dans la nuit du 2 octobre 1476 (2). Avant de quitter Rouvres, elle trouva moyen de prouver sa générosité aux officiers et serviteurs du château et de réparer les dégâts causés par les soldats français.

Le lendemain de sa délivrance, la duchesse (3) écrivit de Langres à son trésorier général la lettre suivante : « Cher et bien aimé conseiller, par la grâce de Dieu et la bonne aide de Monseigneur le

---

1. Corruptis opera Francorum custodibus. *Pontus Heuter s.* (*Rerum Burgundicarum, liber* VI.)
2. *Chroniques de Yolande.*
3. Ibid.

roy, nous sommes hors des prisons de Bourgogne et nous en allons tout battant devers mon dit seigneur le roy. Et comme il nous est métier (besoin) avoir de l'argent comme assez vous pouvés entendre, pour ce mandons, que incontinent, jour et nuyt, vous enverrés en France, par devers nous, et appourtés toutes les finances que pourrés amasser pour subvenir à nos affaires. Et gardés qu'à ce ne faites faulte. »

Le trésorier emprunta au nom de la couronne à la banque des Médicis, à Lyon, six mille florins qu'il s'empressa d'envoyer à la duchesse.

De Troyes (15 octobre), Yolande écrivit à son chancelier, Pierre de Saint-Michel, une seconde lettre, où elle lui disait (1) : « Très cher, bien-aimé et féal conseiller, pour vous donner consolation, advertissons que depuis notre délivrance de Rouvres, l'on nous a fait très grand honneur et bonne chière (accueil), rière le pays de Monseigneur le roy, où nous sommes passée, et nous a envoyé au devant mon dit seigneur, de très notables et grands personnages des siens pour nous conduire devers luy. Et, que plus est, de soy-même nous a fait dire que sûrement et bien bref (temps), il nous tournera, sans point de faulte, en notre gouvernement, et nous fera largement des biens.

« Pourquoy réjouissez-vous et ayez nos affères de par là singulièrement recommandées.

« D'autre part, parce que nous avons à soutenir, en cette notre allée, grande dépense et que sommes mal fourny d'argent comme povés assez comprendre,

---

1. *Chroniques de Yolande.*

nous vous voulons prier que vous vouillés envoyer et prester deux cents écus, et nous le vous ferons rembourser, s'il plaît à Dieu et bien bref. En quoi faisant, vous surviendrez au besoing et vous en serons tenue, priant encore que n'y veuillés fère faulte.

« Notre Seigneur vous ayt en sa garde. »

Yolande et ses enfants se reposèrent à Chartres le 23 octobre. Louise fut sans doute heureuse de visiter la belle cathédrale de cette ville, de se prosterner au pied de l'image de Notre-Dame, lui attribuant, après Dieu, la grâce de leur délivrance et le bon accueil que partout ils recevaient sur leur passage.

A peine Louis XI était-il rentré dans la capitale de la Touraine, qu'un courrier vint lui annoncer l'heureux succès de l'expédition du sire d'Amboise (1). Ce message plut au monarque ; aussi « manda-t-il diligemment qu'elle (Yolande) vînt devers lui et ordonna de sa dispense (dépense) en chemin. »

Ses principaux officiers furent envoyés au devant de la régente pour lui faire comme une garde d'honneur (2); lui-même vint la recevoir à l'entrée de son château de Plessis-les-Tours où résidait la cour. En la voyant il lui dit : « Soyez la bien venue, Madame la bourguignonne ! »

— « Monsieur, vous me pardonnerez, répondit Yolande, je suis bonne française et prête à vous obéir (3). »

Louis la conduisit dans ses appartements, et continuant de lui témoigner beaucoup d'amitié, il la

1. *Chroniques de Yolande.*
2. *Mémoires de Philippe de Commines.*
3. J.-B. Semeria. — De Barante.

combla d'attentions et de riches cadeaux. Cette hospitalité toute fraternelle du roi, les égards dont elle se voyait l'objet, étaient bien propres à consoler Yolande de ses récents malheurs; mais ils ne désarmèrent pas sa prudence.

Fort habile, ne disant que ce qu'elle voulait, la régente savait tout voir, tout entendre et deviner le reste. Aux yeux de beaucoup de personnes, elle était plus adroite que le roi. Dans leurs entretiens, la sœur prenait tranquillement et avec adresse ses avantages sur le frère. Parfois le monarque rusé la raillait sur son alliance avec le duc de Bourgogne; mais sans témoigner d'embarras et sans irritation apparente, d'une façon douce et spirituelle, la duchesse savait lui répondre sans l'offenser, et lui faire comprendre qu'il pourrait bien avoir été pour quelque chose dans cette alliance, puisque ses rêves venaient s'égarer jusque dans les provinces de Savoie.

Dès le premier jour (2 novembre), le roi de France et la duchesse de Savoie signèrent un traité (1), en vertu duquel la duchesse s'engage, par foi et serment, les mains placées sur les saints évangiles de Dieu et sur le saint canon de la messe, à ne contracter, soit en son nom, soit au nom de son fils, aucune alliance, pratique et intelligence quelconque avec le duc de Bourgogne, ou tout autre adversaire et ennemi du roi, à son préjudice ou dommage du royaume; à ne faire aucun traité, aucune alliance, sans le consentement du roi; à ne livrer passage à travers les Etats de Savoie et de Piémont aux compagnies de

1. *Philippe de Commines.*

quelque pays ou condition qu'elles soient, marchant pour le duc de Bourgogne ou pour un prince ou seigneur ennemi du roi.

Ce traité conclu au château de Plessis fut confirmé par les trois Etats de Savoie.

Dans les entretiens du frère et de la sœur, il fut question du mariage de Louise et de Marie. Au témoignage de Philippe de Commines, le roi voulait détourner Yolande des alliances projetées, mais celle-ci « s'en excusait sur ses filles, lesquelles y étaient, disait-elle, obstinées. Quand ledit seigneur connut leur vouloir, il y consentit. » Huit jours s'écoulèrent ainsi; absente et éloignée depuis plus de quatre mois, il tardait à Yolande de reprendre le chemin de ses Etats. Aussi préparait-elle tout pour son prochain retour.

Avant de prendre congé de son frère, et pour témoigner de sa joie et de sa reconnaissance, la duchesse donna à ses frais un grand dîner où furent invités le roi et la reine de France (1), le roi de Portugal et plusieurs officiers et grands seigneurs du royaume. Elle n'oublia pas les chambellans et autres serviteurs de la cour.

Le jour du départ n'était pas encore arrivé, que les ambassadeurs de Savoie venaient à Tours au-devant de leur souveraine. Parmi eux on remarquait deux enfants impatients de revoir leur mère, Anne et Jacques-Louis.

Par les ordres du roi, deux haquenées furent données aux demoiselles Marie et Louise, et l'on fit faire « quatre longes pour les mener en main (2). » Louis XI

---

1. *Chroniques de Yolande.*
2. Ibid.

chargea l'évêque de Meilleray et les seigneurs de Bessy, de Château-Vilain, de Saint-Pré et Philippe de Commines, d'accompagner sa sœur, ses neveux et nièces. L'escorte française, composée de vingt-sept personnes, ne devait s'arrêter qu'à Chambéry. La reine, de son côté, mettait à la disposition de sa belle-sœur, ses écuyers, ses pages et quatre musiciens pour jouer de divers instruments.

« Ladite Dame (Yolande), qui désirait beaucoup son partement, » prit congé du roi son frère et de toute la cour de France. En quittant son oncle, Louise était loin de penser que de nouvelles et prochaines épreuves la ramèneraient à ce château de Plessis et à cette cour de France où elle dut laisser les meilleurs souvenirs, et où dès lors, sans doute, elle apprit à connaître cette Jeanne de Valois, sa cousine germaine, qui eut avec elle tant de ressemblance de destinée et de vertus héroïques.

Le 28 novembre, Yolande et toute sa suite entraient à Lyon (1). Dans cette ville se trouvaient des chariots amenés de Genève et de Chambéry par les soins de Hugonin de Montfalcon, maître d'hôtel de la duchesse (2).

Enfin, le 9 décembre, qui était un lundi, les captifs de Rouvres et leur escorte firent leur entrée solennelle à Chambéry (3). Tout était disposé dans la

---

1. *Chroniques de Yolande.*
2. Pendant ce séjour à Lyon, on fit « teindre, » pour les demoiselles Marie et Louise, six aunes de drap fin d'écarlate que le roi leur avait données pour robes. Dans la ville d'Apremont, elles reçurent deux aunes de velours noir pour faire « deux thours à porter dessus le front et deux pièces à porter sur la poitrine. »
3. *Chroniques de Yolande.*

capitale ponr leur faire une brillante réception. Le maître d'hôtel de la duchesse avait envoyé de Chambéry à Genève « deux mulatiers et cinq mules, lesquelles ont apporté la tapisserie nécessaire à être tendue pour la venue de Madame. »

La duchesse et ses enfants furent accueillis avec de grandes démonstrations de joie. De nouvelles fêtes eurent lieu à l'occasion du départ des ambassadeurs français (19 décembre) et de l'arrivée du duc de Milan, du comte et de la comtesse de Genève, des envoyés de leurs Excellences de Fribourg et de Berne.

Ainsi se termina heureusement pour ses victimes l'odieux guet-apens du grand Saconnex suivi de la captivité de Rouvres, et toute cette douloureuse odyssée qui dut fortifier dans le cœur de Louise l'abandon en Dieu et le détachement des grandeurs de la terre, en lui en montrant le péril et la fragilité (1).

1. En reconnaissance de sa délivrance de la captivité de Rouvres, Yolande chargea six enfants de chœur de réciter chaque jour l'office de la Vierge.

CHAPITRE VIII

MORT DE CHARLES LE TÉMÉRAIRE. — HUGUES DE CHALON PRISONNIER DU ROI DE FRANCE. — MORT DE LA DUCHESSE YOLANDE.

> « Par cette fin terrible et due à ses forfaits,
> Apprenez, roi des Juifs, et n'oubliez jamais
> Que les rois dans le ciel ont un juge sévère,
> L'innocence un vengeur, et l'orphelin un père. »
> RACINE.

C'était bien certainement l'innocence même que ces enfants de Savoie brutalement enlevés avec leur mère, noble et respectable veuve s'il en fût. Ces innocents appelaient un *vengeur*, et ils n'étaient pas les seuls.

C'était bien aussi l'orphelin que ce jeune René, duc de Lorraine, que Charles, son oncle, avait injustement dépouillé de son héritage et réduit à se réfugier sur la terre étrangère et à s'allier à ses ennemis.

Profitant du désastre de Morat, René, avec l'aide des Suisses, ses alliés, était rentré en Lorraine et avait reconquis ses États. Toujours obstiné dans ses projets, Charles s'apprêtait à le combattre et vint lui présenter bataille sous les murs de Nancy (6 janvier 1477). C'est là aussi que l'attendait *le juge sévère, vengeur de l'innocence et père de l'orphelin*.

Alarmé par de sinistres présages et trahi par l'italien Campobasso, Charles combattit avec le courage du désespoir et périt dans la mêlée. Son corps resta deux jours sur le champ de bataille, gisant dans la boue, méconnaissable. Il fut relevé enfin, exposé dans une chapelle ardente, puis déposé dans l'église de Saint-Georges à Nancy. Oubliant les injures et les injustices du défunt, son neveu René vint l'asperger d'eau bénite et lui dit en lui prenant la main : « Beau cousin, Dieu aye votre âme ! vous nous avez fait moult maux et douleurs. »

Charles le Téméraire avait des qualités qu'on ne saurait méconnaître ; il y avait en lui l'étoffe d'un héros ; mais il ternit ces brillants avantages par son orgueil, son ambition et sa cruauté, témoins les massacres de Nesle, de Dinant, de Liège et de Grandson. A Grandson il perdit ses richesses, son armée à Morat et la vie à Nancy.

Cette dernière journée ne fut pas moins fatale au fiancé de Louise, Hugues de Châlon. Elle lui fit perdre la liberté qu'il dut racheter au prix d'une forte rançon, et fit naître des événements et des complications que nous allons résumer en peu de mots (1).

Croyant le moment favorable de réaliser ses vues sur la Bourgogne et de dépouiller Marie, l'héritière de Charles, Louis XI fit envahir la Franche-Comté. Les peuples se levèrent en masse pour résister aux Français et défendre les droits de leur souveraine avec leur indépendance (2).

Les deux armées se rencontrèrent au pont de Pin

---

1. *Mémoires d'Olivier de la Marche.*— *Mémoires historiques sur la Franche-Comté*, par Duronzier.
2. Hugues de Châlon tenait les places fortes de Bourgogne avec ses lieutenants, Humbert du Vernois, Antoine de Falleraus, Antoine de Courbouzon et Pierre de Jougne.

l'Emagny, sur l'Ognon. Les Bourguignons étaient commandés par Hugues de Châlon. Le combat fut vif et sanglant, et la victoire longtemps indécise, lorsque le prince de Châlon fut fait prisonnier par le sénéchal de Toulouse. Découragés par la perte de leur chef, les Francs-Comtois cédèrent, après avoir fait éprouver à l'ennemi des pertes considérables.

Hugues, qu'un destin fatal semblait poursuivre, fut conduit sous bonne escorte à Châlon-sur-Saône. Le roi avait fixé sa rançon à cinquante-deux mille écus d'or (environ un million de francs), payables en différents termes. Le sire de Château-Guyon épuisa ce qui lui restait du trésor amassé par ses pères dans la *Tour de plomb* de Nozeroy. C'était peu encore : il dut passer procuration aux nobles Humbert Duvernois, Antoine de Fallerans, Pierre de Jougne et Antoine de Courbouzon, pour vendre et engager ses rentes, censes, revenus, châteaux, etc., et parvint ainsi à réunir une somme de trente mille écus ou francs d'or.

Cette somme, promise le 27 juillet 1478, fut portée au prince Hugues par Antoine de Fallerans et Pierre de Jougne. Jean de Maritain, lieutenant de la compagnie du sénéchal de Toulouse, lui donna quittance pour diverses sommes reçues. Malgré tous ses efforts, il lui restait encore vingt-deux mille écus d'or à payer. Hugues dut fournir pour le solde des otages et des cautions.

Tandis que le héros de Pin l'Emagny gémissait dans la captivité, un événement plus douloureux encore allait déchirer le cœur de sa fiancée, et plonger dans le deuil la famille et tout le duché de Savoie.

Un labeur constant, soutenu contre de terribles ennemis, des guerres et des échecs continuels, de nombreuses peines domestiques, toutes les péripéties d'une vie agitée et tourmentée, avaient ruiné la santé de la duchesse Yolande. Au mois de juin (1478), elle fut atteinte de la maladie de la goutte, et elle mourut à Montcalier le 29 août. Cette femme héroïque reçut les honneurs d'une sépulture toute royale (2 septembre) dans l'église de Saint-Eusèbe de Verceil, où elle fut inhumée auprès de son époux, le B. Amédée.

De nombreux services religieux furent célébrés dans tous les États de Savoie pour le repos de l'âme de la duchesse. Elle emportait au tombeau d'unanimes regrets, mérités par sa sage administration, son caractère affable, bienfaisant, et ses sentiments si profondément religieux (1).

Louise était devenue véritablement orpheline, à seize ans, âge bien tendre et bien critique ! Mais ne craignez rien : en elle, la sagesse a devancé le nombre des années, et cette sagesse s'appuie sur un fondement solide.

Le ciel, dit à ce sujet Catherine de Saulx, voulait montrer les vertus de cette digne et excellente dame, Louise de Savoie. « Pour prouver combien il l'aimait, Dieu lui envoya moult tribulations, car tous ceux qu'elle aimait lui osta. »

1. L'art de vérifier les dates.

CHAPITRE IX

LA B. LOUISE A LA COUR DE FRANCE. — NÉGOCIATIONS AVEC HUGUES DE CHALON. — SA DÉLIVRANCE.

> « Dans les crises politiques, le plus difficile pour un honnête homme n'est pas de faire son devoir, mais de le connaître. » De Bonald, *Pensées diverses*, p. 4.

Après la mort de la duchesse Yolande, Louis XI, s'envisageant comme le tuteur naturel des enfants de Savoie, et suivant en cela, comme en tout, les conseils de sa politique intéressée, appela auprès de lui la jeune Louise avec sa sœur Marie (1). Il envoya plusieurs seigneurs et écuyers pour accompagner leurs altesses, de Turin au château de Plessis-les-Tours. De son côté, le duc de Savoie chargea Jean Compey, évêque de Turin, de suivre les deux princesses dans leur voyage, et choisit en outre des gentilshommes, des dames d'honneur, et, comme maître d'hôtel, Michel Rivaulte. Un des serviteurs de Louise se nommait Claude Combe. On dressa l'inventaire des objets que les deux princesses emportèrent du palais de Turin.

1. Philippe de Commines. — Duvernoy (*Notes sur Gollut.*) — Guichenon.

— 53 —

Entr'autres objets précieux, citons deux coupes et deux cuvettes en vermeil (1).

Le départ de Turin eut lieu le samedi 25 septembre, après midi. Vivement ému, le cœur de Louise semblait pressentir qu'elle allait quitter pour toujours cette terre de Savoie et du Piémont, berceau de son enfance, et où elle laissait, avec tous les souvenirs qui sont chers, les tombeaux de ses illustres parents et d'une longue suite de glorieux ancêtres.

Le 28 septembre au soir, les nobles voyageuses arrivaient à Suze, et, au commencement d'octobre, elles embrassaient leur oncle et tuteur.

Louis XI, comme nous l'avons dit, faisait volontiers sa résidence au château de Plessis; c'est là aussi qu'il reçut ses nièces orphelines. Plusieurs lettres écrites par Louise et Marie à leur frère, le duc Philibert, sont datées de ce château royal. C'est de là que, au mois d'avril 1479, part un serviteur de Louise, chargé d'aller en Savoie demander un cheval de monture pour sa maîtresse. Désirant en cela, comme en chose plus importante, être agréable à sa bien-aimée sœur, le duc lui faisait remettre par son serviteur cinquante écus d'or pour se procurer ce qu'elle désirait.

Dans cette cour où, à côté de nobles vertus, régnaient en souveraines la dissimulation et la ruse,

---

1. Cy-après s'ensuyvent les bagues distraictes de l'inventaire rendu par ledit Monnet de Gruyères, chambrier du duc Philibert de Savoie et ci-après remis en gage à Monseigneur l'évêque de Verceil à Turin le 24ᵉ jour de septembre 1478. Premièrement deux coppes d'argent daurées et deux plats pour laver les mains, esquelles quatre pièces étaient inventorisées et escriptes sur son inventaire. (*Archives de Turin.*) Communication de M. le chevalier Combetti.

la jeune et vertueuse Louise devait se sentir quelque peu étrangère. Comme une autre héroïne de son âge et de sa condition, elle aurait pu dire avec le poète :

> Et moi, pour toute brigue et pour tout artifice,
> De mes larmes au ciel j'offrais le sacrifice.

Ce dut être pour Louise une pieuse joie de trouver à la cour un saint prélat, Georges d'Amboise, aumônier du roi, et une douce consolation de pouvoir appeler auprès d'elle, du consentement de son oncle, le P. Jean Perrin, cordelier, dont elle avait eu l'occasion d'apprécier le mérite et les lumières pendant sa captivité de Rouvres.

C'est pendant ce séjour prolongé à la cour de France, que le dauphin, plus tard Charles VIII, s'éprit de respect et d'amitié pour sa sainte cousine ; sentiment qu'il conserva toute sa vie, et qui fera dire et répéter à Catherine de Saulx et à d'autres « que moult l'aimait. »

Cependant le rusé monarque qui tenait sous sa main la fiancée de Hugues, n'oubliait pas son prisonnier. Il envoya Louis d'Amboise, évêque d'Albi, à Châlon, avec « charge et commission de réduire en l'obéissance et service du roi son très cher et bien-aimé cousin, Hugues de Châlon. »

Le prisonnier ne se rendit pas sans coup férir et sans poser ses conditions. Dans l'arrangement conclu avec l'évêque d'Albi, il fut convenu que le roi traiterait Hugues convenablement, l'aurait, lui et ses affaires, en particulière recommandation, le protège-

1. Le 20 août 1477, avait eu lieu le mariage de Maximilien, fils de l'empereur Frédéric, avec Marie, fille unique de Charles le Téméraire, duc de Bourgogne.

rait envers et contre tous, et notamment contre Maximilien d'Autriche (1), sa femme (Marie de Bourgogne), leurs enfants et successeurs, et tous ceux tenant leur parti. Le roi fera accomplir et solenniser le mariage entre ledit de Château-Guyon et Mademoiselle Louise de Savoie, sa nièce, et lui fera assurer une dot semblable à celle des autres filles de la maison de Savoie, à payer à termes raisonnables.

En outre, il fera rendre à Hugues toutes les terres prises par le passé à ses prédécesseurs, tant dans le Dauphiné que dans le comté de Bourgogne; il fera payer par les seigneurs d'Armagnac la somme de soixante mille écus d'or dusau sire de Château-Guyon, à cause du mariage de sa mère; il fera rembourser la somme de quarante-sept mille livres que son cousin a déjà payée pour sa rançon.

Quant aux otages donnés pour la garantie des quarante-cinq mille livres dues au sénéchal de Toulouse, le roi promit de les mettre en liberté. Les cautions de Monseigneur de Château-Guyon resteront liées, et leurs lettres obligatoires dans toute leur force et valeur, jusqu'à ce que ledit Hugues ait, de son côté, satisfait aux choses suivantes, pour lesquelles il a donné son sceau au roi : Ledit seigneur prendra et tiendra dorénavant le parti du roi Louis et de ses successeurs; il le servira envers et contre tous, et notamment contre le duc Maximilien d'Autriche, sa femme, leurs enfants, successeurs et autres personnes tenant leur parti. Ledit seigneur sera tenu de venir en personne où le bon plaisir du roi sera de lui mander pour épouser Mademoiselle Louise de Savoie.

La lettre du roi, signée de sa main (12 mai 1479), eut pour témoin le comte de Marle, maréchal de France, les sires du Bouchage, de Joyeuse, et d'autres gentilshommes.

Hugues signa de son côté entre les mains de l'évêque d'Albi.

On sut bientôt à Châlon que monseigneur d'Amboise avait pleinement réussi dans sa mission, et que la prison était « vuidée » après dix-huit mois de captivité.

Devenu l'ami et l'allié de la France, Hugues servit fidèlement le drapeau sous lequel il venait de se ranger, aidant le roi à la conquête de ses nouvelles provinces, engageant à la soumission les villes et les châteaux, ou domptant leur résistance. Il eut la satisfaction de voir ses serviteurs et ses partisans récompensés, et de se voir lui-même libéré de la somme due pour sa rançon. Gaston de Lyon, sénéchal de Toulouse, s'engagea à ne rien réclamer à l'avenir de son ancien prisonnier, et cela à la suite d'ordres royaux (1) envoyés aux receveurs de France de payer, à la décharge du prince, la somme de quarante-cinq mille livres.

Rien désormais ne s'opposait plus au mariage de Hugues avec sa fiancée Louise de Savoie. Mais avant de raconter cet événement si grave de la vie de notre Bienheureuse, il convient de remplir notre promesse, et de faire connaître l'illustre et puissante maison à laquelle elle va s'allier.

1. En date de Mâcon, le 6 mai 1479.

CHAPITRE X

MAISON DE CHALON. — CHATEAU DE NOZEROY

Richesse de Châlon (dicton populaire).

Branche cadette de la maison de Bourgogne, les princes de Châlon occupaient sans contredit le premier rang après leurs aînés, les ducs souverains de Dijon. Cette famille a produit de grands guerriers, d'habiles politiques, qui s'allièrent aux rois et aux empereurs, et participèrent aux grands événements de leur temps.

« Tous les seigneurs de cette illustre maison, dit Fodéré, avec la générosité et prouesse en fait d'armes, ont toujours conjoint la piété et ont été fort catholiques et grandement adonnés à la dévotion (1). » Nous en verrons d'éclatantes preuves dans le cours de cette histoire.

Louis de Châlon, père de Hugues, avait été vicaire du Saint-Empire, comte de Bourgogne, prince d'Orange, seigneur d'Orbe, de Cerlier, de Château-Guyon, de Nozeroy, baron de Grandson et d'Arlay. Neuchâtel était un fief de la maison de Châlon, à laquelle les comtes de Neuchâtel, comme vassaux,

---

1. *Description des couvents...* 1619, Lyon.

prêtaient foi et hommage. C'est en vertu de ces droits que le roi de Prusse, héritier de la maison de Châlon, devait prendre (1707), de préférence à d'autres prétendants, le titre de prince de Neuchâtel.

Le père de Hugues possédait, outre la principauté d'Orange, trente-deux seigneuries de marque en Franche-Comté (1), d'innombrables vassaux et de grandes terres en Dauphiné, dans le Poitou, la Bretagne, le Berry, la Champagne, la Flandre, le Hainaut, la Bresse, le Bugey et dans le duché de Bourgogne.

Il était également distingué. par sa piété et sa valeur. Il employait une partie de ses revenus « en la construction ou réparation des monastères et églises parochiales de ses terres, faisant de grandes aumônes (2). » C'est lui qui fonda le couvent des Franciscains de Nozeroy. Il fit, rapporte l'histoire, cette fondation pour apaiser les remords de sa conscience qui lui reprochait d'avoir détruit de fond en comble un couvent de l'Observance à Naples, lequel servait de place forte aux ennemis du roi René d'Anjou, héritier et successeur de la reine Jeanne. C'est un remords que n'éprouvent guère, en ce monde du moins, tant de gens acharnés de nos jours contre ces asiles de la vertu et de la pénitence.

Veuf en premières noces de Jeanne de Montbéliard, la généreuse fondatrice du couvent d'Orbe (3), Louis s'était remarié avec Eléonore d'Armagnac, veuve aussi de Gaillard, seigneur de la Mothe. De son premier mariage, il eut Guillaume, prince dissipateur et violent, que nous avons vu disputer l'héritage de

1. Ed. Clerc, *Essai sur l'histoire de la Franche-Comté.*
2. Fodéré.
3. Ed. Clerc. — Bourgon.

ses frères ; du second lit, il eut quatre enfants : Louis, brillant chevalier, tué à la bataille de Grandson ; Hugues, né en 1449 ; Jeanne, mariée à Louis, comte de La Chambre, en Maurienne (1), et Philippine, qui prit de bonne heure le voile au couvent des Clarisses d'Orbe, l'amie intime et plus tard la sœur en religion de la B. Louise (2).

Louis de Chalon mourut avec le surnom de *Bon*.

Telle était, en peu de mots, la grande et illustre lignée qui, dans la personne du prince Hugues, briguait l'honneur de s'allier à la maison de Savoie. Sous le rapport de la puissance, du crédit et de l'illustration, elle était digne de cette alliance ; elle ne l'était pas moins au point de vue des qualités physiques et morales du prétendant.

Il est à regretter que l'histoire nous fournisse peu de détails sur la vie de ce prince vertueux et chevaleresque : malheureusement pour lui, il n'a point eu de chroniqueur. Cependant, dans l'*Essai sur l'histoire de la Franche-Comté*, on découvre, sous le brillant pinceau de M. le président Clerc, quelques traits de cette belle figure. Voici ses paroles :

« La beauté juvénile et l'heureux naturel des fils d'Eléonore consolaient le vieux père, le prince Louis, des mécomptes que lui causaient le manque de déférence et les profusions de Guillaume, son fils du

---

1. Jeanne de Chalon testa le 23 août 1483 et mourut le 15 sept. 1484. (Le baron d'Estavayer, t. X. p. 38, manuscrit).

2. Philippine vient après Hugues, né en 1450. C'est probablement la naissance de cette enfant que Louis s'apprêtait de fêter joyeusement et écrivait un billet daté de Nozeroy (15 janv. 1454) à Pierre de Jougne, châtelain au pays de Vaud. Nous avons espérance, avec l'aide de Dieu, que sera le baptisement dimanche prochain et attendons grant gens, en notre château (Nozeroy). *Essai sur l'histoire de la Franche-Comté.*

premier mariage. Par son humeur violente et hautaine, Guillaume s'était aliéné les plus fidèles serviteurs de son père, et ceux-ci s'attachaient d'autant plus fortement aux jeunes princes puînés. »

Confiés aux soins de Pierre de Jougne, fidèle écuyer, de la famille des Mayors de Romainmotier, qui jouissait de toute la confiance du prince Louis, Hugues se forma de bonne heure aux exercices du corps, aux fatigues du métier des armes, auquel il fut appelé par les événements, bien avant d'avoir atteint l'âge viril.

Le prince Hugues était grand, de noble stature (1). L'hôtelier de Foncine-le-Haut vit le jeune Hugues fuyant par les ordres de son père, et le crut âgé de quinze à seize ans, bien qu'il n'en eût que treize,

Son père mourant lui avait dit en présence du Prieur et de Grandvaux : « Je ne vous ai pas laissé, mon fils, autant de seigneuries qu'à vos frères ; mais je vous laisserai assez pour en acquérir. » — C'était sans doute une allusion au trésor amassé par lui et ses ancêtres dans la *Tour de plomb* de Nozeroy.

Se sentant près de sa fin, Louis le Bon ordonna à Pierre de Jougne, son homme de confiance, d'enlever le trésor de la Tour de plomb, et de le conduire en sûreté de l'autre côté du Jura, en même temps que le jeune prince, son élève, à qui ce trésor devait appartenir. Aidé d'Aymonet Fellin, gardien de la tour, et de quelques autres serviteurs, Pierre de Jougne fit charger en secret, sur une grande et forte mule des écuries du prince, trois coffres ferrés et très lourds. Après avoir reçu la bénédiction et les

1. Ed. Clerc.

derniers embrassements de son père mourant, le jeune Hugues monta à cheval, avec son fidèle mentor, le 2 décembre, après midi, sous prétexte d'un pèlerinage à Saint-Claude. Ce qui faisait dire aux gens qui le rencontraient : « Voilà Monsieur d'Orbe qui va en pèlerinage pour Monseigneur d'Orange, vers Monseigneur Saint-Claude et aux Notres-Dames du pays. »

Sorti du château par une porte dérobée, le précieux convoi s'avança lentement vers le Jura, et parvint heureusement à Gex. Le trésor fut évalué à *deux millions*, dans les actes du procès qui surgit à la mort du prince Louis. De là, sans doute, et des vastes possessions de la famille, le dicton populaire que nous avons placé en tête de ce chapitre : *Richesses de Chalon* (1).

Par la mort de son frère Louis et les donations de sa sœur Philippine, la majeure partie de la fortune de la maison de Chalon se trouvait réunie sur la tête de Hugues. Il faut, du reste, que le procès de 1664 et les événements postérieurs aient bien ébréché le trésor de la Tour de plomb, pour que le prisonnier de Pin l'Emagny se soit trouvé dans un si grand

---

1. Voici une partie du testament du prince Louis, celle qui regarde son fils Hugues appelé Huguenin : « Item voulons et ordonnons que ledit Huguenin de Château-Guyon, notre fils, ait et emporte par son droit, partage, part et portion légitime, lesdits châteaux, villes, villages, fiefs, noblesse et autres droits de Orbe, Echallens, Montagny-le-Corbos, Grandson, Belmont, Jougne, Franc-Châtel, Rochejean, Châtelblanc, notre droit et partie des hautes joux.

Item tout et tel droit que avons, pouvons et devons pouvoir et devons avoir au temps avenir au comté de Neuchatel et dans les terres de Grandson, Colombier et Saint-Romain. »

embarras d'acquitter la forte rançon qui lui avait été imposée par le roi de France.

Le château de Nozeroy (1) était la principale résidence des seigneurs de Chalon. Le prince Louis avait dépensé trois millions de notre monnaie à réparer ses châteaux du Jura (2); mais c'est surtout dans la construction ou réédification de celui de Nozeroy qu'il se plut à faire éclater sa magnificence princière.

L'aspect grave de la vallée (3), à laquelle l'antique village de Mièges a donné son nom (4), son ciel froid, ses montagnes, l'étendue de la seigneurie : tout dans ce splendide manoir que, dès l'âge de quarante ans, Louis de Chalon réservait pour le séjour de sa vieillesse, concourait à son plan et s'assortissait à son caractère énergique, méditatif et calme.

Le château féodal, de vastes proportions et de magnifique structure, était défendu par ses fortes et hautes murailles, ses fossés profonds et par huit

1. La petite ville de Nozeroy (Jura), est à 8 lieues S. E. de Salin et à 15 lieues de Besançon. En 1851 sa population était de 812 habitants.
2. Il répara les maisons ou châteaux de Bletterans, Cuissel, Châtillon-sur-Curtine, Nozeroy, Jougne, Chalamont, Rennes, Montmahoux, Arguel, la Rivière, Abbans, Vers, Sainte-Anne, Arlay, Lons-le-Saulnier, Saint-Laurent, Grandson, Echallens, Orbe, Montagny, Orange (M. Ed. Clerc). Les dépenses pour le château d'Echallens (1451) s'élevèrent à plus de 80,000 francs de notre monnaie (*Diction. hist. du canton de Vaud*), par Martignier et de Crousaz).
3. Ed. Clerc.
4. Mièges est l'église-mère de dix-huit paroisses environnantes, qui, à de longs intervalles, se sont séparées pour former de nouvelles paroisses. Mieges conserve une vaste et belle église. Du côté de l'épître, on voit une chapelle partagée en deux par un mur atteignant la voûte Cette chapelle porte le nom de Chalon.

tours fort élevées. Au dehors régnait une enceinte crénelée qui se reliait aux remparts de Nozeroy, bâti sur le même plateau.

L'entrée du château était au nord ; au devant s'étendait une grande place fermée par des murs, autour de laquelle se rangeaient les écuries, les granges, la maréchalerie et la halle. La première porte franchie, l'œil embrassait l'ensemble de l'imposante façade, avec les machicoulis et les ouvertures, la fenêtre de l'oratoire, celle de la chapelle, élégamment sculptée, le pont sur les fossés et la seconde porte ; à gauche du pont, une petite tour carrée, à droite, la haute Tour de plomb, ainsi nommée à cause du métal qui la couvrait comme d'une impénétrable armure : l'une et l'autre immobiles témoins des siècles passés, conservées seules par Louis dans la construction générale.

La deuxième porte conduisait par une voûte profonde dans la grande cour intérieure, ornée d'une belle fontaine, et dont les tours bâties à chaque angle renfermaient les viorbes ou escaliers à cent marches conduisant aux divers étages du palais.

Au rez-de-chaussée, à gauche, régnait la longue salle à manger, décorée de trophées de chasse attachés au mur. La chapelle, richement ornée, s'ouvrait à l'extrémité de cette salle ; à côté un escalier tournant, construit avec un art prodigieux, conduisait à une tour carrée, au dessus de laquelle était suspendue la cloche.

Louis avait placé dans les étages supérieurs les salles de réception, la chambre d'Arras (1), qu'aux

1. Ainsi nommée vraisemblablement à cause du traité d'Arras dont le prince d'Orange fut un des principaux négociateurs.

grands jours on tendait de soie et d'or, la chambre *verte*, la chambre *blanche* et nombre d'autres, enrichies de tapis somptueux, dont l'un, estimé 6,000 écus, représentait *l'Histoire de l'Ancien et du Nouveau Testament*. Au fond de la cour, un beau porche ouvrait par un escalier en viorbe sur les jardins, les vergers, la lice pour les courses, les ruchers, les viviers, le tout enveloppé par la longue enceinte des remparts et des tours.

M. le président Clerc, à qui nous empruntons cette description aussi fidèle qu'élégante, donne une vue du château de Nozeroy, d'après un dessin conservé du XVI° siècle.

C'est ce splendide manoir que va habiter, pour un temps du moins, Louise de Savoie devenue princesse de Châlon et châtelaine de Nozeroy (1), et c'est de là que nous la verrons sortir un jour pour embrasser les saintes austérités et revêtir l'humble livrée du cloître.

1. Ma dite dame (Yolande) n'a pas esté négligente au regard de mes damoiselles Marie et Louise ses filles : veu que elle les a bien et grandement logées en mariage, sanz que le pays en supporte grand charge au regard des aultres filles et damoyselles de la maison du temps jadis dont encoure est la mémoire fraîche.

CHAPITRE XI

MARIAGE DE LOUISE AVEC HUGUES DE CHALON
FÊTES ET VOYAGE DE NOCES

> « Les richesses sont un don des parents; la femme au cœur pur et fidèle est un don de Dieu. »
> *Prov.* XIX, 14.

On sait comment se font, comment se faisaient, surtout à cette époque, les alliances matrimoniales entre les maisons princières et souveraines: elles étaient, comme elles sont encore trop souvent, le résultat de la politique, des raisons d'Etat, le complément des traités, l'objet des querelles et des rivalités, parfois sanglantes, l'enjeu du hasard, rarement une affaire de cœur et d'inclination.

Si Louise eût été libre de suivre ses goûts et les aspirations de son cœur, elle n'eût voulu avoir d'autre époux que Dieu et se fût consacrée de bonne heure à la vie religieuse; mais, trop craintive et trop docile pour contrarier ses nobles parents, elle s'était résignée à leur volonté et avait accepté leur choix (1). Il entrait d'ailleurs dans les desseins de Dieu à son égard de la faire passer par les diffé-

---

1. Maritalem Hugonis a Cabilone thorum licet invita subivit. (*De Viris illustribus*.)

rents états de la vie, afin de servir de modèle à tous : aux femmes du monde, aux veuves chrétiennes, comme aux vierges consacrées au Seigneur (1).

A ce moment décisif qui va changer l'existence de notre Bienheureuse, pour faire briller d'un nouvel éclat sa piété et ses vertus, nous voudrions pouvoir la faire connaitre d'une manière plus intime et donner un portrait aussi fidèle que possible de sa personne, comme nous avons essayé de le faire pour Hugues son fiancé.

Les histoires contemporaines sont extrêmement sobres de détails sur ce point ; et nous comprenons cette réserve vis-à-vis d'une sainte, et en présence de qualités supérieures devant lesquelles toutes les autres s'éclipsent comme un néant. Sa première biographe, Catherine de Saulx, nous laisse à peine entrevoir ce qu'elle était au physique : elle nous parle de sa beauté, mais c'est après sa mort, en disant que jamais elle n'avait été « si belle » qu'alors.

La démarche de Louise était noble et majestueuse (2) ; sa taille médiocrement élancée, s'il faut en croire l'examen des reliques. Sa figure respirait la douceur, la bonté de son âme ; sa voix était douce et suave. Un trait saillant de son caractère, c'est la gaité, l'enjouement (3). Elle aimait à rire, même des

---

1. Dei Providentia non ad unius tantummodo, sed ad singulorum penitus statuum perfectionem, ancillam suam vocabat, ut in una Ludovica et virginibus et conjugatis et viduis et sanctimonialibus virtutis monstraret quod imitarentur exemplum. (Vitæ synopsis.)

2. Pudore, gravitate, totiusque habitus incessusque majestate. (Ibid.)

3. Era tanto joconda que nulla più.

reproches injustes qu'on lui faisait, prenant ainsi tout en bonne part et sans jamais perdre la sérénité de son âme. C'est un signe qui révèle la vraie piété et la véritable humilité.

Dans le traité conclu avec le sire d'Amboise, Hugues avait pris l'engagement de se rendre en personne où le bon plaisir du roi serait de le mander « pour épouser Mademoiselle Louise de Savoie, » et il n'avait garde de manquer à cet engagement.

Louis XI désigna pour le lieu du mariage Dijon, l'ancienne capitale de la Bourgogne, récemment annexée à la France ; le jour en fut fixé au 24 août 1479, veille de la fête de saint Louis, patron du roi et de sa nièce.

Ce n'était pas sans dessein que Louis XI avait choisi Dijon pour le lieu de la cérémonie : il cherchait évidemment à gagner le cœur de ses nouveaux sujets en éblouissant leurs yeux. L'éclat des fêtes, le concours des nombreux vassaux et des grands officiers présents, en vertu d'édits royaux, devaient impressionner favorablement les habitants de la cité bourguignonne et les populations des provinces conquises.

Le nouveau souverain venait de parcourir ces provinces, les comblant de faveurs et de libertés. Besançon l'avait reçu comme un protecteur, et l'église de Notre-Dame d'Auxonne avait été témoin des serments de fidélité de ses nouveaux sujets.

En paix en ce moment avec ses voisins, fort au dehors et tranquille au dedans, Louis XI venait d'ajouter à la couronne de France un de ses plus beaux fleurons. Il y avait de quoi, semble-t-il, faire trêve à ses soucis et dérider ce front royal trop souvent plissé par le soupçon, la crainte et le remords.

Hugues, qui avait été l'honneur de la Bourgogne, dit l'historien Clerc, était alors dans toute la force et dans toute la fleur de l'âge (27 ans), comme dans tout l'éclat de la renommée et de la chevalerie (1).

Le jour de la fête nuptiale, on le vit sortir du riche hôtel de ses ancêtres, escorté de nombreux écuyers, suivi de son inséparable ami, Girard d'Altenbourg (2).

La joie de son cœur rayonnait sur sa figure noble et martiale. Il voyait enfin se réaliser le plus beau rêve de sa vie, le bonheur incomparable de s'unir à la plus angélique des créatures.

De la jeune et vertueuse épousée, que dirons-nous ? Qui pourrait rendre ce qui se passait en elle au moment où elle allait prendre un autre époux que celui à qui elle eût désiré d'appartenir exclusivement ? A cet instant sans doute le sacrifice de son désir était fait : elle ne devait penser qu'à la sainteté du serment qu'elle allait prêter, aux grâces du sacrement qu'elle allait recevoir, à la ferme résolution de se sanctifier dans les liens du mariage avec l'époux à qui elle allait s'unir au pied des autels.

L'éclat de ses riches parures, des pierres étincelantes, la robe d'or, cadeau du roi de France, qu'elle portait : tout cela disparaissait devant les lumières divines qui inondaient son âme. Que la terre est pe-

---

1. En 1470, Hugues, par l'intermédiaire du bailli d'Aval, réclamait des habitants de Rochejean le droit de chevalerie. L'acte de fondation d'une chapelle dans l'église du couvent d'Orbe appelle Louise de Savoie, veuve de feu de bonne et recommandée mémoire, Monseigneur Messire Hugues de Châlon, jadis chevalier.

2. Famille établie à Orbe.

tite et pauvre, même un jour de noces princières, à qui la voit du ciel !

Il est difficile de se faire une idée de la splendeur du sanctuaire témoin de cette union bénie, de la pompe des cérémonies déployée en ce jour. L'auguste assistance comptait plusieurs maitres du monde et une foule d'illustrations de tout genre.

La dot de la fille d'Amédée était de 60.000 florins petit poids.

Par contrat de mariage, la nouvelle princesse de Châlon recevait de son époux une rente de six mille livres et la jouissance des châteaux de Nozeroy et de Vers (1).

Comme dot, Louis XI lui assurait une somme de cinq cent mille francs (2). « En faveur du mariage de notre très cher neveu Hugues avec notre très chère et bien-aimée nièce, Louise de Savoie, parce que notre neveu a embrassé notre parti et placé en notre obéissance ses terres et ses seigneuries, pour lui fournir les moyens de vivre honorablement, lui et son épouse, nous lui donnons les terres du défunt comte d'Auxerre, les terres et seigneuries de Châtel-Belin, de Chay, de Montrond, de Valempoulières, de Montluel, d'Orgelet, de Montaigu et de Saint-Aubin. En compensation de la terre et seigneurie de Rochefort, dont nous avons déjà disposé,

---

1. Un répartement (répartition) avait été faite sur tous les habitans des villages dépendant des seigneuries de Hugues pour l'aide dû en pareil cas. (*Archives du Doubs*.)

2. Par un acte de 1479, conservé aux archives de Besançon, Louis ordonne qu'il sera payé à son neveu Hugues de Châlon la somme de 35,000 livres. C'est le complément d'un don de 45,000 fait par le roi au jeune époux dans son contrat de mariage.

nous donnons à notre neveu la terre et seigneurie d'Arbois. Nous les donnons, ces terres et seigneuries, quelle que soit leur valeur ou estimation présente ou future, pour en jouir perpétuellement et paisiblement, pour en disposer selon son plaisir et sa volonté, comme de son héritage propre. Nous ne voulons rien en retenir ni réserver pour nous et pour nos successeurs, si ce n'est la foi, l'hommage et la souveraineté (1). »

Ces importantes donations furent faites et signées par le roi, à Dijon, la veille de la célébration du mariage.

Dépouillé par les Suisses des seigneuries d'Orbe, d'Echallens, de Grandson, de Montagny et de Bottens, malgré les revers éprouvés et les charges onéreuses à lui imposées par sa qualité de premier capitaine du duc de Bourgogne, de sa fille Marie, puis de Louis XI, le prince Hugues pouvait encore se consoler et se croire assez richement apanagé.

Dans la capitale de la Bourgogne, la nouvelle mariée fut l'objet d'une respectueuse sympathie de la part des seigneurs et de la noblesse, aussi bien que de la population en général. De Dijon, où elle était fêtée en ce moment avec son noble époux, elle pouvait presque voir ce château de Rouvres, qui s'ouvrait naguère comme une prison pour elle et son illustre mère — sa mère, qui maintenant manquait à ces fêtes et à ce que le monde pouvait appeler son bonheur.

Le premier jour des noces ne devait point passer pour elle sans que, à l'exemple d'une autre héroïne

1. Bibliothèque nationale à Paris. Legrand sur Louis XI. T. 25. N. 2661.

déjà citée, « lasse de vains honneurs et se cherchant elle-même, elle ne vint s'humilier aux pieds de l'Éternel. » Là, retirée dans le secret de son appartement, elle promettait de n'avoir sur la terre d'autre époux que Hugues, et Jésus-Christ pour époux de son âme alors et à toujours.

Les fêtes nuptiales, terminées à Dijon, recommencèrent et se continuèrent pour ainsi dire sur tout le parcours de la route suivie par les nobles époux. De toutes parts, les tenanciers des terres de la maison de Chalon venaient présenter à leurs seigneurs avec les souhaits d'usage le don de *bien-allée*.

Il s'avance, l'heureux couple, vers le Jura, suivi d'un nombreux cortège de chevaliers, de hauts barons, de musiciens, de secrétaires, de gardes, de valets, de députés des seigneuries du prince. Le convoi portait la vaisselle d'or et d'argent, les joyaux, les belles tapisseries, les tentures, le riche manteau de noces, la corbeille de mariage, etc.

Tout le val de Mièges fut sur pied pour fêter les nouveaux époux et voir passer le brillant cortège. Il fit son entrée à Nozeroy au milieu des arcs de triomphe, des acclamations de la foule et au bruit des fanfares et des courtauds. La ville était pavoisée aux couleurs mariées de Chalon et de Savoie. Il y eut des réjouissances et des jeux publics dans les rues.

— Elle avait bien raison de se réjouir, la petite cité : c'était un trésor de vertus, d'inépuisable bonté, de grâces et de bénédictions qui lui arrivait sous les traits d'une jeune et aimable châtelaine.

CHAPITRE XII

LOUISE A NOZEROY. — SON ACTION BIENFAISANTE
RÉFORME DU CHATEAU.

> « Qui trouvera la femme forte? »
> *Prov.* XXXI, 10.

Il est grand l'empire que la femme chrétienne exerce sur les siens et sur tout ce qui l'entoure. L'Écriture sainte nous a tracé de la femme forte un portrait qui, sous bien des rapports, peut convenir à la B^{se} Louise, devenue princesse de Chalon. Elle n'aura pas besoin sans doute de travailler de ses mains pour entretenir sa maison et enrichir son époux : à cet égard, rien ne saurait lui manquer. Et cependant elle ne restera jamais oisive : elle maniera le fuseau ; elle filera la laine, le lin, la soie ; elle travaillera pour les églises et pour les pauvres. Elle se lèvera la nuit pour prier, et sa bouche ne proférera que des paroles de sagesse et de clémence.

Le premier qui subira l'influence et l'ascendant de sa vertu, c'est Hugues, son époux. Se rappelant ce qui est écrit, que « l'homme est sanctifié par la femme fidèle, » elle portera Hugues à se sanctifier avec elle ; elle lui inspirera le désir et le goût de la perfection chrétienne.

Dans le gouvernement des choses temporelles, elle

l'engagera à ménager ses sujets, à alléger leurs charges, à rendre bonne justice, à faire régner autour de lui l'ordre, la moralité et le bien-être.

Se rappelant encore l'anathème lancé par l'apôtre contre celui qui néglige les siens et n'a pas souci de sa propre maison, un des premiers soins de Louise sera de régler sa petite cour.

Tout n'était pas parfait à Nozeroy : on s'y ressentait de l'absence prolongée des maîtres et de la licence des temps. Entr'autres mauvaises habitudes, on avait celle de jurer. « Cette vraie amie de Notre-Seigneur, dit Catherine de Saulx, ne pouvait souffrir qu'on jurât Dieu, Notre-Dame ni autrement, et elle établit cette loi, que quand une de ses femmes jurait, elle était tenue, à chaque contravention, de payer une certaine amende en argent. Une d'elles gardait l'argent, et quand il y en avait beaucoup, cette benoîte dame le faisait donner aux pauvres, en satisfaction de la faute commise. Et quand les gentilshommes juraient Dieu, Notre-Dame ou autrement, elle disait : Il faut baiser terre. Et de fait, elle leur faisait baiser terre.
— Madame, disaient-ils, nous aimerions mieux donner de l'argent que de baiser terre. — Et elle leur répondait : « Je le fais ainsi volontiers pour vous châtier. »

Ce trait nous rappelle ce que nous avons lu dans la vie même de son bienheureux père. Il montrait la même sévérité à l'égard des jureurs et des blasphémateurs. A Milan, il y avait une chapelle appelée *la chapelle des blasphèmes*, ainsi nommée des amendes accumulées dont le produit avait servi à la construire. — Il serait immense le nombre des chapelles qu'on pourrait édifier avec le tribut prélevé sur tant de blasphèmes, hélas! qui se profèrent et s'impriment de nos jours!...

Louise avait établi une autre règle interdisant à ses femmes les jeux de hasard, comme les cartes et les dés; ces objets étaient même proscrits du château. Ce n'est pas qu'elle fût ennemie d'une honnête récréation (1). Quand ses femmes jouaient à quelque petit jeu et à argent pour passer le temps, si elle était de la partie et qu'elle gagnât, elle disait tout secrètement à celle qui était de son côté (partenaire): « Donnez-le pour Dieu, et n'en retenez rien. »

Parmi les jeux innocents admis au château de Nozeroy, nous pouvons citer le jeu de la fève ou la fête des rois; ce jeu, qui faisait dire à saint Louis: « Biaus amis, je suis comme le roi de la fève, qui au soir fait feste de sa royauté et le lendemain matin n'a plus de royauté. »

L'immodestie dans ses femmes de service et de compagnie, on le comprend, ne devait point trouver grâce devant cette âme pure, « tant honteuse et vergogneuse que oncques femme pourrait être. » — « Elle avait grand déplaisir quand elle voyait des femmes (2) qui montraient la gorge découverte, et pour rien n'eut souffert à ses femmes d'ainsi faire, bien qu'il y en eut qui l'eussent volontiers fait ainsi. »

Elle ne pouvait souffrir non plus qu'on parlât mal en sa présence de qui que ce fût. S'il lui arrivait d'entendre des propos blessants pour la charité, ausitôt elle reprenait les discoureurs ou les médisants: « Je vous prie, disait-elle (3), et vous requiers

1. Cath. de Saulx.
2. Idem.
3. Idem.

de vous abstenir de ces discours; car enfin qui est sans faute et n'est pas semblable aux autres? » Et elle se mettait à excuser le prochain, « sans jamais faire son mal profit de rien. » — « Son bénigne cœur était tant pur et net et tant paisible que jamais n'eût pu ouïr quelque mauvaise et désordonnée parole, ni ne pouvait voir noise et débat; mais tout son plaisir était de voir paix, concorde et unité. »

Toutes ces réformes ne s'opérèrent pas sans difficulté et sans provoquer des murmures que nous verrons même éclater plus tard. Mais Louise n'était pas femme à se laisser intimider ni décourager, quand il s'agissait du bien, des intérêts de Dieu et du prochain. Elle était d'ailleurs soutenue par son noble époux, devenu le confident de ses pensées et le compagnon de ses bonnes œuvres. « Dès leur arrivée à Nozeroy, dit Catherine de Saulx, ils ordonnèrent si bien leur logis et tant vertueuement que oncques n'y avait à reprendre. Aussi un étranger de distinction étant venu en visite à Nozeroy, fut si émerveillé de tout ce qu'il y remarqua, de la vie régulière qu'on y menait, qu'il s'écria : « Il ne faut plus qu'une clochette pour sonner, que ce sera une religion (couvent). »

CHAPITRE XIII

VIE INTÉRIEURE. — CHAPELLE DU CHATEAU.

> « Je louerai le Seigneur tous les jours de ma vie. » *Ps*. CXLV, 2.

Catherine de Saulx nous donne un aperçu, malheureusement trop court, de la vie de notre Bienheureuse à Nozeroy pendant son mariage. Ces détails sont trop précieux pour n'en pas faire part à nos lecteurs.

« Depuis qu'elle était levée, dit sa biographe, elle priait Notre-Seigneur jusqu'à neuf heures du matin, et après, elle dînait. Après dîner, elle faisait des ouvrages en soie ou autres, ou filait, car jamais elle n'était oisive, et ne voulait pas qu'aucune des femmes de sa cour le fût. »

« Quand elle était en sa chambre, elle faisait venir ses femmes auprès d'elle, les prêchait et leur parlait tant dévotement de Notre-Seigneur et surtout tant volontiers du paradis, qu'on voyait bien que tout son désir et affection y était. »

« Elle se confessait souvent et exhortait ses femmes à en faire autant. Elle ne manquait point, du vivant de Monseigneur, de se confesser et de recevoir Notre-Seigneur à toutes les grandes fêtes, comme es-fêtes de Notre-Dame, à Pentecôte, à la Toussaint et à Noël. Et quand elle avait reçu Notre-Seigneur, elle se tenait en sa chambre, retirée de toute mondanité. »

Aux vigiles des fêtes de Notre-Dame, elle jeûnait au pain et à l'eau et disait 365 *Ave Maria*, c'est-à-dire autant qu'il y a de jours dans l'année, et incitait ses femmes à ainsi faire, lesquelles, à son exemple, disaient les mêmes prières. » Elle faisait beaucoup d'autres dévotions.

« En récitant les dits *Ave Maria*, elle méditait sur la vie et passion de Notre-Seigneur, ce qu'elle faisait tous les jours en récitant son chapelet... A l'approche de la fête des onze mille vierges, elle disait, à l'honneur d'elles, onze mille *Ave Maria*, en prenant son temps pour cela. Elle récitait aussi le psautier... et passait ses journées dans ces beaux exercices... »

« Cette bienheureuse Dame était tant dévote, qu'étant Dame séculière, elle eût voulu être toujours en prières et oraison, si elle l'eût pu bonnement faire; et sa ferveur était telle qu'elle était comme absorbée en Dieu, et que ceux qui la voyaient prier en étaient tout émus et portés à dévotion. »

Elle aimait à entendre les sermons et les instructions religieuses ; elle n'y manquait jamais, à moins de maladies ou d'empêchement grave ; et quand elle était empêchée, elle en était moult marrie. »

« Elle lisait tant volontiers la vie des saints et des saintes et autres livres de dévotion (1). C'était la mieux lisant qu'on sût trouver, et tant savoureusement que c'était moult grand plaisir de l'ouïr, et quand elle ne lisait pas, elle faisait lire quelqu'une de ses femmes. Et quand venait ès grandes fêtes, elle en parlait si ferventement et tant dévotement, qu'il

---

1. Cath. de Saulx.

semblait, par ses dignes et belles paroles et par ses dévotes contenances, que son esprit fut tout élevé en Dieu ; et sa face le montrait bien, car il semblait qu'elle luisait de fine joie et de grande liesse d'esprit et consolation. Ses saintes paroles étaient enflammées de l'amour de Dieu qu'il n'y avait si mal dévot ou mondain qui ne fût amolli et porté à dévotion. »

« Quand elle venait à parler de la gloire du Paradis, c'était en si parfait désir et telle dévotion, qu'il semblait à la voir qu'elle y fût déjà. Et comme on ne peut y aller sinon par le passage de la mort, en quelque prospérité qu'elle fût, elle désirait mourir pour aller vers celui auquel elle avait donné son amour et son cœur. Elle disait maintes fois : Las ! comment peut-on désirer de vivre ! »

« C'était tout son plaisir de parler de la mort. » Et elle s'y préparait chaque jour, ayant coutume de dire que l'homme ne peut jamais trop se préparer à un moment d'où dépend son éternité heureuse ou malheureuse.

Comme ce sujet n'était pas du goût de tout le monde, il y en a qui lui disaient : « Madame, comment pouvez-vous parler de telles choses ? » Alors la bénigne Dame cessait d'en parler ; mais elle disait à Catherine de Saulx, sa confidente intime : « Je vous prie, Catherine, que nous en parlions nous deux. »

On comprend qu'une personne douée d'une piété si éminente et dont le cœur « tendait toujours à spiritualité, » eût peu de goût pour les joies, les plaisirs et les pompes du siècle, auxquels sa condition et les règles de la bienséance la condamnaient souvent.

Bien que vivant dans le monde et au milieu d'une cour, « son cœur en était tout dehors comme elle le montrait bien. Elle ne désirait aller en quelque lieu que ce fût pour voir les joies mondaines. Elle avait les célestes si enracinées en son benoist cœur que des terrestres n'avait cure, mais les méprisait. » Souvent ses femmes lui exprimaient leur étonnement à cet égard, et leurs regrets qu'elle n'eût pas autant de désir qu'elle-même d'aller voir « ces ébattements et liesses. » A quoi elle répondait : « Je ne sais comment vous pouvez avoir tel désir, qui n'est que perdition de temps (1). »

Quoique « jeunette et mariée, oncques ne voulait porter grandes curiosités, comme faisaient les dames du monde pour se rendre plus belles. » Ces colifichets et ces ornements que la bienséance l'obligeait à porter comme une autre Esther,

> Dans ces jours solennels à l'orgueil dédiés,
> Seule et dans le secret (elle) les foulait à ses pieds.

Souventes fois, quand elle venait de la salle devers Monseigneur (Hugues), où l'on avait dansé et fait moult jeux mondains et bonne chère, elle disait à ses femmes : « Beau sire Dieu ! (c'était son mot), que je suis ennuyée ! Hélas ! et de tout ceci faudra rendre compte (2). »

Elle disait des bals et des danses ce que saint François de Sales semble lui avoir emprunté, que « les bals et les danses sont comme les champignons, dont les meilleurs ne valent rien, et qu'il est plus facile de s'en passer que d'en bien user (3). »

---

1. Cath. de Saulx.
2. Idem.
3. P. Carlo. — Giuseppe Morozzo (1686). — Levade. — De Gingins.

Elle disait aussi que l'homme n'a pas de plus grands ennemis que lui-même, et que, qui sait se vaincre, remporte la plus belle des victoires (1). « Douce, bénigne, débonnaire, gracieuse et aimable, elle donnait à chacun signe d'amour. » Pleine de bonté et d'attentions pour ceux qui la servaient, « souventes fois elle taillait des chemises à ses femmes et les cousait de ses propres mains. Elle leur faisait moult petites choses d'humilité et de charité, leur montrait et apprenait, tant volontiers qu'on ne saurait plus, tout ce qu'elle savait, en fait d'ouvrages et autres besognes, et était tant aise et joyeuse quand elle voyait qu'on apprenait volontiers. »

« Elle avait le don de si grande douceur et de débonnaireté (2), que quand elle reprenait ses femmes de quelque faute, elle ne se savait courroucer. » Si l'une d'elles était malade, elle lui envoyait à manger de sa propre table et s'empressait de la visiter.

« Elle était la plus aisée à servir qu'on pouvait trouver, et n'avait rien à faire à elle. » — « Tendre et délicatine » qu'elle était, elle montrait dans ses maladies une telle patience que « ses femmes en étaient moult ébahies. »

Dans les accès de crampes « dont elle était fort passionée, » on la trouvait quelquefois toute crispée sur son lit. Celle qui la servait ne pouvait s'empêcher de s'en plaindre et de lui dire: « Hélas ! Madame, pourquoi vous fatiguer ainsi sans me demander ? » — « C'est pour ne pas vous déranger; il me peine tant de vous éveiller. »

1. Cath. de Saulx.
2. Idem.

Elle était si « piteuse » et si compatissante que quand elle voyait quelque personne « en grande tristesse ou douleur de maladie ou autrement, » elle s'y intéressait comme si la chose « lui attouchât, et disait avec moult grands soupirs : Las ! que voilà grand'pitié. »

Elle avait pour les pauvres une tendre prédilection, leur donnant les plus doux noms, les appelant ses amis, ses sœurs, ses frères. Elle avait surtout « grande compassion des ladres (lépreux), des veuves, des orphelins, et des pauvres femmes enceintes. » Elle leur faisait « belles grandes aumônes » et volontiers en secret, de manière à être vue et connue de Dieu seul. Elle donnait aux pauvres jusqu'à son lit et ses meilleurs habillements (1).

Il y avait au château de Nozeroy une chapelle qui fut longtemps un sanctuaire vénéré, enrichi de faveurs spirituelles par les archevêques de Besançon et même par les papes (2). C'est là que le prince et la princesse de Châlon entendaient chaque jour la sainte messe, le plus souvent chantée. On y vénérait le chef de sainte Elisabeth de Hongrie, enfermé dans

---

1. Cath. de Saulx.
2. Le R.P. Joly donnait la description suivante de cette chapelle peu d'années avant sa destruction : « Elle occupe dans le château tout le corps de logis au levant. La nef a cent pieds de longueur et quarante en largeur ; elle est partagée en vingt-un carrés peints et ciselés de toutes parts avec une merveilleuse adresse. Le sanctuaire a la même largeur et vingt pieds de longueur. Il y a trois autels ornés de peintures estimées des connaisseurs ; elles représentent toutes les circonstances de la Passion de Jésus-Christ. Vis-à-vis on voit encore l'appartement de la princesse, et dans une chambre une espèce de tribune suspendue en dehors qui lui servait d'oratoire ; elle est peinte de tous côtés... » Lettre adressée (1779) à Mlle d'Udressier.

un précieux reliquaire (1). Elle dut être bien grande la dévotion de Louise envers cette illustre sainte, dont la vie présente tant d'analogie avec la sienne. L'admirable page par laquelle M. le comte de Montalembert termine l'histoire de sa chère princesse de Thuringe, s'applique presque trait pour trait à celle dont nous esquissons la vie.

Il en est du monde moral comme du monde physique : il a ses analogies et ses ressemblances. Et dans ce monde des saints, les analogies sont quelquefois admirables. C'est le beau parterre de l'Église ou plutôt du père céleste, où chaque fleur brille de son éclat et exhale son propre parfum, tout en formant un ensemble aussi ravissant par sa distribution que par sa variété.

1. Communiqué par M. Désiré Monnier, auteur de plusieurs *Annuaires du Jura*.

CHAPITRE XIV

FONDATION. — ŒUVRES D'UTILITÉ PUBLIQUE. — DROITS DE COLLATION ET DE PATRONAGE.

> « On voudrait dire le nombre et la perfection des œuvres de cette femme distinguée..., le temps et les paroles feraient défaut. »
> (Abrégé de la vie de B. Louise, imprimé à Rome.)

Si nous laissons un instant les précieux récits de Catherine de Saulx pour consulter les archives d'Arlay et de Besançon, nous trouvons les documents et fondations ci-après, qui témoignent bien haut de l'esprit de piété et de charité des seigneurs de Nozeroy et de leur sollicitude pour le bien de leurs sujets et de leurs vassaux.

Ils autorisent le chanoine Pierre Cordier à fonder à Nozeroy l'hôpital de Sainte-Barbe pour les malades du val de Miéges. Comme sainte Élisabeth de Hongrie, Louise dut voir avec bonheur la construction de cette charitable maison à proximité du château : bonne fortune pour elle et pour les pauvres malades qui allaient trouver là les soins du corps et de l'âme.

Ils augmentent de concert les revenus des hôpitaux de Saint-Laurent-la-Roche et de Sainte-Agnès, autorisent le même chanoine Cordier à donner de grands biens à l'hôpital de Nozeroy, fondation de la famille de Châlon. La générosité de cet ecclésiastique fut le signal de nouvelles faveurs accordées à ce charitable établissement par le descendant des fondateurs.

Jaloux de tarir ou de diminuer autant que possible les sources d'appauvrissement parmi leurs sujets, ils publient des ordonnances pour réprimer le luxe. Ils améliorent les routes, diminuent les droits de péage, favorisent les relations déjà nombreuses entre la Bourgogne et la Suisse, amodient leurs terres à bas prix, pour soulager les populations éprouvées par les calamités publiques, la peste et la disette,

La communauté de Dompierre, celle de La Rivière, reçoivent chacune des lettres de franchise (1483); quelques-uns de leurs sujets sont libérés de la mainmorte, de la corvée et des charrois (1).

Les seigneurs de Nozeroy cèdent le droit d'élever des forges, de construire des fours : ils autorisent les habitants de Levier, de Sept-Fontaines, à passer avec toute sorte de voitures par les villages de Villers, Montmahou et sainte-Anne, sans avoir à payer aucun droit de péage. Pour une faible somme, les habitants de Villers-sous-Chalamont sont autorisés à couper du bois dans plusieurs forêts et à y conduire leur bétail. Pour un cens annuel de onze florins et sept gros vieux, plusieurs familles reçoivent (1482) en toute propriété le val de Chambly.

Les princes de Châlon veillent à la sûreté de la grande route de Salins, fréquentée par les habitants de Rochejean et de Jougne, conduisant le sel à Berne, à Fribourg et dans le pays de Vaud. Le châ-

---

1. *Mémoires et documents inédits de la Franche-Comté.*

teau de Nozeroy, reconstruit à grands frais par le prince Louis, est l'objet d'importants travaux. Les murailles d'enceinte, les fossés et les fontaines sont améliorés. Le cadastre de la ville de Nozeroy est rétabli.

Hugues répare les injustices commises par quelques-uns de ses prédécesseurs. Sur un arrêt du parlement siégeant à Salins, il rend à son neveu Jean de Châlon plusieurs terres injustement occupées pendant les guerres de Bourgogne.

Des procès pendants depuis longtemps furent terminés. Le prince Hugues se crut obligé d'en poursuivre un contre l'abbé de Balerne, au sujet de la seigneurie de Châtel-Neuf possédée conjointement à titre égal. Il s'agissait de la nomination du bailli que les coseigneurs réclamaient tous deux. Un arrêt de la cour de Salins (8 juillet 1483) décida que la nomination serait faite d'un commun accord, et la moitié de cette seigneurie, possédée jadis exclusivement par l'abbaye, fut adjugée, dans la personne de Hugues, à la famille de Châlon (1).

Les receveurs de Salins ont l'ordre (1483) de payer annuellement soixante francs à l'abbaye de Mont-Sainte-Marie, pour un service fondé à la mémoire du prince Louis, frère de Hugues. D'autres receveurs sont avertis de payer exactement les rentes dues à ce monastère. Hugues confirme (1486) à la même abbaye les droits seigneuriaux de haute, moyenne et

---

1. Hugues de Châlon et Simon de Faverney, abbé de Balerne, établissent (1486), d'un commun accord, pour bailli de Châtel-Neuf le célèbre Anselme de Marenches, docteur en droit, conseiller de Hugues de Châlon (*Archives du Doubs*).

basse justice sur les villages voisins de l'Abergement et de Remorey.

Nous avons vu le prince de Châlon poursuivre des droits qu'il estimait appartenir à sa famille. C'est ainsi qu'il revendiqua la seigneurie de Montaigu donnée à Hubert de Lirieux, lors de la prise de possession des duché et comté de Bourgogne par leur nouveau maître, le roi de France.

Reconnaissant le bien fondé de cette revendication, le gouverneur de la province, Louis d'Amboise, enjoint (26 avril 1489) aux baillis de faire restitution au sire de Château-Guyon des terres et seigneuries de Montaigu.

Hugues et Louise étaient, en vertu d'anciens droits et privilèges, patrons et collateurs de nombreuses églises et chapelles construites ou réparées par leurs ancêtres. Nommons la chapelle du château de Nozeroy, au service de laquelle étaient préposés six chapelains, celle de Château-Guyon, sous l'invocation de saint Antoine, celle de la ville d'Orgelet, en l'honneur de Notre-Dame, de Mirebelle, de Montaigu, de Revigny, sous le vocable de saint Georges, de Huin en l'honneur de saint Grégoire, de saint Laurent, des Barauds dans la collégiale de Nozeroy, celles de Châlon dans les églises de Mont-Sainte-Marie, de Miége et de Saint-Anatoile de Salins.

La collégiale de Nozeroy, fondée (1429) par Jean de Châlon, était desservie par un doyen et six chanoines, dont la nomination fut dévolue au prince et à la princesse de Nozeroy par un indult d'Adrien, évêque de Sabine et grand pénitencier du pape pour la France.

Grâce à ces droits de collation et de patronage,

grâce surtout à ses profonds sentiments de piété, Louise avait la bonne fortune de recevoir fréquemment à son château de Nozeroy des prêtres et des religieux. On devine son respect et son amour pour le sacerdoce; on sait ses profondes sympathies pour la vie religieuse; sa fille de compagnie, Catherine de Saulx, nous en révèle plus d'un trait touchant. Il est dès lors aisé de se faire une idée de la manière dont les prêtres et les religieux étaient accueillis et traités dans cette demeure seigneuriale et hospitalière, par cette pieuse châtelaine, qui aimait l'Église comme sa mère et révérait le prêtre « comme le ministre du Christ et le dispensateur des mystères de Dieu (1). »

1. Ire *Aux Corinth.*, 4, 1.

CHAPITRE XV

VOYAGE ET EXCURSION. — LOUISE ET LE COUVENT D'ORBE.
PÈLERINAGE DE SAINT-CLAUDE.

> « Nous sommes voyageurs et étrangers comme nos pères ; nos jours fuient incessamment comme l'ombre. »
> (*Paralip.*, XXIX, 15.)

A de rares intervalles, le prince Hugues prenait congé de son épouse pour se livrer à quelques distractions et surtout au plaisir de la chasse. La chasse était le divertissement favori de la noblesse franc-comtoise. Suivis d'une foule de fauconniers, de veneurs, de piqueurs et de meutes nombreuses, les gentilshommes de la Bourgogne poursuivaient le cerf, le daim, le chevreuil et le sanglier dans la plaine, le loup et l'ours, abondants sur les côtes boisées du Jura. On les rencontrait, guidés par le prince de Châlon, dans les vastes et giboyeuses forêts de Nozeroy et de Vers ; celles d'Arlay étaient réservées pour les chasses d'automne.

Le seigneur de Nozeroy vint à Berne (1486) pour racheter de Leurs Excellences l'argenterie enlevée à son frère Louis, le jour de la bataille de Grandson. A son passage, la cité d'Yverdon lui offrit des présents.

Son titre et sa qualité de prince l'amenaient fréquemment à visiter ses seigneuries, pour jurer, la main sur les saints Evangiles, de maintenir les droits, libertés et franchises de ses sujets, après avoir reçu leurs hommages et serments de fidélité (1).

D'autres affaires importantes tenaient l'époux de Louise éloigné de son château. Il avait à voir ses nombreux receveurs, à convoquer les hommes valides de ses terres appelés à des revues ou « montres d'armes (2), » à présider les assemblées des Etats de la province.

Les brillantes fêtes données à Dijon par le roi de France, à l'occasion du mariage de Hugues avec Louise de Savoie, n'empêchèrent pas les habitants du duché, encore attachés à la cause de leurs anciens maîtres, de se soulever et d'assiéger quelques places, mais avec peu de succès. En l'année 1481, écrasés par le nombre, délaissés par plusieurs seigneurs et vaillants capitaines, ils durent battre en retraite et déposer les armes. Le résultat de cette malheureuse levée de boucliers fut la ruine de toutes leurs forteresses, châteaux, et l'exécution de leurs principaux chefs. Pour comble d'infortune, la duchesse Marie de Bourgogne fit une chute de cheval dont elle mourut (1482).

1. *Archives du Doubs*, inventaire de Châlon.
2. Les princes de Châlon faisaient marcher à la guerre les différentes communautés dont ils étaient seigneurs. A la veille de la bataille d'Anthon, Louis de Châlon écrit à son châtelain de Jougne, de lever pour lui trente arbalétriers des meilleurs et des plus habiles à Rochejean, autant à Jougne, ainsi qu'à Orbe, Echallens, Montagny et Grandson.— Lettre datée de Clusel 16 mai 1430, dans l'*Essai de l'histoire de la Franche-Comté*.

Cette mort tragique amena le traité d'Arras qui fut une nouvelle déception pour le prince Hugues.

Favorisé par les événements, Louis XI s'inquiéta peu des intérêts de son neveu et de sa nièce. Il ne fut fait dans le traité aucune mention des terres confisquées par les Suisses sur la maison de Châlon. Hugues fut encore une fois réduit à se résigner.

De son côté, Louise faisait aussi quelques excursions : elle visitait le château de Vers qui lui avait été donné en jouissance. Elle était trop rapprochée de Neuchâtel pour ne pas faire quelques visites à une sœur qu'elle avait toujours tendrement aimée, Marie, épouse du comte Philippe de Hochberg. Fiancées le même jour, il semblait dans leur destinée de vivre rapprochées l'une de l'autre.

Une tendre sympathie et comme un instinct secret la portaient plus volontiers encore vers le couvent de Sainte-Claire d'Orbe, fondation de la famille de Châlon, où l'attiraient surtout l'amitié et la réputation de sa sœur Philippine, religieuse Clarisse (1).

Il y avait alors grand émoi au couvent d'Orbe et dans les maisons attachées à la réforme de Sainte-Colette, suscitée de Dieu pour ramener les filles de son Ordre à la règle primitive de Sainte-Claire et de Saint-François d'Assise. Une bulle du pape Urbain IV avait permis de suivre une observance mitigée : de là la distinction d'*Urbanistes et de Pauvres*

---

1. Philippine de Châlon, fille de Louis de Châlon et d'Eléonore d'Armagnac, confiée à une dame d'honneur venue du pays d'Armagnac avait eu de bonne heure la pensée de se faire religieuse au nouveau couvent d'Orbe. Elle se distinguait plus encore par la pureté de sa vie que par la noblesse de sa naissance.

Clarisses. Ces dernières se croyant menacées dans leurs saintes austérités et dans leur pauvreté absolue, chargèrent leur bienfaitrice et amie, Louise de Savoie, habile dans l'art d'écrire, d'adresser, dans une de ses visites au couvent, une supplique, en forme de prière, à sainte Colette, leur mère, pour être, par son intercession, préservées des dangers et des atteintes qui menaçaient leur sainte règle.

Ce document, si honorable dans sa cause, comme pour les personnes qui sont en scène, appartient d'une manière trop directe à la vie de notre Bienheureuse, pour que nous hésitions à le donner ici en entier, malgré sa longueur :

« Notre très révérende, très sainte et très glorieuse Mère, le plus humblement et affectueusement qu'il est possible à nous, vos pauvres et indignes filles, nous recommandons à votre bonne grâce et saints mérites devant Notre-Seigneur, qu'il vous plaise avoir souvenance de nous toutes, à la vie, à la mort.

Qu'il vous plaise savoir, notre très douce et très bénigne Mère, que présentement nous sommes en très grande affliction et désolation d'esprit, à cause d'une bulle nouvellement obtenue (1) pour les bons pères tenant l'observance en cette province de Saint-Bonaventure.

---

1. Il s'agit sans doute d'une bulle postérieure à celle d'Urbain IV, mort en 1265. Les papes Eugène IV, et Calixte III donnèrent aussi des bulles à ce sujet. Innocent IV, élu pape en 1243, a donné une bulle portant privilège pour les religieuses de Sainte-Claire de ne pouvoir être contraintes à posséder des biens.

« Si par le moyen et intercession de vos saintes prières, vous ne rémédiez pas à ce mal, nous avons grand doute de tomber et venir en si grand inconvénient que de ne pouvoir tenir et garder notre sainte règle et ordonnance, ce que, par le moyen de vos saintes prières et aide, nous avons fait jusqu'à présent. C'est pourquoi, très glorieuse mère, nous vous supplions toutes très humblement affectueusement et du profond de notre cœur et âme, qu'il vous plaise, en cette grande et douloureuse désolation, de montrer que vous êtes notre vraie Mère, notre réformatrice et notre avocate.

« Qu'il vous plaise assembler notre glorieuse Mère, Madame sainte Claire, et de concert avec elle vous ferez requête à notre glorieux Père, Monsieur saint François, pour nous, vos pauvres filles, en le contraignant de nous tenir la promesse qu'il fit à notre sus-dite mère, Madame sainte Claire, d'avoir toujours d'elle intérêt et sollicitude, comme un bon frère ; qu'il lui plaise, par vos saints mérites, maintenant accomplir cette promesse, en ne souffrant pas que cette dite bulle, nouvellement obtenue, puisse, au temps présent et avenir, amener une fraction ou diminution de votre sainte règle, donnée par votre vénérable Mère, Madame sainte Claire, et aussi de vos saintes ordonnances.

« Que ladite bulle ne puisse venir à effet, mais soit annihilée et annulée de tout point, de façon que chacun puisse connaître que vous ne souffrez point de nouveauté préjudiciable à vos pauvres filles lesquelles, en cette grande angoisse, recourent premièrement à vous, en vous suppliant qu'il vous plaise les présenter à notre glorieux Père et à notre glorieuse Mère, sainte

Claire, et tous trois ensemble demander miséricorde pour nous, en cette grande désolation, à la Majesté divine avec laquelle vous régnez maintenant au Ciel, auquel lieu, par les mérites de notre glorieux Père, saint François, de Madame sainte Claire et de vous puissions toutes parvenir à la fin de nos jours.

« Fait en votre pauvre couvent d'Orbe, le jour de Saint-Jean, évangéliste, l'an 1481 (27 décembre).

« Votre pauvre et obéissante fille, sœur Louise de Savoie et toutes vos pauvres, très humbles obéissantes et indignes filles du couvent d'Orbe. ».

« Signé : Loyse de Savoie. »

Quelle supplique, propre à confondre la lâcheté, l'égoïsme des cœurs charnels et cette soif du bien-être qui tourmente les esprits à notre époque !

Qu'on remarque encore cette qualification de sœur que prend ici notre Bienheureuse, dès les premières années de son mariage : elle prouve sans doute une affiliation spirituelle, une union de prières et de mérites assez commune alors entre les personnes pieuses vivant dans le monde et celles vouées au service de Dieu dans la solitude du cloître. C'est ainsi que Hugues, époux de la Bienheureuse Louise, renouvelait par lettre sur parchemin (10 février 1486) sa pieuse association avec G. Favernier, abbé de Balerne, et sa communauté.

C'est vers cette époque que le roi de France, Louis XI malade et inquiet, accomplissait un pèlerinage fameux à Saint-Claude. Les seigneurs de Nozeroy, sur les terres desquels le vieux roi devait passer, s'empressèrent d'aller au-devant de lui avec les hauts barons de Bourgogne, leurs vassaux et écuyers. Ils accompagnèrent le roi jusqu'à Saint-Claude.

Parmi la foule des nobles visiteurs réunis près du tombeau du saint évêque, on remarquait les ambassadeurs des cantons suisses. Louis de Savoie, oncle de la Bienheureuse, était alors abbé commendataire de l'abbaye de Saint-Claude.

Jamais, dit Mézerai, on ne vit un pèlerin semblable à Louis XI. Les pays où il passait se ressentaient de ses dévotions. Il marchait accompagné de six mille hommes de guerre et faisait toujours quelques terribles coups en chemin. C'est ainsi que dans ce singulier pèlerinage, il se saisit de Philibert, duc de Savoie, frère de Louise, et l'emmena avec lui en France.

Cependant le pèlerinage de Saint-Claude ne rendit pas la santé au vieux monarque : il dut se résigner à la mort qu'il redoutait ; mais il eut le bonheur d'être assisté dans ses derniers moments par saint François de Paule, qu'il avait fait venir exprès du fond de la Calabre. Il mourut dans des sentiments très chrétiens, demandant pardon à Dieu et aux hommes (30 août 1483).

Si peu favorable que soit à ce prince le jugement de l'histoire, rendons-lui cette justice méritée, qu'il fut pour notre Bienheureuse, en particulier, et pour Hugues, son époux, un oncle nullement indigne de ce nom, un protecteur constant, sinon toujours désintéressé.

A côté de cette sombre et chagrine figure de Louis XI, on aime, par l'effet des contrastes et des rapprochements ménagés par la Providence, à voir rayonner la douce et sereine figure de Louise, ange d'innocence et de vertu.

CHAPITRE XVI

TRAITÉS ET ALLIANCES. — HUGUES ET LOUISE. — LEUR AMITIÉ ; LEURS ENTRETIENS.

> « Notre conversation est au Ciel. »
> (*Saint Paul aux Philipp*. III, 20.)

La mort de Louis XI devait mettre un terme aux vicissitudes qui avaient entraîné les princes de Châlon à se jeter tantôt dans un parti, tantôt dans un autre. Une fois rallié à la France, Hugues ne cessa de lui être fidèle et de remplir loyalement les engagements contractés lors de son mariage. Son neveu Jean de Châlon, fils de Guillaume, après avoir servi tour à tour sous les deux drapeaux, s'était jeté dans le parti du duc d'Orléans, depuis Louis XII, et était tombé en disgrâce avec lui.

Pour compenser la perte de ses possessions du pays de Vaud, Charles d'Armagnac, oncle de Hugues, lui fit donation (1484) d'une partie de ses domaines.

Vers la même époque, et sans renoncer à ses droits sur les terres et seigneuries conquises par les Suisses, il conclut (1486) un traité d'alliance et de combourgeoisie avec la ville de Berne (1).

Par ce traité, Hugues de Châlon s'engage de n'en-

---

1. De Gingins.

treprendre aucune guerre sans le consentement des Bernois, de payer annuellement 400 livres bernoises pour son droit de bourgeoisie, et d'ester en droit devant les tribunaux de Berne. Il promet d'employer tout son crédit auprès des Etats de la Franche-Comté pour faire délivrer le sel nécessaire à la république. De leur côté, les Bernois s'engagent à défendre contre toute attaque les droits et les terres de leur combourgeois.

Un semblable traité fut conclu avec la ville de Fribourg; Hugues fut tenu d'y posséder une maison, en vertu de sa combourgeoisie (1).

Jean de Châlon chargea le comte de Gruyères, François II, de négocier avec l'Etat de Berne la restitution des seigneuries de Cerlier et de Grandson. Leurs Excellences semblaient mettre pour condition que le prince se fît recevoir bourgeois des deux villes de Berne et de Fribourg, à l'exemple de son oncle, le sire de Château-Guyon. Mais Jean déclina la bourgeoisie, estimant que lui, allié des deux Etats, les servirait d'aussi bon cœur et procurerait aussi bien leur avantage et profit que s'il était cent fois leur combourgeois.

Hâtons-nous de dire que les terres conquises par les Suisses pendant la guerre de Bourgogne donnèrent lieu entre eux à de longues et sérieuses contestations, pour lesquelles un généreux citoyen demanda la médiation de l'ermite du Ranft, du B. Nicolas de Flue.

---

1. Hugues convint par ce traité, de donner aux Fribourgeois, appelés à la défense des terres de Châlon, une solde de quatre florins de Savoie par mois pour chaque fantassin, et de six florins pour chaque chevalier (*Mémoires et documents publiés par la Société d'hist. de la Suisse romande*, t. XIV).

Enfin des arbitres assemblés à Munster (1484) prononcèrent que les conquêtes faites durant la guerre demeureraient la propriété perpétuelle des villes de Berne et de Fribourg, moyennant une indemnité de vingt mille florins d'or du Rhin à payer aux cantons suisses.

Une nouvelle cession définitive, faite le 13 juin aux villes de Berne et de Fribourg, comprenait non seulement les terres conquises sur Hugues de Châlon, mais en outre plusieurs villes et seigneuries enlevées à son oncle, Jacques de Romont et à d'autres vassaux de la Savoie. Les Bernois gardèrent pour eux seuls le bourg et le district de Cerlier, confisqués sur Jean de Châlon-Arlay ; Quant aux seigneuries de Grandson, de Montagny, d'Orbe, d'Echallens et de Bottens, enlevées au prince de Nozeroy, les deux villes convinrent de les posséder en commun et d'en former des bailliages mixtes, administrés alternativement par des baillis au choix des deux Etats.

Les droits de la maison de Châlon subsistèrent en principe jusqu'à la renonciation fait en 1513 par Philiberte de Luxembourg, veuve de Jean, héritier de Hugues. Les baillis continuèrent d'occuper la place des princes de Châlon jusqu'à la fin du xviiie siècle, où la Révolution française vint renverser cette domination bernoise qui n'avait que trop duré pour le bonheur et la foi religieuse de ces belles et riches contrées.

Pendant que Hugues se fortifiait au dehors par des traités et des alliances avec ses voisins, ses efforts et ceux de Louise pour le bien de leurs sujets, pour le développement moral et matériel, portaient leurs fruits. Parmi les personnes qui mirent à profit les ressources créées en faveur des arts et des sciences, citons Claude Cousin, de Nozeroy, et son épouse Jeanne Daguet, parents de Gilbert Cousin, secrétaire d'Erasme (1).

Hugues se reposait en paix des agitations de sa vie et des vicissitudes du sort, dans les soins à donner aux affaires publiques et, ajoutons-le, dans la pratique de toutes les vertus chrétiennes, en compagnie de sa vertueuse et sainte épouse.

Leur affection mutuelle était bien telle qu'on peut la supposer entre ces âmes d'élite. « Ils s'aimaient, dit Catherine de Saulx, autant que créatures pourraient aimer l'un l'autre. » — « Dieu, dit-elle ailleurs en parlant de sa Bienheureuse Maîtresse, Dieu lui donna bien tel mari qu'il lui fallait : car il la traitait tant bien que onques n'y avait à reprendre. » Louise elle-même se plaisait à dire et à répéter que, « sans les vertus et les bontés de Monseigneur, elle n'eût eu patience d'être mariée. » Aux personnes qui lui reprochaient sa mise simple, son dédain des parures mondaines, elle répondait : « Il me suffit que Monseigneur m'aime bien. » Parole admirable, digne de servir de modèle à toutes les femmes chrétiennes !

Hugues profita si bien des conseils et des exemples de sa sainte compagne, qu'ils étaient, au dire de Fodéré, de même piété et vertu. « Quand on dansait, dit Catherine de Saulx, ou qu'on faisait quelqu'autre mondanité en leur présence, comme c'est coutume ès cours des grands seigneurs, ils n'y étaient souvent point attentifs. Mais eux deux ensemble parlaient de Notre-Seigneur, des liesses du

---

1. Gilbert Cousin est né à Nozeroy en 1506.

Paradis et de moult autres belles et dévotes matières. »

Hâtez-vous, heureux prince, de jouir de ces célestes entretiens ; achevez de vous sanctifier et de marcher à grands pas dans les voies de la perfection : car vos jours sont comptés ; ce bonheur de la terre est bien près de vous être enlevé et de s'évanouir comme l'ombre !

Et vous, sa digne et vertueuse compagne, préparez-vous à boire le calice d'amertume, à affronter la douleur qui doit vous enfanter à une nouvelle vie et réaliser en vous la plénitude des grâces et des desseins de Dieu !

CHAPITRE XVII

MALADIE ET MORT DE HUGUES. — SES FUNÉRAILLES. SON TESTAMENT. — FIN DE LA MAISON DE CHALON.

« La vie se compose d'adieux. »
(CHATEAUBRIANT.)

Les paroles que nous venons de citer ne furent jamais plus vraies que pour Louise de Savoie : elle qui vit mourir « tous ceux qu'elle aimait. » Mais une douleur suprême lui était réservée.

Une maladie qui nous est inconnue minait les jours de Hugues de Châlon (1). Se sentir mourir dans la force de l'âge, lorsque la vie vous sourit, quand on est prince, peut paraître aux yeux du monde un sort bien dur et bien regrettable ; mais après dix ans de préparation et de sainte vie, quand on a le bonheur d'avoir pour compagne une Louise de Savoie, de mourir dans ses bras, l'âme remplie d'immortelles espérances : non, cela n'est point un malheur, mais la félicité suprême, ou plutôt ce qui y conduit. « La mort, selon la parole de Louise, n'est pas à craindre quand on la connaît (2). »

1. Vehementi morbo vir ejus corripitur, cujus vi brevi consumptus extremum obivit (*Vitæ synopsis*). Il paraîtrait cependant avoir été quelque temps valétudinaire.
2. Cath. de Saulx.

Et puis, ils ont parlé si souvent ensemble, même au milieu des divertissements mondains, des joies du « benoit Paradis, » que nous ne saurions plaindre Hugues d'en prendre prématurément le chemin. Plaignons plutôt sa veuve désolée et ceux qui vont le perdre.

Qui veilla nuit et jour au chevet de Hugues ; qui lui présentait les potions destinées à calmer ses douleurs et à prolonger une existence expirante ; qui le préparait à la mort par « ses tant douces et dévotes paroles ; » qui se dérobait à son chevet pour descendre dans la chapelle et là prier le souverain Maître de la vie et du trépas, de prolonger des jours si chers et si précieux ; qui lui fit administrer les derniers sacrements de l'Eglise ; qui avait mis sur la table près du mourant, « la croisette d'or, les reliques avec le coffret de cyprès, » pieux souvenir de ses parents défunts ; qui reçut, abimée de douleur, le dernier soupir de Hugues ; qui lui ferma les yeux, on le devine : ce fut sa fidèle épouse, Louise de Savoie.

Hugues termina sa vie agitée et pleine de vicissitudes, en rendant sa belle âme à Dieu, le 3 juillet 1490, dans la trente-huitième année de son âge.

Il est des douleurs qu'on ne saurait peindre et qu'on se borne à contempler en silence : telle fut celle de Louise, restée veuve à 27 ans, condamnée à habiter seule désormais, sans appui dans le monde, ce vaste château de Nozeroy, devenu triste et silencieux comme son deuil.

Le corps de Hugues fut embaumé et placé dans une chapelle ardente jusqu'au moment du départ pour l'abbaye de Mont-Sainte-Marie (1). Pendant que ses fidèles serviteurs faisaient bonne garde autour du cercueil, les parents et amis du défunt, les barons et nobles franc-comtois chevauchaient en toute hâte pour rendre leurs derniers devoirs au prince défunt.

Aux obsèques se rencontrèrent Jacques de Châlon, fils naturel de Louis d'Orange, Philippe de Hochberg, comte de Neuchâtel, les députés des villes de Berne et de Fribourg, Etienne, fils de Guillaume de Châlon, Anselme de Marenches, conseiller et bailli, Guillaume de Vergy, François de Gruyère, Antoine de Montrichard, capitaine, le seigneur de Marnex, Pierre Viguier, clerc, Verguet, secrétaire du défunt, Guillaume d'Arçon, receveur de Chalamont, Jean de Dijon, receveur de Châtel-Belin, Jean Ramus, receveur de Chay, Claude Gravelle, receveur de Jougne, Rochejean et Châtel-Blanc, Pierre de Jougne, le fidèle mentor de Hugues et depuis l'ami, le confident intime de sa veuve et le bien-aimé écuyer du prince défunt, Pierre de Messey. A ces nobles personnages nous devons ajouter les dignitaires ecclésiastiques et une multitude de peuple jalouse d'honorer la mémoire de l'illustre défunt.

Mais voici que s'ébranlent les cloches du beffroi : le funèbre cortège s'apprête à se mettre en marche.

Des gens de qualité détachent les insignes de la chevalerie : le heaume de guerre, l'écu, l'épée, la

---

1. Cette abbaye, fondée au XIIe siècle (1199), était située dans une contrée agreste, à trois lieues de Nozeroy, et dans le département du Doubs. Les religieux, de l'ordre de Citeaux, suivaient la règle de Saint-Benoît. L'abbaye subsista jusqu'à la Révolution française (1790).

bannière et le cheval de bataille du prince. Caparaçonnés de drap noir, aux armes de Châlon, des coursiers traînent le char funèbre. Après avoir traversé la ville de Nozeroy, les villages de Mignovillars et de Bonnevaux, le convoi est reçu dans l'église de Mont-Sainte-Marie par le vénérable abbé, Antoine de Berghes, entouré de ses religieux en habits de chœur. Sous les voûtes du temple magnifiquement orné, pendaient revêtues de crêpes les diverses bannières des grandes seigneuries de la maison de Châlon. La lumière d'une grande torche brûlant devant l'autel et des cierges disposés en grand nombre autour du catafalque répandait dans l'enceinte sacrée une brillante clarté et semblait comme un reflet d'un autre monde.

Lorsque l'Eglise eut fait entendre ses derniers chants et donné la dernière absoute, au moment où l'on allait déposer le cercueil dans le sombre caveau, une émotion profonde saisit la noble assistance : on pensait à tant d'espérances et de jeunesse renfermées dans ce tombeau, aux épreuves du défunt, à ses vertus, à ses qualités princières et héroïques, et des larmes d'attendrissement et de regret s'échappaient de tous les yeux.

La chapelle funéraire des princes de Châlon était située à droite du chœur de l'église (1). Spacieuse, élevée, elle était la plus remarquable des chapelles du vaste édifice. Seize membres de la famille de Châlon y reposaient avant l'arrivée de Hugues. Plusieurs tombeaux, chefs-d'œuvre d'art, représentaient

---

1. Barthelet, *Recherches historiques sur l'abbaye de Mont-Sainte-Marie.*

les princes couchés et revêtus de leur costume de cérémonie, ayant près de leurs têtes des lions, symbole de la force et de la vaillance, à leurs pieds, des lévriers, emblèmes de la fidélité. Sur les faces étaient sculptées leurs armes (1).

C'est là, à côté de ses nobles aïeux, que furent déposés les restes de Hugues. Sur le monument funèbre furent gravées les armes de Châlon et de Savoie, avec cette inscription latine : « Dans ce monastère a été inhumé Hugues de Châlon, seigneur de Château-Guyon, décédé à Nozeroy l'an 1490, le 3 juillet (2). »

Au retour de la lugubre cérémonie, fut décrété le testament de Hugues, transcrit la veille de sa mort. Dans ce document, il commence par choisir sa sépulture à l'abbaye de Mont-Sainte-Marie, dans la chapelle où repose la dépouille de ses ancêtres.

Il ordonne ses funérailles suivant les formes observées pour celles de son père, de sa mère et de son frère Louis.

Après un grand nombre de legs faits aux églises et à ses serviteurs, il confirme à son épouse bien-aimée, Louise de Savoie, les avantages déjà assurés par contrat de mariage, savoir : la jouissance des châteaux de Nozeroy et de Vers ; il lui donne tous ses meubles et équipages, toute sa vaisselle ainsi que l'or et l'argent monnayé et non monnayé, les joyaux qu'il possède en quelque lieu que ce soit.

1. Barthelet.
2. Obiit anno 1490 III Julii Hugo de Cabilone in Noscreto, dominus Castelli Guyonis, sepultus est in hoc monasterio. — *Recherches hist. sur l'Abbaye de Mont-Sainte-Marie*, par Bartelet.

Il lui laisse de plus, à titre de jouissance viagère, les châteaux, villes, bourgs et seigneuries de Jougne, de Rochejean et de Châtel-Blanc, plus deux mille francs de rente, à prendre sur les salines de Salins.

Pour exécuteurs testamentaires, il nomme Louise de Savoie, son épouse, et messire Guillaume de Vergy, seigneur de Champvent.

Ne laissant point de descendance (1), et pour respecter les derniers désirs de Louis de Châlon, son père, il institue son très cher et aimé neveu, Jean de Châlon, prince d'Orange et seigneur d'Arlay, héritier universel de ses terres, maisons, forts, seigneuries, cens, rentes, prérogatives, droits et actions.

Parmi les témoins du testament, fait sous le sceau de l'officialité de Besançon, figurent maître Jean Perrin, docteur en théologie, religieux de l'ordre de Saint-François, Pierre de Jougne, maître d'hôtel de Hugues, et Claude d'Arnay.

En l'absence de l'héritier principal, on fit, à l'instance de Louise de Savoie, usufruitière, et au nom de Jean de Châlon, un inventaire de toute l'artillerie et autres meubles trouvés dans les châteaux, maisons et seigneuries de l'hoirie de Châlon.

Le légataire universel, Jean de Châlon, fait prisonnier à la suite de la bataille de Saint-Aubin du Cormier et détenu à Rennes, nomma, par lettre du 13 juillet, en qualité de procureurs généraux et spéciaux, sa femme Jeanne de Bourbon, Guillaume Despenoy, etc., pour prendre en son nom possession de tous les biens, meubles et immeubles, villes,

1. Baron d'Estavayer. vol. X, p. 37.

terres, seigneuries, provenant de la succession de Hugues de Châlon, comme son héritier et plus proche parent.

Cette procuration, du reste, demeura sans effet. Le roi de France (Charles VIII) revendiqua tout l'héritage laissé par Hugues, son cousin : Jean de Châlon ayant été condamné par le parlement à perdre corps et biens, comme coupable du crime de lèse-majesté, pour sa participation à la ligue formée contre la régente Anne de Beaujeu. Aussi l'ouverture et la publication du testament de Hugues, devant le parlement de Dôle, furent-elles retardées jusqu'au 7 octobre de l'année suivante; et ce n'est qu'à la fin de ce mois que le monarque français, à la veille d'entreprendre sa campagne d'Italie, porta un décret favorable au neveu de Hugues, en ordonnant la main-levée du séquestre de sa succession.

A dater de la mort de Hugues de Châlon, l'espace de quarante ans suffira pour éteindre sa maison, son nom et sa race.

Guillaume de Châlon, son frère consanguin et son persécuteur, s'étant engagé dans le parti des ducs de Bourgogne, fut fait prisonnier et ne sortit de prison qu'au bout de deux ans, après avoir promis de payer quarante mille écus de rançon. Il était mort le 27 septembre 1475.

Le fils unique de Guillaume, Jean de Châlon, joua un rôle important dans les guerres de Bourgogne, sous les rois Louis XI et Charles VIII. Marié en premier lieu à Jeanne de Bourbon, il épousa en secondes noces Philiberte de Luxembourg, qui le rendit père de l'illustre Philibert. Celui-ci, vaillant capitaine de Charles-Quint, après avoir gagné plusieurs batailles, pris plusieurs places de Toscane, emporté d'assaut la ville de Florence, mourut sous les murs de cette ville (1530) et fut enterré dans l'église des Cordeliers à Lons-le-Saunier, avec une pompe digne de sa renommée (1).

Sa sœur Clauda, mariée à Henri de Nassau, vit les biens de la maison de Châlon passer entre les mains de son fils, René de Nassau.

Le dernier de cette branche fut Guillaume-Henri de Nassau, mort (1702) sur le trône d'Angleterre (2).

Ainsi finit la puissante maison de Châlon, grande par sa valeur et ses richesses, mais plus illustre encore par son alliance avec la fille du Bienheureux Amédée.

Le château de Nozeroy, que nous avons vu naguère si animé et si brillant, ne sera bientôt plus qu'une ruine et un souvenir. A peine quelques débris gisants sur le sol et quelques pans de murailles

---

1. Philibert, blessé au siège de Florence de deux coups d'arquebuse, mourut quatre jours après. Son corps fut transporté à Lons-le-Saunier par Antoine de Luxembourg, son oncle, qui conduisit le deuil. Des écuyers, des pages et autres officiers précédaient le corps du défunt, portant chacun un de ses insignes, son guidon, son épée, sa cotte d'arme, la toison d'or, le sceptre de vice-roi de Naples, les éperons, etc. Venaient ensuite, traînantes à terre les enseignes conquises par l'illustre défunt en Italie. Le cortège étant arrivé à Lons-le-Saunier, les enseignes furent placées dans l'église des Cordeliers devant le tombeau de Philibert (Fodéré). Philibert était le fils et non l'époux de Philiberte de Luxembourg, comme le dit à tort Fodéré. (*Narration*, p. 603). S'il ne fût point mort, on prétend qu'il aurait épousé Catherine de Médicis, qui fut depuis reine de France.

2. C'est pour cette raison que beaucoup d'actes concernant la maison de Châlon se trouvent dans les archives de la couronne d'Angleterre.

encore debout attestent-ils son antique splendeur (1).

Mais ce qui ne périra jamais, c'est la mémoire de celle qui l'a habité; car il est dit que « la mémoire du juste sera éternelle; » et là où vit et meurt un saint, s'élève un autel de granit qui traverse les âges et brave toutes les révolutions du temps et des hommes.

---

1. Une des fautes reprochées à Mme la comtesse de Lauraguais est d'avoir détruit l'antique et spacieux château de Nozeroy, le seul monument historique du Val de Miéges, restauré précédemment à grands frais par le duc de la Larochefoucault. Cette destruction indisposa les habitants de ces montagnes attachés à l'aspect de ce signe commémoratif de l'ancienne importance de leur petite capitale. (*Mémoires* de D. Monnier, manuscrit.)

CHAPITRE XVIII

DOULEURS ET CONSOLATIONS. — VEUVAGE DE LA B. LOUISE. SA MANIÈRE DE VIVRE.

> « Ne vous affligez point comme ceux qui sont sans espérance. »
> (1. *Saint Paul aux Thess*. IV, 13.)

La religion, qui transforme tout dans l'homme, ne détruit ni ne condamne les sentiments de la nature, les affections légitimes du cœur humain : elle ne fait que les épurer et les élever en les ennoblissant. A l'exemple de l'Homme-Dieu qui pleura sur Lazare, elle nous permet de pleurer nos proches, nos amis. Et à qui les pleurs siéraient-elles mieux qu'à une épouse dévouée qui vient de perdre son époux, celui avec lequel elle a vécu onze ans dans l'intimité la plus parfaite et dans une véritable union en Dieu? Ajoutons que le cœur des Saints renferme des trésors d'amitié et de tendresse souvent inconnus au monde.

Louise fut inconsolable de la mort de Hugues (1).

« Son affliction fut tant merveilleuse que tout le monde qui la voyait en avait moult pitié et compassion..., et il n'y avait cœur si dur qui ne fût enclin à pleurer en la voyant ainsi. » Elle eut cela de com-

---

1. Cath. de Saulx. — Abbé Rey.

mun avec sainte Élisabeth de Hongrie, qui, perdant à vingt-trois ans le duc Louis, son époux, tomba dans un accablement profond et en sortit l'âme brisée de douleur et le corps épuisé de fatigue.

Si les Saints savent payer le tribut à la nature, il se relèvent en contemplant le ciel : c'est en Dieu qu'ils cherchent leur équilibre, leur force et leur consolation.

C'est ce que fit Louise. Nous la verrons redoubler de prières, de ferveur et d'abandon en Dieu. Elle invoqua cette rosée céleste qui descendit comme un baume sur son âme et allégea le poids de son immense douleur.

De son côté, le P. Perrin, « très excellent docteur en théologie, » comme l'appelle Catherine de Saulx, homme de science et « de sainte vie, » confesseur de la B. Louise, depuis son arrivée en France, n'oublia pas sa pénitente dans sa grande affliction. Comme il résidait au couvent des Cordeliers à Nozeroy, dont il était gardien, ce saint vieillard commença, au dire de notre historiographe, à la visiter plus souvent pour la consoler « dans ses grandes douleurs et tribulations. » Il ne manquait pas un jour de venir au château ; il y passait une bonne partie de la journée, « pour cause de la consoler, et lui disait tant de belles et saintes paroles de reconfort en Notre-Seigneur qu'elle y prenait moult grand plaisir et liesse. »

Ce qui fait dire à notre auteur que jamais créature ne lui a fait tant de bien que le dit P. Perrin, tout le temps qu'il l'a dirigée, comme elle-même l'a maintes fois assuré.

Non content de la consoler lui-même, le P. Perrin écrivit aux religieuses d'Orbe pour la recommander à leurs prières. Il ajoutait dans sa lettre : « C'est une moult sainte Dame, s'il y en a point au monde. »

Sachant que la meilleure manière de soulager les morts, c'est de prier pour eux, Louise priait et faisait prier pour le repos de l'âme de son mari défunt. Elle fit dans ce but des fondations pieuses se rattachant à la chapelle où reposaient les restes de Hugues. Elle enrichit l'abbaye de Mont-Sainte-Marie de nouvelles donations; l'année même de la mort du prince, le couvent recevait en propriété le bourg de Jougne, ses fours, forges et droit d'usage (1). Plus tard, elle écrivait aux Avoyers et Conseil de Fribourg, pour leur recommander l'acquittement d'une redevance en nature en faveur dudit monastère, pour la célébration d'une messe journalière, redevance que les gens d'Yvonand, au bailliage de Grandson, refusaient de payer (2).

Elle n'oublia pas les serviteurs du défunt : elle leur fit des distributions d'argent et de vêtements, « comme coutume est ès cours des grands princes et seigneurs. » Le ciel permit, du reste « que cette grande tribulation et angoisse tournât à son profit... et à la plus grande gloire de notre Dieu et des hommes (3). »

« La femme engagée dans les liens du mariage est nécessairement partagée, dit saint Paul (4) : elle pense aux choses du monde et cherche à plaire à son mari; tandis que celle qui est libre pense aux choses

---

1. Bourgon, *Hist. de Pontarlier*, p. 236.
2. Pièces justificatives, N. 11.
3. Cath. de Saulx.
4. I, Corr., VII, 34.

du Seigneur et cherche à plaire à Dieu. » Si vertueuse et si parfaite qu'eût été jusque-là la vie de notre Bienheureuse, sa tendresse pour son époux avait empêché que Dieu ne régnât d'une manière exclusive dans son cœur : dégagée de ces liens sacrés et cependant pesants pour une âme qui a soif de spiritualité, rien désormais ne mettra obstacle à ses désirs de perfection et d'union toujours plus intime avec Dieu. « Après le trépassement de mon dit seigneur, en allant et croissant de vertus en vertus, elle fut toute changée en autre créature, en se donnant un état encore plus parfait qu'auparavant (1). »

Après avoir servi de modèle aux femmes mariées, elle va servir de modèle aux veuves chrétiennes.

Se rappelant les conseils de l'Apôtre aux veuves (2), elle ne se montrera plus qu'en habits de deuil : véritable expression de ses sentiments intérieurs. Elle bannira de sa cour et de sa présence tout ce qui sent la mondanité, toute joie profane. Elle vaquera jour et nuit à la prière et à l'oraison.

Catherine de Saulx nous a donné comme un tableau de sa vie pendant les années de son mariage : elle va nous retracer brièvement sa vie de veuvage.

« Elle se levait bien matin, et depuis, jusqu'à dix heures, ne cessait d'être en oraison et contemplation ; quand elle jeûnait, elle y restait jusqu'à midi, où elle dînait. » Le P. Perrin lui avait appris la manière de dire l'office qu'elle récitait tous les jours. « Quand elle avait dit ses heures, elle allait en son petit oratoire où elle demeurait en grande et merveilleuse dévotion.

1. Cath. de Saulx,
2. St Paul à Tim., v, 5.

« Après dîner, elle faisait quelque peu de labeurs ; puis quand on sonnait None au couvent des Cordeliers à Nozeroy, elle allait incontinent en son petit oratoire pour dire sexte et none, et après demeurait en grande dévotion jusqu'à deux heures d'après-midi, et dès cette heure, notre très révérend Maître (P. Perrin) venait la recorder jusqu'à vêpres, et quand on sonnait vêpres, elle allait à vêpres et complies, » qu'elle récitait d'ordinaire avec son directeur spirituel.

« Elle les disait (ses heures) si dévotement que c'était chose merveilleuse de la voir; elle les prononçait tant bien et distinctement qu'elle semblait en savourer chaque mot. Les heures ainsi dites, venant après souper, elle se mettait à parler de Notre-Seigneur si dévotement que c'était moult plaisir de l'ouïr; ou bien elle lisait et faisait lire devant elle quelque belle et dévote matière de Notre-Seigneur ou des saints et des saintes, selon la fête, et filait sa quenouille, en écoutant la sainte parole de Notre-Seigneur. »

Pour mieux réciter son office et s'initier à la langue de l'Église, à l'exemple d'autres saints et d'autres saintes de son temps, elle voulut apprendre le latin. Le P. Perrin lui servit de précepteur dans l'enseignement de la langue sacrée. Elle apprit si bien et ses progrès furent tels que le bon Père disait de son élève : « Que si elle eût été ès études et écoles, comme font les grands clercs, elle eût surpassé tous les autres en clergic (science) (1). »

Elle se confessait et communiait toutes les quin-

---

1. Cath. de Saulx.

zaines et encore plus souvent, sans parler des grandes fêtes, ce qu'elle faisait avec une admirable dévotion et une grande consolation.

Du vivant de son noble époux, ils ne manquaient pas, le Jeudi-Saint, de réunir treize hommes pauvres et treize pauvres femmes. Le nombre de treize représentait sans doute Notre-Seigneur avec ses douze apôtres; ce nombre, comme on voit, ne faisait point peur aux esprits *arriérés* de ce temps! Un prêtre lisait l'évangile du jour; après quoi ils lavaient séparément, « en grande humilité et dévotion, » les pieds à leurs treize pauvres (1). Les pauvres de « Monseigneur » et ceux de « Madame » se réunissaient ensuite pour prendre un repas en commun.

Depuis la mort de Hugues, Louise ne se contenta point de renouveler cet acte d'humilité et de charité une fois par an : tous les vendredis elle lavait les pieds à cinq pauvres femmes ; puis elle leur distribuait de l'argent, et tout cela si secrètement que peu de personnes le savaient.

Pour sa table, elle ne voulait, dit Catherine de Saulx, « ni apprêts de viande ni délicatesses ; » les mets les plus simples et les plus pauvres étaient ceux qu'elle préférait, indifférente à ce qu'on lui servait et ne voulant jamais être consultée à cet égard. Elle trouvait tout bon, bien différente, ajoute ici sa biographe, « de ceux et celles qu'on ne sait servir à leur gré. » Elle mangeait d'ailleurs si peu « que c'était grand merveille et miracle qu'elle ait tant vécu... Mais Notre-Seigneur la gardait pour en faire ce qu'il en a fait. »

1. Cath. de Saulx.

CHAPITRE XIX

CHARITÉ DE LA BIENHEUREUSE LOUISE. — FAITS EXEMPLAIRES. — PRODIGES.

> « Donnez aux pauvres pour donner à vous-mêmes ; donnez une miette pour recevoir un pain ; donnez-lui un toit pour recevoir le ciel ; donnez-lui les biens qui passent pour recevoir ceux qui restent. »
> (*Saint Pierre Chrysologue.*)

La charité, l'amour des pauvres, est la vertu des saints : ce fut celle de la Bienheureuse Louise. « L'amour et la charité, qui étaient en cette tant et noble dame ne sauraient être récités. Cette parfaite vertu, elle l'a eue jusqu'à son trépassement (1) ».

Née avec un tempérament délicat et une frêle santé, on la voyait braver toute fatigue et toute répugnance pour visiter les malades, les soigner de ses mains, panser quelquefois les plaies les plus dégoûtantes.

« Sa charité pour le prochain était si égale qu'elle n'avait acception d'aucun, se prêtant avec grand zèle et charité à servir les malades dehors et dedans avec tant de dextérité et allégresse qu'elle soula-

1. Cath. de Saulx.

geait seulement de la voir (1). Etant encore dans le monde, elle apprêtait et donnait à manger aux malades et les servait dans leurs nécessités les plus abjectes. Mais lorsqu'il s'agissait du salut des âmes, c'est alors qu'elle n'épargnait ni prières, ni oraisons, ni mortifications et peines et diligences, qu'elle comptait pour rien, tant son zèle était ardent. Elle s'est exposée à ce sujet à de cruelles souffrances. Et c'est dans ces occasions, comme en toutes autres, qu'elle gardait toujours une grande égalité d'esprit, prenant tous événements comme venant de Dieu et non des créatures, tâchant de tirer profit de tout... On la voyait toujours en grande modestie, accompagnée d'une joie qui attirait les cœurs comme la pierre d'aimant et les gagnait tous à soi. »

Elle aimait, avons-nous dit, à visiter les malades et à assister les mourants (2). Il y avait à Nozeroy une pauvre femme dangereusement malade. Elle vint la trouver et la réconforter, fut présente quand on lui administra l'Extrême-Onction ; puis elle lui parla avec tant de bonté et d'édification, que les assistants en furent touchés et émerveillés. Voyant qu'elle était à l'extrémité, Louise avait un grand désir de l'assister jusqu'à la fin ; mais comme elle ne mourut que fort avant dans la nuit, force lui fut de s'éloigner. Elle revint la voir le lendemain et demanda de quelle maladie elle était morte. On lui fit voir un chancre qui l'avait dévorée. Elle en eut grande pitié ; et comme on était en train de l'ensevelir, elle voulut aider elle-même à l'ensevelissement et à coudre le

---

1. C. de Saulx.
2. Vertus et dons merveilleux.

linceul, ce qui fit frémir les personnes de sa suite. Non contente de cela, elle suivit l'humble convoi et l'accompagna jusqu'au cimetière.

En la même cité de Nozeroy, vivait une pauvre vieille femme, mendiante, n'ayant qu'une fille qui la traitait fort durement (1). Ce qu'ayant appris, Louise en fut fort émue, et incontinent elle prit soin d'elle. Elle envoyait souvent ses femmes pour voir comme elle était traitée et si rien ne lui manquait ; car elle fournissait à tous ses besoins. Ses femmes lui rapportèrent que la pauvrette gisait dans une chambre sans porte, exposée au vent et à la pluie, et que, pour comble de malheur, sa fille continuait à se montrer mauvaise à son égard. La bonne princesse fit immédiatement mettre une porte [à ce misérable réduit, et manda à cette fille dénaturée que si elle ne traitait pas mieux sa mère on la ferait transporter ailleurs. Comme elle profitait elle-même largement des secours fournis à la malade, la crainte de les perdre fit ce que l'amour filial n'avait pas été capable de produire sur ce mauvais cœur de fille.

Cependant Dieu s'apprêtait à retirer cette pauvre créature de ce monde. Apprenant qu'elle touchait à sa fin, Louise vint aussitôt la voir et resta chez elle jusqu'à l'heure de vêpres. Comme c'était le jour de la fête de Saint-François d'Assise, la noble visiteuse était partagée entre le désir de ne pas manquer aux vêpres et celui d'assister la mourante. Sur l'observation qu'on lui fit, qu'elle pouvait aller à vêpres sans crainte, et que la malade ne mourrait pas avant son retour, elle lui laissa un de ses chapelains et

---

1. C. de Saulx.

sortit pour se rendre à l'église. Mais à peine avait-elle franchi le seuil de la porte, qu'on vint lui annoncer que la malade avait expiré.

Elle en fut vivement peinée et se dédommagea en priant pour le repos de son âme.

Dès qu'elle put, elle revint la voir et se la fit montrer telle que la mort l'avait faite. Grande fut sa compassion et celle de toutes les personnes présentes à la vue d'un corps tellement contracté par la souffrance et les spasmes, que les genoux touchaient presque au menton, et qu'il ne formait, pour ainsi dire, qu'une masse informe. Profitant de l'occasion, comme elle avait l'habitude de le faire dans les circonstances analogues, elle dit aux dames de sa suite : « Regardez bien, car ainsi nous faudra venir en tel état comme est cette femme ! »

Un des cuisiniers du château, nommé Rougier (1), étant tombé dangereusement malade, Louise s'empressa de le visiter, et « lui parla tant dévotement et doucement, que, tant de ses dévotes et saintes paroles que de sa digne présence, le pauvre malade fut si consolé, qu'il lui semblait que les anges du ciel l'eussent visité » sur son lit de mort.

Aussi ne soyons pas trop surpris que Dieu récompensât la vertu et la charité de sa servante par des faveurs toutes célestes et par des miracles.

Etant encore dame séculière, elle entra un jour dans la maison d'une femme qui avait un fils malade et mourant. Emue d'une tendre compassion, Louise prit l'enfant dans ses bras, le caressa en le frottant doucement et le rendit guéri ou convalescent à sa

---

1. Cath. de Saulx.

mère ! Qu'on juge du bonheur de celle-ci et de ses actions de grâces !

Une autre fois, entrant chez une femme débauchée et ivrogne, dans le désir de la corriger et de la ramener à la vertu, pendant qu'elle lui remontrait l'horreur de ses péchés, la pauvre femme eut une vision du démon. Elle en fut si épouvantée qu'elle se jeta à corps perdu sur cette bonne dame et fut délivrée en se couvrant de sa robe (1).

1. Vertus et dons merveilleux.

CHAPITRE XX

GRANDE RÉSOLUTION DE LA B. LOUISE. — SA VOCATION RELIGIEUSE. — ELLE SE DÉPOUILLE EN FAVEUR DES ÉGLISES ET DES MONASTÈRES.

> « Qui me donnera les ailes de la colombe pour m'envoler et me reposer. »
> (*Psal.* liv. VII.)

C'est une chose bien remarquable que les aspirations de toutes les âmes d'élite, toutes les âmes pures, vers la vie religieuse, vers la vie monastique.

N'est-ce pas la meilleure preuve que cette vie répond à un besoin profond du cœur humain?

Louise était incontestablement une de ces âmes d'élite. Nous avons vu les aspirations de toute sa vie; le jour même où elle s'alliait à Hugues au pied des autels, elle promettait à Dieu de n'avoir plus d'autre époux que lui.

Les aspirants ou les prétendants de la terre ne lui firent pas défaut : de toutes parts arrivaient les offres, les sollicitations pour l'engager à contracter de nouveaux liens; les instances les plus vives venaient de son cousin, Charles VIII, dont nous connaissons pour elle la tendre amitié. A toutes ces offres, à toutes ces sollicitations, Louise répondait comme une autre veuve de son âge, sainte Elisabeth (1), s'adressant à son oncle, le prince-évêque de Bamberg, qui l'engageait à ne pas demeurer seule et sans appui dans le monde : « Sire, j'ai eu pour seigneur un mari qui m'a tendrement aimée, qui a toujours été mon loyal ami ; j'ai eu part à ses honneurs et à sa puissance ; j'ai eu beaucoup de bijoux, de richesses et de joies de ce monde ; j'ai eu tout cela, mais j'ai toujours pensé ce que vous-même savez bien, que la joie du monde ne vaut rien. C'est pourquoi je veux quitter le siècle et payer à Dieu ce que je lui dois, les dettes de mon âme. Vous savez bien que toutes les aises mondaines ne produisent que douleurs et tourments et la mort de l'âme. Sire, il me tarde beaucoup d'être en la compagnie de Notre Seigneur. »

Pour mieux écarter les prétendants, Louise s'éloignait le plus possible du monde, s'habillant de la manière la plus simple et ne cessant de porter le deuil.

« Après la mort de Hugues, dit M. de Gingins, Louise de Savoie, sa veuve inconsolable, vécut fort retirée au château de Nozeroy (2). La somptuosité de cette demeure princière, l'opulence dont elle jouissait par suite des dispositions de son mari, la cour assidue que toute la noblesse franc-comtoise faisait à cette jeune et belle princesse, tante du duc de Savoie et cousine du roi de France, tout cela fut impuissant pour balancer le vœu qu'elle avait dès longtemps formé dans son cœur, de renoncer au monde pour la retraite et les austérités du couvent. »

1. De Montalembert. *Vie de sainte Elisabeth de Hongrie.*
2. *Mém. et Doc.*, t. XIV, p. 296.

Dès la mort de Hugues, elle prit incontinent la résolution de se faire religieuse. Elle y préluda en prenant l'habit du Tiers-Ordre de Saint-François : espèce d'intermédiaire entre le monde et le cloître, qui permettait aux personnes engagées aux liens du siècle de s'associer aux mérites de la profession religieuse, au moyen de certaines pratiques et observances. On sait que saint Louis, roi de France, portait l'habit du Tiers-Ordre sous ses vêtements royaux. Ainsi avait fait le B. Amédée; ainsi fit la B. Louise, sa fille.

L'observation de la règle du Tiers-Ordre amena la pieuse veuve de Nozeroy à penser encore plus à la vie religieuse qui lui semblait une course vers le ciel sans fatigue et sans chute. Bien qu'elle fût elle-même Dame de grande prudence et merveilleuse sagesse (1), et qu'elle eût en elle « le docteur des docteurs, le Saint-Esprit qui l'enseignait en toutes choses, » elle se fût bien gardée, dans une circonstance aussi grave, de rien faire sans prendre conseil de son directeur. Son conseiller et son guide ordinaire était l'excellent P. Perrin, homme d'une foi et d'une sagesse éprouvées. Elle lui soumettait les difficultés à résoudre; « et, quand elle avait son avis, elle se tenait aussi sûre que si Dieu et les Anges lui eussent parlé. »

Dans une affaire aussi importante que celle de sa vocation, elle voulut consulter avant tout son confesseur, en qui elle avait une pleine confiance. Elle s'ouvrit à lui dès qu'elle se sentit libre, c'est-à-dire immédiatement après la mort de Hugues.

1 C. de Saulx.

En homme sage et prudent, le P. Perrin ne se pressa pas d'émettre son avis, voulant éprouver et mûrir la détermination de sa pénitente. Il différa longtemps, c'est-à-dire depuis le commencement de juillet jusqu'à la fête de saint François d'Assise (4 octobre).

« L'ayant donc bien éprouvée et la trouvant parfaitement ferme en son dévot et saint désir (1), » il lui donna enfin son assentiment; et comme elle n'avait encore point délibéré sur le choix du couvent, le P. Perrin lui conseilla d'embrasser l'Ordre de Sainte-Claire et d'entrer au couvent d'Orbe. Cette annonce et ce conseil transportèrent de joie l'esprit et le cœur de Louise. Le jour de la fête de saint François venu, elle fit vœu entre les mains du P. Perrin de prendre l'habit des religieuses Clarisses.

Dès ce jour et comme par anticipation, elle voulut s'envisager comme une véritable religieuse, tout en gardant par prudence un grand secret sur sa résolution.

Dès ce jour et même à partir de son veuvage, en même temps qu'elle redoublait de ferveur intérieure et d'austérité, elle ne cessait de travailler et de faire travailler ses femmes pour les églises et les monastères. On s'occupait à broder des ornements, à faire des parements d'autels. De cette manière nombre de pauvres églises, de pauvres communautés, furent pourvues de linge et de beaux ornements sacrés. Non contente de donner ce qui était à elle, Louise rachetait de ses serviteurs, pour le distribuer en pieuses largesses, ce qu'ils avaient hérité de précieux de son époux défunt. Quant aux officiers de sa maison, elle

---

1. C. de Saulx.

leur délivra des lettres pour les rendre inamovibles dans leurs fonctions.

Elle n'attendit pas le moment de son entrée au couvent d'Orbe pour faire du bien à cette fervente communauté. Nous avons vu précédemment les relations étroites qui l'unissaient aux Clarisses d'Orbe et qui la faisaient regarder comme leur amie et leur protectrice. Avant qu'elle fût reçue comme postulante, elle fit reconstruire le bâtiment destiné à l'aumônier et aux frères lais (1), et bâtir dans l'église du couvent une belle chapelle dédiée à l'Immaculée Conception de la sainte Vierge, « en laquelle elle avait une spéciale dévotion (2). »

Ceux qui voyaient exécuter ces travaux en son nom et par ses ordres, supposaient que son but était de venir habiter près des sœurs qu'elle aimait. Elle fut contente de voir prendre le change sur ses véritables

---

1. Levade, — abbé Rey, — de Gingins, —la Sarraz, — Ruchat.
2. Archives du Doubs.
Extrait de l'inventaire du mobilier de la sacristie du couvent d'Orbe (1556) :
Une chasuble en or, aux armes de Château-Guyon et de Savoie.
Une chasuble de velours rouge aux armes de Château-Guyon.
Une chasuble de damas blanc aux armes de Château-Guyon et de Savoie.
Une chasuble de camelot blanc aux armes de Pierre de Jougne et de P. Despiémont, sa femme.
Un devant d'autel moitié de drap d'or et le reste de velours rouge aux armes de Château-Guyon et de Savoie.
Un devant d'autel de velours rouge aux armes de Château-Guyon et de Savoie.
Un calice d'argent avec patène, et cuiller d'argent aux armes de Château-Guyon et de Savoie.
Différents articles, sans armoiries.
(Archives cantonales à Lausanne.)

intentions et de pouvoir dissimuler ainsi son projet avant son exécution définitive.

En se décidant à prendre le voile, Louise suivait l'exemple de plusieurs proches parentes, plus ou moins ses contemporaines.

Nous citerons entre autres la B. Marguerite de Savoie, veuve comme elle et sanctifiée sous le voile des religieuses de Saint-Dominique; Marie de Visconti, sa cousine, morte en odeur de sainteté (1458), au couvent de Sainte-Claire à Vevey. Nous avons déjà nommé Philippine de Châlon, sa belle-sœur et sa future sœur en religion, et cette Jeanne de Valois, fille de Louis XI, née comme elle sur les marches du trône, veuve après quelques années d'une union malheureuse, devenue comme elle religieuse, mourant l'une et l'autre à l'âge de 41 ans, et honorées toutes deux du titre glorieux de Bienheureuses (1).

1. Sellier.

CHAPITRE XXI

CATHERINE DE SAULX (1). — SA VOCATION A LA VIE RELIGIEUSE. — SOUPIRS APRÈS LE CLOITRE.

> « Hélas ! pourquoi mon exil s'est-il prolongé ? La tristesse s'est emparée de mon âme, au milieu des habitants de Cédar. »
> (*Ps.* CXIX, 5.)

Il est impossible, dans l'ordre de la grâce surtout, de posséder un grand bien, d'avoir en perspective un grand bonheur, sans désirer de le communiquer et d'en faire part à ses semblables. Le cœur humain est ainsi fait, et sous ce rapport encore, le cœur des saints a des exubérances de zèle extraordinaires.

La Bienheureuse Louise était trop convaincue de l'excellence et du bonheur de la vie religieuse pour ne pas la recommander à ses filles et tâcher de les y attirer par ses paroles et par ses conseils. « Faites-

---

1. Issue d'une illustre famille de la Bourgogne qui prit son nom du château de Saulx, situé à cinq lieues de Dijon, sur la route de Langres, Catherine fut d'abord dame d'honneur de Louise de Savoie ; puis elle entra avec elle au couvent d'Orbe. Elle passe pour être l'auteur de la vie de notre Bienheureuse. Sa vie à elle-même existait en manuscrit au couvent d'Evian et fut perdue à la Révolution. Catherine de Saulx fit aussi, dans l'église d'Orbe, la fondation d'une chapelle. Elle mourut en 1539, dans un âge avancé, après avoir rempli quelques années les fonctions d'abbesse.

vous cordelières (religieuses) (1), » leur disait-elle souvent. Elle ajoutait : « Je ne sais comment vous pouvez désirer de demeurer au monde et d'être mariées ; car vous voyez les grandes tribulations et douleurs qu'on y a : quand on a un mari vertueux et bien conditionné, on le perd, et vous voyez quelle douleur c'est. Quand il est mauvais et mal conditionné, c'est une chose de moult grande angoisse. Partant, si vous me croyez, vous vous garderez de tout cela. » — Elles répondaient : « Nous n'avons vouloir d'être religieuses, car Dieu oncques ne nous fit la grâce d'en avoir désir et dévotion. » — Et alors elle leur disait : « Priez Dieu, et il vous en donnera la volonté. »

Parmi ses filles s'en trouvait une qui « avait le cœur bien joli et léger (enjoué) (2), » à qui elle faisait souvent la même recommandation. « Madame, j'en prierai Dieu, » répondait-elle. Plus tard elle lui demandait si « elle en avait prié. » — Oui, Madame, mais en priant Dieu pour cela, j'ai eu grand peur qu'il ne m'en donnât la dévotion. — « La bénigne dame » se mit à rire de bon cœur, en entendant cette naïveté, puis elle ajouta du ton le plus doux possible. « Ah ! Catherine, il ne faut pas ainsi faire, mais il faut prier Dieu bien ferventement. »

Jusque-là personne ne connaissait son projet d'embrasser la vie religieuse, si ce n'est le P. Perrin, son guide spirituel, et Monseigneur le bailli d'Orbe, Pierre de Jougne, ancien serviteur du prince, homme sage et prudent, « très vertueux et fiable. » Louise,

---

1. C. de Saulx.
2. C. de Saulx, son historiographe.

qui avait besoin de ses services dans la circonstance, n'hésita pas à lui confier son secret. A cette annonce, le digne homme « fut moult ébahi et frappé au cœur de grande tristesse. » Il se récria à la pensée de perdre la présence d'une si vertueuse Dame, tant remplie de toute grâce. » Il fit tout son possible pour la détourner de son dessein ; mais voyant qu'il y perdait son temps, il n'insista pas, et Louise lui dit : « Si jamais vous m'aimâtes, montrez-le-moi à cette heure-ci ; car jamais vous ne me ferez plus grand service ni plaisir que de m'aider en cette chose. » Vaincu dans sa résistance inutile, l'excellent Pierre de Jougne fit tout son possible pour obliger sa maîtresse et lui rendre tous les services qui dépendaient de lui.

Louise lui recommanda la plus grande discrétion, ajoutant : « Il faut bien cacher la chose, car si elle venait à la connaissance du roi, j'ai grand doute qu'il ne m'empêchât, ce que je crains par dessus tout. » Elle parlait du roi de France, son cousin, « qui moult l'aimait. »

Pour en revenir à Catherine de Saulx, le coup avait porté : le badinage était devenu chose sérieuse. Elle avait prié « ferventement. » Il ne se passa guère de temps qu'elle ne pensât tout de bon à se faire religieuse ; et cette idée ne la quitta plus. Aussi ne douta-t-elle point que « les saintes oraisons de cette dévote Dame et ses saints mérites ne lui aient obtenu cette grâce » (1).

Or, il advint qu'un samedi-saint, pendant que Louise parlait avec grande ferveur de Notre-Seigneur

---

1. Cath. de Saulx.

a ses demoiselles, elle remarqua que la jeune Catherine était troublée. Lui ayant demandé la cause de son trouble, elle la consola si bien qu'elle en fut délivrée à l'instant. Catherine qui ne lui avait encore jamais parlé de sa vocation, profita du moment pour lui révéler son désir d'embrasser la vie religieuse. On ne saurait exprimer la joie de sa pieuse maîtresse à cette révélation inattendue. « Dès ce moment, lui dit-elle, je vous prends pour ma mienne compagne et vous fais participante de tout le bien que oncques j'ai fait et ferai à l'avenir. »

Catherine, à son tour, ignorait complètement le projet de sa maîtresse, et la pressait de lui obtenir une place au couvent. Louise la rassurait en lui disant qu'elle ne l'oublierait pas et qu'elle ferait pour elle comme si elle eût été son enfant. Les instances de sa part devenant toujours plus vives et la voyant impatiente d'en finir, elle lui confie alors son secret en lui disant : « Ne voulez-vous pas venir avec moi au couvent d'Orbe ? Je vous y ai arrêté une place avec moi. » Qu'on juge de l'agréable surprise et de la joie que cette bonne nouvelle fit éprouver à la fidèle compagne ! Elle fut ainsi la troisième personne initiée au secret.

Dès lors Louise n'eut plus de gêne et put s'ouvrir librement à sa future sœur en religion. Elle en profita pour lui parler du couvent et soupirer avec elle après la retraite. « Hélas ! disait-elle, quand viendra cette journée ? J'ai si grand désir de la voir qu'il me semble que oncques la verrai-je assez à temps. » — « Que nous serons aises et consolées quand nous serons à Orbe ! »

Dès lors et plus que jamais, elle eût voulu faire

absolument comme les religieuses, sans pourtant trahir son secret. Elle allait nu-pieds, récitait avec sa fille Catherine « moult beaux psaumes de David. » Elle corrigeait même le psautier et le bréviaire pour faire disparaître les fautes qui s'y trouvaient (1). Elle voulut faire plus, se lever pendant la nuit, comme au couvent, pour se rendre à son petit oratoire et dire matines. Toutefois, cet exercice ne fut pas du goût de ses gens, et elle dut s'en priver pour cette raison. Ce qui lui faisait dire : « Las! que c'est moult empêchement en ce monde et grand ennui! Mais les sœurs sont bienheureuses, car rien ne peut les distraire du service de Dieu. »

Un jour ses regards vinrent à tomber sur deux disciplines ; volontiers ses mains s'en seraient emparées : elle ne put résister au désir d'en faire l'essai. Catherine de Saulx fut chargée d'en procurer une à l'usage de sa maîtresse. Elle hésita, craignant pour sa santé ; mais sur la promesse qu'on lui fit, d'en user avec modération, elle rendit le service demandé. Cette discipline était de fil d'archal, « à nœuds de cordeliers. » La future clarisse s'en servait tous les vendredis dans son petit oratoire et peut-être plus souvent. Le fait est que la discipline fut bientôt démantibulée et hors d'usage. Pour la remplacer, il fallut de nouveau recourir aux bons of-

1. C. de Saulx.
A la fin du XVe siècle, les imprimeries n'étaient pas encore bien répandues, les livres rares et fort chers. C'est vers cette époque que Sébastien de Montfaucon, évêque de Lausanne, fit imprimer à Lyon une édition du Missel propre à son diocèse. On voit très peu de Psautiers imprimés avant 1439. A défaut de livres imprimés, on se servait de manuscrits souvent défectueux.

fices de Catherine, en lui disant que la discipline n'était plus bonne « pour faire moult mal, » et qu'elle devait procurer une bonne poignée de verges « qui tranchassent bien fort. » Pour le coup c'en était trop : Catherine refusa net, alléguant des raisons qui pouvaient bien justifier sa désobéissance, mais qui probablement ne portèrent pas la conviction dans l'esprit de sa maîtresse.

CHAPITRE XXII

CHARLOTTE DE SAINT-MAURICE. — SA VOCATION. — LETTRE DE LOUISE AUX RELIGIEUSES D'ORBE.

> « Venez et suivez-moi. »
> (*Saint Math.*, XIX., 21.)

Les saintes exhortations de la bienheureuse Louise n'avaient pas été sans fruit : elle avait fait une recrue pour le cloître, elle s'était donné une compagne pour la vie religieuse ; elle s'en donnera une seconde parmi celles de ses filles qu'elle aimait le plus. Ou plutôt, disons-le, ce n'est pas l'homme ni sa parole qui font les vocations : c'est Dieu qui les inspire, Dieu qui parle au cœur de chacun de nous, en se servant pour cela des moyens les plus divers.

La seconde de ces filles dont nous parlons fut Charlotte de Saint-Maurice (1). Elle sentit pareillement naître en elle le désir de se faire religieuse ; mais comme ce désir n'était pas bien ferme, elle en était toute désolée, n'osant s'en ouvrir à personne, si ce n'est au P. Perrin, et en secret (2).

On était à la veille de Noël, et comme ce désir persistait en elle, elle résolut d'en parler à sa vertueuse

---

1. La famille de Saint-Maurice est une noble et ancienne famille de Franche-Comté encore existante et partagée en plusieurs branches.
2. Cath. de Saulx.

maîtresse et de lui révéler l'état de son âme. « Madame, lui dit-elle, il y a tel temps que j'ai le désir d'être religieuse, et suis en moult grand combat à raison de plusieurs empêchements qui me viennent au-devant. On dit que quand on demande quelque chose à Notre-Seigneur, à la messe de minuit, et à l'heure qu'il est né, il l'octroie, si c'est chose juste et raisonnable. C'est pourquoi je vous prie, Madame, qu'il vous plaise demander à Notre-Seigneur qu'il me donne entièrement la dévotion (de la vie religieuse); ou qu'il me la veuille ôter. »

— « La bonne Dame répondit en grande liesse et joie : Je vous promets, Charlotte, que je ne prierai point pour qu'il vous l'ôte, cette dévotion, mais bien pour qu'il vous la donne de plus en plus. » Et incontinent elle lui donne son propre psautier et lui apprend avec une bonté et une joie indicibles la manière de s'en servir. Elle pria, pria tant et si bien pour cette jeune fille bien-aimée, que son désir de vocation se raffermit et devint inébranlable. Ce sera la seconde compagne qui suivra Louise au couvent d'Orbe. Et cette grâce, dit Catherine de Saulx, elle l'attribue très certainement et sans l'ombre de doute, aux prières de « cette noble Dame. »

Une autre personne initiée de bonë heure à la résolution de Louise, fut l'abbesse du couvent d'Orbe, Françoise d'Aubonne, femme distinguée par son mérite et par ses vertus. En apprenant cette grande et bonne nouvelle, la pieuse abbesse ne pût s'empêcher de dire, en parlant de Louise, que Dieu l'envoyait bien plutôt pour honorer l'état religieux que pour en prendre les vertus, et pour le profit de la communauté plus que pour le sien propre.

Tout étant prêt pour solliciter son admission et celle de ses deux filles au noviciat, Louise écrivit elle-même de sa main l'humble supplique que voici :

« A nos bonnes mère et sœurs, l'abbesse de toutes les sœurs du couvent de Madame Sainte-Claire d'Orbe.

« Ma bonne mère, et entre vous toutes, mes bonnes sœurs, je me recommande à vos bonnes grâces et prières. Je supplie très humblement et pour l'amour de Dieu qu'il vous plaise me vouloir recevoir en votre compagnie, et aussi mes deux filles, dont l'une se nomme Charlotte de Saint-Maurice, et l'autre Catherine de Saulx, lesquelles ont été inspirées par la grâce de Dieu de laisser le monde pour servir Dieu de toute leur puissance; et pour ce, mes bonnes mère et sœurs, nous trois ensemble nous supplions très humblement qu'il vous plaise, pour l'amour de Dieu, nous bailler l'habit de sainte religion et nous recevoir en votre compagnie, laquelle nous avons choisie entre toutes celles du monde. Et bien que je ne vous aie jamais fait parler de Charlotte de Saint-Maurice, je vous prie tant et de si bon cœur que faire puis, que ne me veuillez refuser cette requête que je vous fais du plus profond de mon cœur, comme ai prié ce bon Père, porteur de cette lettre, de vous dire, et aussi d'autres choses, lesquelles je vous prie que veuillez croire comme vous feriez à moi-même, en priant tant Dieu, mes bonnes mère et sœurs, qu'il vous baille sa sainte grâce.

« Écrit ce mardi au soir, de la main de celle qui se tient au nombre de vos bonnes filles.

« C'est Louise de Savoie, toute vôtre. »

A cette occasion, il se passa quelque chose de singulier qui mérite d'être rapporté. Ignorant encore les dispositions de Charlotte de Saint-Maurice, Louise s'était faite annoncer préalablement auprès des religieuses d'Orbe par son fidèle serviteur Pierre de Jougne, en ne mentionnant qu'elle et sa fille Catherine de Saulx. Conformément au message, les religieuses, en sollicitant l'autorisation du R. P. Provincial, ne parlèrent non plus que de deux demandes. Le supérieur accorda l'autorisation pour trois et donna cette permission par écrit. Lorsque bientôt après l'on connut le désir de la tierce personne, on fut très surpris et l'on ne put s'empêcher d'admirer l'intervention de l'Esprit-Saint qui avait « ouvré en cela. » C'était bien la meilleure preuve « que Dieu la voulait avoir, » et qu'il secondait les désirs et les prières de son humble servante.

Le bon Pierre de Jougne, n'osant plus contrecarrer directement la résolution de sa maîtresse, avait recours à des moyens détournés qui ressemblaient à d'innocentes malices (1). C'est ainsi qu'un jour il s'avisa de lui apporter la petite mesure (*hevas*) avec laquelle on mesurait la ration de vin des religieuses d'Orbe. Loin de s'en effrayer, la princesse la fit remplir de vin, et le versant dans son gobelet d'argent, elle dit : « Quand j'aurai ceci, je serai contente. »

Mais voici que Madame de Jougne s'en mêle aussi et veut offrir ses présents. Elle envoie d'Orbe à Catherine de Saulx, une écuelle de bois, pleine d'un

---

1. Cath. de Saulx.

potage équivoque, en lui mandant que, quand elle serait au couvent, il lui faudrait manger de ce potage dans une écuelle de bois. Il était alors de notoriété publique qu'elle devait se faire religieuse; mais la détermination de Louise était encore secrète. Quand celle-ci vit l'écuelle dont on voulait faire un épouvantail pour sa fille, elle se la fit apporter et mangea dedans de si bon appétit et d'aussi grand cœur que jamais elle avait fait dans vaisselle d'argent.

Un jour, avant son entrée au couvent, Catherine eut l'idée d'écrire à la mère abbesse, pour la prier de l'adopter comme sa fille; ce que la digne supérieure s'empressa d'accorder. En voyant cette lettre, Louise fut saintement jalouse de voir que sa fille était adoptée la première. « Je veux écrire, dit-elle, pour solliciter la même faveur. » Elle le fit, et, comme on pense bien, n'eut pas de peine à l'obtenir.

CHAPITRE XXIII

LOUISE RENONCE A TOUS SES DROITS ET PRÉROGATIVES. DÉPART DE NOZEROY. — ARRIVÉE A ORBE.

> « J'ai méprisé la puissance et tous les avantages du monde pour l'amour de Jésus-Christ, mon Seigneur. »
> (*Brev.*, office des saintes Femmes. »

Au temps de la primitive Eglise et des martyrs, c'était l'usage des confesseurs de la foi de se dépouiller et de disposer de leurs biens, soit pour les soustraire à la cupidité des tyrans, soit pour se mieux préparer à la lutte suprême par l'affranchissement de tout lien terrestre. — Sur le point de renoncer au monde pour toujours, ainsi en usera la bienheureuse Louise.

A la sœur du tiers-ordre, l'esprit de pauvreté ne demande que le détachement du cœur : à la sœur du premier ordre, à la pauvre clarisse, la règle séraphique impose la pauvreté absolue, le renoncement le plus complet.

On a vu Louise se dépouiller en faveur des églises et des monastères de tout ce qu'elle avait de précieux; de sa robe de noce, cadeau du roi Louis XI, elle fit une chasuble destinée à l'église du couvent d'Orbe. Les abbayes de Saint-Claude et de Beaume, les prieurés de Brévy, de Gigny, les couvents des Cordeliers de Lons-le-Saunier et de Nozeroy, la collégiale de Saint-Antoine, les chapelles dites de Châlon, à Miége, Orbe et Salins, eurent part à ses largesses.

Jusqu'ici nous n'avons rien dit des actes de la princesse ou plutôt de son administration temporelle, depuis la mort du prince, son époux, pendant les deux ans qu'elle continua à vivre dans le monde. De même que, au témoignage de Catherine de Saulx, « les occupations et labeurs » que lui donnaient « ses grandes dominations terriènes, » n'étaient pas capables de la relâcher du service de Dieu; de même le service de Dieu ne devait pas lui faire négliger ses devoirs de maîtresse et de princesse. Elle savait quitter Dieu pour le prochain et retourner à Dieu avec plus de facilité encore; ou plutôt en servant l'un elle servait l'autre, puisqu'elle faisait tout en vue de Dieu, rapportant tout à lui seul.

Nous avons fouillé dans la poussière des archives pour découvrir les traces des actes publics de la Bienheureuse, pendant son gouvernement temporel: c'est à peine si nous avons pu recueillir quelques données, glaner quelques documents d'un interêt très secondaire.

En 1491, la Dame de Nozeroy ordonne des enquêtes en la justice de Montmorot, dans la cause divisant noble Pierre de la Tour, Catherine de Villette son épouse, seigneurs de Jousseau, et Jean Soutard, procureur substitut de Jean Perret, procureur général de Dame Louise de Savoie, au sujet des droits de la seigneurie de Bletterans.

La même année, Louise fait rendre une sentence qui oblige les habitants de Boujailles à faire le guet à La Rivière, près de Pontarlier, en attendant que le château de Chalamont fût réparé. C'est dans ce dernier château qu'en tout temps les gens de Boujailles devaient faire le guet, et où, en cas de guerre, ils avaient droit d'asile.

Un jour, Jacques Bouveret, et son épouse Marguerite, issue de l'importante maison de Chauvirey, prétendirent exiger de la Dame de Nozeroy une rente de cent livres, assignée sur les salines de Salins, rente rachetée par Hugues de Châlon pour la somme de mille livres. La difficulté fut portée devant Moine, lieutenant général du bailli d'Aval, et Hugues Glanne, d'Arbois, siégeant à Salins. Les témoins, Pierre Marchal et Jean de Chauvirey déposèrent « en faveur de noble et puissante Dame Loyse de Savoie (1). »

Ordre fut donné une autre fois de faire une enquête et d'ouvrir les portes de la prison à Jean Tourme, arrêté par Léonard de Chauvirey, sans la permission de Dame Louise ou de ses officiers.

Quelques écrivains, le *Légendaire franciscain* entre autres, parlent d'oppositions et de persécutions violentes que la princesse de Châlon aurait eu à subir de sujets ingrats, révoltés contre son autorité et infectés d'hérésie : révolte dont elle aurait triomphé à force de longanimité et de pardon.

Catherine de Saulx, son historiographe, nous dit qu'elle resta deux ans dans le monde, après la mort de Hugues, languissant du désir d'embrasser la vie religieuse (2). Ce qui la retint, ce fut la nécessité de régler ses affaires et d'assurer, autant que possible,

1. Archives du Doubs, *Inventaire de Châlon.*
2. L'abbé Rey.

le sort « des pays et pauvres gens » confiés à sa sollicitude.

Les affaires étant réglées et si bien ordonnées, dit Catherine de Saulx, « que oncques n'y eut à redire, » elle manda plusieurs de ses serviteurs, entre autres le bailli de Dijon, Antoine de Belley, à qui elle confia sa résolution, en lui faisant promettre, dès qu'elle serait au couvent, de ne plus l'appeler que « sœur Loyse. »

Aussitôt que la nouvelle de son départ se fût répandue dans Nozeroy, les bons habitants en furent vivement attristés et vinrent lui dire adieu en pleurant; les plus émus étaient les serviteurs qu'elle laissait à Nozeroy. On ignorait encore que ce fut un adieu suprême; mais à voir ce qui se passait en eux, leur douleur inquiète, il semblait que Dieu leur en eût donné le pressentiment. En recevant leurs adieux, la bonne Dame leur disait : « Je vous crie merci de ce que je ne vous ai pas fait comme je devais faire; je vous prie de vouloir me pardonner tout, et si jamais je vous fais du déplaisir (1). »

Il est impossible de rendre l'effet que ces paroles et ces adieux produisirent sur les témoins de cette scène déchirante. Qu'on remarque surtout ces derniers mots : « si jamais je vous fais du déplaisir. » C'était une allusion touchante et fine à ce qu'elle croyait devoir leur cacher en ce moment et au plus grand déplaisir, à coup sûr, qu'elle pût leur causer.

Etant montée en litière, elle fut tellement entourée et pressée de gens qui lui disaient adieu, qu'elle avait peine à avancer : c'est comme si on eût voulu la retenir de force. Et ce n'était pas sans raison, observe

---

1. Cath. de Saulx.

Catherine de Saulx : jamais larmes et regrets ne furent mieux justifiés.

Les pauvres surtout accouraient en foule. Louise prenait congé d'eux en leur faisant l'aumône : elle avait eu soin de donner de l'argent à l'une de ses femmes, avec charge d'en distribuer à tous les pauvres qui se présenteraient sur son passage. C'est au milieu de ce concours et de ces regrets universels que Louise s'avançait vers la terre promise de ses désirs : le cloître.

Elle était accompagnée de ses deux dames d'honneur, Catherine de Saulx et Charlotte de Saint-Maurice (1), ses futures sœurs en religion, du P. Perrin, l'instrument de Dieu à son égard, et des personnes attachées à son service.

Il est probable que Louise ne s'éloigna pas irrévocablement de ces lieux sans aller s'agenouiller une dernière fois dans la chapelle sépulcrale de Mont-Sainte-Marie et sans prier pour l'âme de ces chers défunts et de celui surtout à qui elle avait voué une fidélité inviolable jusqu'à la mort.

Elle revit, chemin faisant, la seigneurie de Roche-Jean, une de celles que lui avait léguées son mari défunt; puis Jougne, dépendance de la maison de Châlon; les Clées, qui appartenaient au duché de Savoie. Enfin elle put voir et saluer de loin cette ville d'Orbe et ce monastère où elle était impatiente d'arriver.

De nombreux souvenirs se rattachaient à cette cité antique, jadis résidence des ducs et des rois francs, puis des rois de la Transjurane; illustrée par la pré-

---

1. De Gingins . — Demore. *Vie de sainte Claire.*

sence de l'impératrice sainte Adélaïde, dans ses pieux rendez-vous avec saint Odilon, abbé de Payerne, enfin de sainte Colette, qui y avait jeté les fondements du couvent des Clarisses.

La maison de Châlon avait conservé à Orbe de nombreux amis, tout y était plein des souvenirs de Hugues et de sa famille (1). Aussi sa noble veuve y fut-elle accueillie avec tout le respect et la sympathie qu'elle méritait.

1. Dès qu'il avait pu rentrer en possession de son héritage, Hugues vint à Orbe. Devant les bourgeois de cette ville qui le demandaient, le prince jura sur les saints Evangiles de maintenir en leur faveur les anciennes libertés, franchises, coutumes écrites et non écrites, et de les faire observer par ses officiers.

CHAPITRE XXIV

ENTRÉE DE LA BIENHEUREUSE LOUISE AU COUVENT.
DOULEUR ET REGRETS DE SES SERVITEURS.

> « Je n'ai demandé qu'une seule chose au Seigneur, je n'ai eu qu'un seul désir : c'est d'habiter dans sa maison tous les jours de ma vie. »
>
> (*Ps.* XXVI, 7.)

Louise, avec sa suite, arriva à Orbe le 23 juin, veille de la fête de saint Jean-Baptiste (1492). Elle descendit chez le bailli d'Orbe, Pierre de Jougne, qui dut être très honoré de pouvoir héberger son ancienne maîtresse. Sa première visite fut pour l'église et le couvent de Sainte-Claire. Elle en fut si réjouie qu'on ne saurait le dire ; elle ne cessait d'en parler et de s'écrier : « Las ! quand serai-je dedans (1) ? »

Avant son départ de Nozeroy, elle disait souvent à Catherine de Saulx : « J'ai grand peur qu'on ne s'aperçoive de notre entreprise... Mais pour qu'on ne s'en donne garde, je dirai que je vous veux mener recevoir. Et quand nous serons là, nous nous lèverons de nuit, lorsque chacun sera couché, et nous irons, une lanterne à la main, avec la sœur converse

---

1. Cath. de Saulx.

du couvent, et nous serons ainsi reçues sans que personne ne sache rien, sans que personne ne nous voie. »

Mais il en fut autrement qu'elle avait combiné.

Dès son arrivée à Orbe, son secret n'était plus un mystère : chacun savait ce qu'elle voulait faire, et bien des cœurs en furent désolés. Ses serviteurs surtout étaient inconsolables. Dans leur douleur de perdre une aussi bonne maîtresse et comme l'étoile, c'est l'expression de Catherine de Saulx, comme l'étoile lumineuse qui leur montrait le chemin du salut, ils s'en prenaient au P. Perrin en l'accusant d'être la cause de leur chagrin, et ils lui faisaient d'amers reproches. Le bon Père, sachant bien ce qui en était, prenait tout en patience et excusait un langage inspiré par un sentiment trop légitime.

Témoin de ces larmes et de ce deuil, Louise, d'un naturel d'ailleurs si compatissant, dit à ses gens : « Si vous continuez de ce train, je vous déclare que je m'en irai dès aujourd'hui, car cela m'est insupportable ; si, au contraire, vous voulez être raisonnables et vous réjouir avec moi, je resterai encore quelques jours avec vous. » Par la crainte qu'ils avaient de la perdre et pour gagner un peu de temps, ils promirent, sinon de se réjouir, au moins de se faire le plus de violence possible.

Le vrai motif qui portait Louise à différer son entrée au couvent, c'était la nécessité d'expédier préalablement certaines affaires. Il s'agissait d'abord d'une renonciation à sa dot et à tous ses droits aux biens paternels et maternels, en faveur de son neveu Charles II, duc de Savoie. Celui-ci avait envoyé à Orbe, pour traiter avec sa tante, les nobles Antoine de Boissey, seigneur de Grandcourt, bailli de Divonne, Jacques de Berguyon, Antoine de Sey, Claude d'Arnex, etc. (1). L'acte de renonciation fut dressé le 25 juin. En vertu de cet acte, Louise renonce à tous ses droits certains et éventuels, contre la cession des châteaux et seigneuries de Cossonay (2) et de Versoix (3), pour en faire l'objet d'une renonciation postérieure.

Le 26 juin, fête des saints Jean et Paul, le soir étant venu et les dernières affaires expédiées, Louise

---

1. Archives de Turin.
2. Le château de Cossonay, au canton de Vaud, existait déjà au xie siècle. Une charte de 1099 parle du château-fort de Cossonay. Jeanne, dame de Cossonay, épouse de Jean de Rougemont, étant morte sans postérité, la seigneurie de Cossonay passa à la maison de Savoie. Le Bienheureux Amédée avait reçu (1455) de Louis, son père, la terre de Cossonay en apanage. En 1536, le château devint la propriété de LL. EE. de Berne, qui l'occupèrent jusqu'en 1556. La tour existait encore un siècle plus tard, du moins en partie. La maison de Savoie avait deux chapelles à Cossonay, l'une dédiée à la Vierge, l'autre était probablement dans le château. Les bois de Vaud et de Sappey appartenaient au château avec beaucoup de terres, censes et dîmes, etc. (*Mém. et documents publiés par la société d'Hist. de la Suisse romande*, t. XV.)
3. Le château de Versoix, au canton de Genève, avait été rebâti au xiiie siècle par le comte Pierre de Savoie, surnommé le petit Charlemagne. Agnès de Faucigny, sa veuve, légua au seigneur de Gex, son parent, le château de Versoix (*Castrum Versoyæ*) avec toutes ses appartenances. Le duc Emmanuel-Philibert vendit la baronnie de Versoix à Nicolas de Watteville pour la somme de 25,000 écus d'or (communication de M. le marquis Costa de Beauregard). Charles-Emmanuel, en guerre avec les Genevois (1582-1593), se servit des matériaux de démolition de cet antique château féodal pour bâtir une forteresse. Les Genevois s'en emparèrent, la démolirent et incendièrent le bourg (1589). — *Mém. et doc.* — Spon. *Hist. de Genève*).—Fontaine, *Recherches hist. sur Versoix.*

annonça son intention de faire cette nuit-là même son entrée au couvent.

Beaucoup de ses gens étaient déjà rentrés dans leurs appartements et se livraient au repos. Ceux qui veillaient encore furent consternés à cette annonce. Parmi ses femmes, il y en eut une qui avait toujours été à son service et qui se distinguait par sa douleur. « Hélas ! disait-elle, faut-il que je sois séparée de celle que j'ai tant aimée et qui était l'espoir de ma vieillesse ! » Puis elle ajoutait : « Vous nous avez promis, Madame, de rester encore un peu avec nous, et déjà vous voulez nous délaisser ! » Chose curieuse, celle qui avait le cœur le plus sensible qui fût au monde, semblait être devenue de pierre : loin de répandre une larme et de témoigner de la douleur, elle était toute joyeuse et paraissait insensible à tout le reste.

Après avoir, comme nous l'avons dit, expédié ses dernières affaires, elle se coucha à minuit et se leva à une heure. Tout étant prêt pour son dernier voyage, elle alla dire adieu au bon seigneur Pierre de Jougne, chez qui elle était logée, le remerciant de tous ses services et de toute la peine qu'il avait bien voulu se donner pour elle. Ce qu'entendant, le fidèle serviteur de Hugues et de Louise fut tellement ému qu'il ne put sortir de chez lui et dut renoncer à accompagner son ancienne maîtresse.

Il était entre une et deux heures du matin, lorsque Louise sortit de la maison du bailli d'Orbe, située à l'une des extrémités de la ville et loin du couvent. Elle avait sans doute choisi cette heure pour sa sortie afin d'être moins aperçue, et c'est pour cette raison qu'elle prit, par derrière la ville, le chemin le plus long et le plus pénible.

Il est écrit dans l'histoire de la passion de Notre-Seigneur que, se rendant à Jérusalem pour y souffrir et pressé d'accomplir son sacrifice, il marchait à grands pas, de manière que ses disciples avaient peine à le suivre. Ainsi faisait Louise, se rendant ou plutôt courant au couvent pour y faire à Dieu l'offrande d'elle-même, de sa volonté et de sa vie tout entière. Catherine de Saulx remarque comme une chose extraordinaire que cette Dame, si délicate et si faible d'habitude, fit tout ce trajet à pied, sans donner aucun signe de fatigue, sans se reposer une seule fois, et de manière à éreinter ceux qui la suivaient. C'est le cas de dire que l'amour divin lui donnait des ailes.

Au couvent, tout dormait, et toutes les portes étaient fermées. On s'en vint d'abord au corps de logis habité par les frères lais ; les maîtres d'hôtel de Louise frappèrent à leur porte en criant : « Voici Madame ! » A ce cri soudain chacun se réveille étonné. La porte s'ouvre, et Louise entre avec toute sa suite. Elle fait refermer la porte, et se rend à la chapelle des frères. Là elle se confesse avec ses deux filles au P. Perrin qui l'accompagnait. Elle eût volontiers communié et entendu une grande messe, n'eût été l'heure si matinale.

De la demeure des frères, Louise vint « en moult joie et liesse à la porte du couvent. » Grand fut l'étonnement des sœurs au bruit de son arrivée inattendue à cette heure. Elles couraient hors d'elles-mêmes, ne sachant trouver les choses qu'elles cherchaient. Les aumôniers et les frères l'escortaient, munis de torches et de flambeaux.

Enfin la grande porte du couvent s'ouvrit, Louise était au comble de la joie. Les religieuses, pareillement dans la jubilation, se mirent à genoux, les cierges à la main, et chantant le beau répons que nous avons mis en tête du précédent chapitre : *Regnum mundi et omnem ornatum sæculi contempsi, propter amorem Domini Dei mei Jesu Christi.* Dans son saint empressement, Louise ne pensait qu'à entrer, lorsque le P. Perrin la retenant lui dit : « Attendez, Madame. »

A ce signe, elle s'arrête et se met à genoux sur le seuil de la porte. Alors l'Abbesse s'avance et lui donne le crucifix à baiser. Après y avoir collé ses lèvres, Louise se lève et entre. Quand elle fut au pied du grand escalier, elle se retourna vers ses gens et leur dit : « Adieu tous! »

A cet adieu suprême, il serait impossible de rendre l'émotion qui saisit les assistants et particulièrement ses serviteurs, qui tout le temps la tenaient serrée comme pour l'empêcher d'avancer, et lui criaient : « Or Dieu, belle Dame! »

C'était vers trois heures du matin, Charlotte de Saint-Maurice et Catherine de Saulx firent leur entrée au couvent en même temps que Louise. Il avait été entendu avec la Mère-Abbesse qu'elles lui donneraient le bras pour l'aider à monter l'escalier; mais elle était si ingambe et si leste en franchissant les degrés et si empressée de monter, que ni elles ni personnes ne songèrent à l'importuner en ralentissant sa marche.

Arrivées au chapitre, les sœurs entonnèrent le

Te Deum et le chantèrent jusqu'au bout avec un tel entrain, qu'on les entendait de la ville, et chacun comprit ce que cela signifiait. Catherine de Saulx fait ici remarquer l'étrange contraste entre la tristesse des serviteurs de Louise qui s'en allaient désolés, et la joie extraordinaire qui régnait au couvent.

Cependant Louise dépouillait, ou, pour mieux dire, jetait loin d'elle ses vêtements mondains pour revêtir la sainte livrée du cloître. Cela fait, l'Abbesse lui présenta encore une fois le crucifix, en lui disant : « Madame, voilà le vrai Sauveur qui, pour l'amour de vous et de nous tous, a été suspendu et est mort dépouillé sur l'arbre de la croix ; pour l'amour de lui, à cette heure, vous vous dépouillez de tous biens mondains et renoncez à toute chose . » — « J'y ai renoncé et renonce volontiers, de tout mon cœur et âme entièrement. » Ayant embrassé le crucifix, elle ajouta : « Or sont tous mes désirs accomplis à cette heure, ce dont je rends grâce à Dieu, qui m'a fait cette grâce que tant longuement ai désirée. » Elle demanda ensuite la permission d'embrasser toutes les sœurs, en les remerciant chacune de la grande faveur qu'elles lui avaient faite de l'admettre en leur compagnie, ce dont elle se reconnaissait indigne dans sa profonde humilité. « Sa joie dans le couvent fut telle, dit Catherine de Saulx, qu'il semblait qu'elle fût à noce. »

Ceux de ses serviteurs qui étaient demeurés au logis et qui avaient ignoré son départ pour ainsi dire clandestin, apprenant le matin ce qui s'était passé pendant la nuit, furent « bien fort désolés » et se plaignaient tout haut qu'on leur eût « dérobé » leur bonne maîtresse. Aussi, après dîner, vinrent-ils tous ensemble, « avec grande effusion de larmes, » assiéger les grilles du couvent. En tête se trouvait le P. Perrin, profondément ému en voyant pour la première fois sa noble pénitente transformée en pauvre Clarisse. « Or ça, Madame, lui dit-il, vous voilà bien comme vous avez désiré d'être. » — « Oui, mon Père, de tout mon cœur, et j'en bénis Dieu, car oncques n'eus si grande joie que j'ai à cette heure. Mais, mon Père, vous vous oubliez de dire Madame : ici il n'y a plus de Dame, mais sœur Loyse. » — « Ah! pardonnez une ancienne habitude, dont, avec le temps, j'espère me corriger. » Question d'étiquette, comme on le voit, ou plutôt comme on ne voit guère!

Ses serviteurs vinrent tour à tour la saluer, comme ils pouvaient, ayant à peine la force de parler. Elle leur adressa ensuite la parole avec tant d'édification et d'un cœur si débordant de sainte allégresse, qu'ils ne purent s'empêcher de lui dire : « Madame, vous menez grande joie de ce que nous menons grande douleur. » Sur quoi elle répondit : « Je n'eus jamais si grande occasion d'avoir joie qu'à présent, et, si vous m'aimez, vous vous réjouirez avec moi. »

De plus en plus ému de tout ce qu'il voyait et entendait, le P. Perrin ne put retenir cette exclamation: *Mirabilis Deus in sanctis suis!* et pour être bien compris, il répéta en français : « Dieu est admirable dans ses saints, comme on peut le voir et l'admirer ici! »

Se rappelant la promesse qu'il lui avait faite avant son départ de Nozeroy, le bailli de Dijon l'appela « sœur Loyse. » Elle en fut enchantée et l'en remercia. « A cette heure, Monseigneur, vous me faites grand honneur; on me fit oncques plus grand plaisir. »

La première personne qui « l'étrenna » ou qui lui fit l'aumône, fut la baillive d'Orbe; puis vint une pauvre femme, une de ses anciennes protégées, qui lui donna, « pour Dieu, un seul petit denier. » On ne saurait dire son bonheur en recevant cette chétive aumône d'une main habituée à la recevoir d'elle. C'est un trait qu'elle aimait à rappeler.

Ses femmes ne pouvaient se détacher de sa présence; elles restèrent encore plusieurs jours à Orbe, et chaque jour elles venaient la voir pour adoucir leur peine, tout en la renouvelant. Il fallut enfin se séparer, et ce moment fut cruel, on le comprend, pour des pauvres serviteurs qui s'envisageaient désormais comme « orphelins, » ayant perdu leur mère.

DEUXIÈME PARTIE

Après ce solennel adieu que nous venons d'entendre ; devant ces portes et ces grilles qui se referment, le voile se tire : c'est un monde qui finit et un autre qui s'ouvre ; c'est une vie nouvelle qui commence : vie peu souriante, peu attrayante pour les esprits légers et frivoles, pleine de saintes austérités et de vertus cachées, mais d'autant plus méritoire devant Dieu et édifiante pour les âmes croyantes et pieuses ; et c'est pour celles-ci essentiellement que nous écrivons.

Cette partie de la vie de la bienheureuse Louise commence en 1492 et va jusqu'à sa mort (1503). Elle se termine par les fêtes de la béatification.

CHAPITRE XXV

LE COUVENT D'ORBE. — LES CLARISSES.

« En tout bien. »
(Devise des Clarisses d'Orbe.)

Le premier couvent de l'Ordre de Sainte-Claire qui ait existé dans le pays de Vaud est celui de Vevey. Il fut fondé par Amédée VIII, duc de Savoie, b'saïeul de notre Bienheureuse, pour satisfaire à la demande que lui en avait faite, à Chambéry, la réformatrice de l'ordre, sainte Colette. Ce couvent subsista jusqu'à la Réforme (1536), lorsque les religieuses se réfugièrent d'abord à Evian, puis en partie à Orbe et en partie à Annecy et à Chambéry.

Jeanne de Montbéliard, première femme de Louis de Châlon, ayant appris que l'on faisait construire à Vevey un monastère de Sainte-Claire, prit la résolution, du consentement de son époux, d'en faire bâtir un dans la ville d'Orbe, dont ils étaient seigneurs, sous la suzeraineté des ducs de Bourgogne (1). Elle obtint du pape, Martin V, une bulle datée du 17 novembre 1426, par laquelle le doyen du chapitre de Besançon était chargé, en qualité de commissaire apostolique, de mettre en possession du lieu désigné

---

1. Sainte Colette s'arrêta à Nozeroy pour s'entretenir, avec la pieuse épouse de Louis, de la fondation d'Orbe.

pour la fondation, la Mère Colette; ce qui arriva le 15 janvier 1427.

Ce couvent, bâti par la munificence de Jeanne de Montbéliard, était un des plus beaux et des mieux situés de la province (1). L'acte de fondation, déposé aux archives de la maison avec la bulle, rapporte que la bienheureuse Colette posa elle-même la première pierre de l'édifice.

Le couvent des Clarisses d'Orbe semble avoir été dès l'origine nombreux et florissant, puisqu'il servit de pépinière à d'autres communautés, notamment à celles de Chambéry (2) et de Genève, fondées l'une

---

1. *Fodéré*. Le couvent d'Orbe se trouvait dans la province ecclésiastique de Saint-Bonaventure et dans la Custodie de Franche-Comté. Cette custodie comprenait les monastères de Dôle, Lons-le-Saulnier, Chariez, Nozeroy, Rougemont, Tons, Provenchère pour les hommes ; Besançon, Auxonne, Orbe et Vevey pour les femmes.

2. Voici les paroles que Yolande, mère de la B. Louise, adressait aux *Syndics et Conseils* de Chambéry, en leur présentant les premières religieuses Clarisses qui vinrent se fixer dans cette ville :

« Je vous ai amené ici ces dévotes sœurs, et plus grand trésor ne vous saurais-je donner. Ce sera tout le bonheur de votre ville : elles veilleront et vous serviront de sentinelles devant Dieu, pendant que vous dormirez; elles feront de continuelles prières jour et nuit, pendant que vous serez occupés à vos négoces. J'ai eu plusieurs contradictions et répugnances pour leur bâtir ce monastère: c'est l'ennemi du genre humain qui a voulu faire tous ses efforts pour vous priver d'un si grand bien; mais ce bon Dieu, auteur de tout bien, a secondé mes bonnes intentions, et m'a fait la grâce de surmonter toutes les difficultés.

« Je remets donc entre vos mains cette troupe religieuse, et vous les donne en dépôt; vous aurez soin de les protéger contre le mal talent des envieux. Je vous les recommande de toute mon affection ; conservez-les comme le gage le plus précieux de la bienveillance que j'ai à votre ville. »

(Abbé Rey. *Manuscrit*.)

et l'autre par Yolande, mère de Louise ; la première en 1471, la seconde en 1474 (1).

Adossé aux anciens remparts de la ville d'Orbe réparés par les soins de Hugues de Châlon, le couvent de Sainte-Claire occupait la plus grande partie du terrain renfermé entre la rue du *Vieux Collège* ou du grand pont à l'est, et la rue du *Vieux Bourg* ou du *Nouveau Collège* à l'ouest. Ces terrains étaient entourés d'une double clôture de murs, qui séparait l'enceinte des maisons environnantes.

A côté du couvent des religieuses, était le corps de logis habité par les directeurs ou aumôniers et les frères lais, entièrement séparé du couvent par la clôture intérieure (2). C'est ce qui a fait naître l'idée fausse et absurde d'un couvent de Cordeliers communiquant avec celui des religieuses. Les aumôniers, il est vrai, étaient des Cordeliers venant du couvent de Nozeroy.

Nous avons vu ailleurs le pieux émoi et les saintes

---

1. Les sœurs de Sainte-Claire demeurèrent à Genève, menant une vie exemplaire de piété, de pénitence, de prière et de charité, jusqu'au 30 août 1535. L'une d'elles, Jeanne de Jussie a raconté pour ses compagnes, en un style naïf, pittoresque, extrêmement remarquable, quelques-uns des violents orages dont fut battue la petite et fragile barque de Sainte-Claire à cette époque troublée. Cette œuvre d'une femme est avec raison recherchée de nos jours et hautement appréciée. Des écrivains genevois l'ont appelé un vrai chef-d'œuvre littéraire. On aurait amolli plus facilement, dit le spirituel écrivain, une enclume d'orfèvre qu'aucune d'elles. Les novateurs eurent beau faire, elles demeurèrent inébranlables, ils perdirent leur peine ; autant aurait valu, suivant l'expression de sœur Jeanne, battre la mer pour en faire du beurre. Sur 24 pauvres dames de Sainte-Claire, l'une d'elles, sœur Blaisine apostasia. Elle était la plus jeune, originaire de Genève.

2. De Gingins-la-Sarraz. — Ruchat. — Abbé Jeanneret.

frayeurs des Clarisses d'Orbe à l'idée d'adoucissements, de mitigation, qu'on voulait apporter à l'austérité de leur règle. Cette règle, émanée du saint fondateur de l'Ordre séraphique et réformée par sainte Colette, établissait la pauvreté comme base fondamentale : elle prescrivait la simplicité et le dénûment en tout.

Conformément à la règle de Sainte-Claire, l'abbesse veilla à ce que la clôture fût strictement observée. Le point de clôture proprement dit était la première porte et le pivot du tour qu'on ne pouvait franchir sans encourir les censures portées par les saints canons.

Sainte Colette avait pris soin que les chambres fussent étroites et modestes ; on devait les appeler *cellules* et non *cabinets*. Il était défendu d'y conserver des objets de prix, même un tableau à l'huile : un crucifix, quelques images de papier, un bénitier en terre, quelques livres de prières et de dévotion, étaient les ornements permis en chaque cellule.

Le lit était en bois de sapin, garni de paille seulement, « n'étant pas raisonnable que icelles qui veulent imiter la pauvreté de Jésus-Christ, reposent mollement, pendant qu'il est marri et souffreteux sur un peu de paille à sa naissance et sur le dur bois de la croix à son trépassement. »

L'architecte du monastère fit une chambre voûtée destinée aux archives de la maison, dont l'abesse avait toujours la clef.

Une autre chambre fut réservée pour la bibliothèque ou librairie, dont la clef était entre les mains de la mère-vicaire. Si l'on prêtait des livres au dehors, celle-ci était obligée d'inscrire le livre, le jour de la sortie et la personne à qui on le prêtait. Tous les livres étaient recouverts en parchemin pour leur conservation, sans dorure et sans ornements précieux. Lorsque les livres étaient usés et hors de service, ont les brûlait par respect. Ils étaient marqués au frontispice du sceau de la communauté avec cette inscription : « Ce livre est de la pauvre communauté des religieuses de Sainte-Claire. »

Louis de Châlon et sa femme Jeanne de Montbéliard, Yolande de Savoie, les rois de France et la noblesse du duché de Bourgogne, enrichirent cette bibliothèque d'un grand nombre de livres utiles, de bréviaires, diurnaux, missels, etc., à l'usage des sœurs. Tous ces livres furent apportés à Evian, lors de l'émigration des religieuses d'Orbe et dispersés à la Révolution française. « Nous avons entre les mains, » dit M. Jeanneret, à qui nous empruntons la plupart de ces détails, nous avons entre les mains un bréviaire, une Imitation de Jésus-Christ, deux traités de Gerson et une somme de saint Thomas d'Aquin, vieux débris de la librairie des Clarisses d'Orbe. »

Il y avait, au couvent de Sainte-Claire, une charge que toutes ne pouvaient remplir : celle d'*écrivaine*. L'écrivaine devait écrire les lettres des quêtes, les quittances de legs pieux, les suppliques, etc. Lorsque les Clarisses écrivaient à un particulier, l'écrivaine signait pour toute la communauté, en ces termes : « Vos pauvres, très humbles et obéissantes servantes en Notre-Seigneur, sœur N. N., abbesse, et nos sœurs religieuses. Si l'on écrivait à des gens d'Eglise, on ajoutait à la signature : « Vos obéissantes filles. »

Les Clarisses réformées par sainte Colette pratiquaient des austérités inconnues aux personnes les plus mortifiées. Elles n'avaient ni revenus, ni biens en commun, ne vivant que d'aumônes. Elles allaient nu-pieds, couchaient sur une méchante paillasse et même quelquefois sur une planche. Elles gardaient une abstinence perpétuelle, faisaient quatre carêmes, jeûnaient au pain et à l'eau plusieurs fois par semaine, la veille des principales fêtes, pendant le carême et deux fois la semaine pendant l'Avent, qu'on commençait le 11 novembre, jour de saint Martin. Elles portaient un cilice de crin et s'administraient de rudes disciplines.

Sur une grande feuille de parchemin renfermant quelques articles de la règle de Sainte-Claire, en vigueur au couvent d'Orbe, on lisait :

« Toutes les religieuses doivent se rappeler que l'obéissance à la Mère supérieure doit être exacte, prompte, sans réplique, ni excuses, ni murmures.

« Toutes les sœurs du monastère d'Orbe, suivant l'humilité et la pauvreté de Notre-Seigneur Jésus-Christ, ne doivent rien posséder et ne vivre que d'aumônes. Celles qui iront quêter pour la communauté devront se réjouir quand on les comparera aux pauvres et aux mendiants et qu'on les méprisera, parce que Notre-Seigneur, fils de Dieu vivant et tout-puissant, a souffert les mépris et les ignominies. Ils ont été pauvres et étrangers, vivant d'aumônes, Lui, sa Mère et ses disciples. Quand les sœurs, en tournée de quête, ne recevront que des injures au lieu d'aumônes, elles en rendront grâces à Dieu. Notre-Seigneur n'ayant pas un lieu où reposer sa tête, les sœurs n'auront jamais de vivres que pour un mois. Et quand la faim se fera sentir dans la maison, alors les sœurs tourières et sœurs converses iront mendier.

« Comme l'oisiveté est la mère de tous les vices et la source de toute malice, de même le travail est l'école des vertus. Aucune sœur, de quelle qualité qu'elle soit, à moins de maladie, ne pourra se dispenser du travail, même des occupations les plus viles, sans l'autorisation de la Mère Abbesse ou de la Mère Vicaire. Les jeunes sœurs choisiront toujours les travaux les plus difficiles, et témoigneront un profond respect aux sœurs plus âgées. Toutes les religieuses seront obligées de venir déclarer à la Mère Abbesse le travail qu'elles auront fait pendant la semaine.

« Chaque sœur est tenue de réciter l'office, selon la règle du glorieux Père saint François. »

Un usage que nous verrons mentionné dans la vie de notre Bienheureuse, c'est la *coulpe* ou confession publique de ses fautes, devant la communauté réunie.

La vie des Clarisses était contemplative. Leur fondatrice, sainte Claire, avait assigné deux heures pour l'exercice de l'oraison mentale : une heure après la messe ou après matines, une heure après complies. Elles récitaient chaque jour en chœur le grand office divin et se levaient à minuit pour dire matines.

Le vêtement des sœurs était très pauvre, de couleur brune ou cendrée. Le couvre-chef était de toile verte et grossière. La sœur lingère avait un patron pour les faire tous sur le même modèle. Ils devaient descendre par devant jusqu'au nœud coulant de la corde dont elles étaient ceintes.

La corde était grossière, de fil et de l'épaisseur

d'un doigt : symbole de la vie pénitente de Notre-Seigneur et des vœux qui liaient chaque sœur. Le chapelet s'attachait à la corde et pendait au côté gauche. Chaque religieuse rapiéçait ses habits, et nous verrons que la bienheureuse Louise aimait à les porter tels et le plus usés possible.

La première chose exigée des sœurs était l'observation de la règle et la fidélité parfaite à leurs vœux. Ces vœux étaient ceux d'obéissance, de chasteté et de pauvreté : ces vœux que les hommes sensuels et charnels de nos jours trouvent absurdes, contre nature, n'ayant pas, comme dit l'Esprit-Saint, le sens qui fait saisir et comprendre « les choses de Dieu. »

Et cependant, malgré ces effrayantes austérités, on ne remarquait dans ces humbles servantes de Jésus-Christ rien de sombre ni de triste ; elles avaient, au contraire, le visage gai et serein, reflet de la paix et du contentement intérieur ; sachant bien d'ailleurs que ce sont les hypocrites et les pharisiens qui composent leur figure pour faire voir leurs jeûnes et leurs prétendues mortifications (1), et se rappelant de plus que ce que Dieu aime avant tout, c'est l'offrande faite de bon cœur : *Hilarem datorem diligit Deus* (2).

A l'époque dont nous nous occupons, le couvent d'Orbe comptait dans son sein des personnes de distinction : nous avons déjà nommé la Mère Abbesse, Françoise d'Aubonne, Philippine de Châlon ; nous pourrions ajouter une Philiberte, fille de noble

1. S. Matth., vi, 16.
2. Ep. de S. P. aux Corinth., ix, 7.

Guillaume d'Arnay, Catherine de Gand, qui succéda à Françoise d'Aubonne comme abbesse.

Mais la plus grande distinction, sans contredit, lui viendra de cette Louise de Savoie, que nous y avons vue entrer avec ses deux compagnes, et qui fera vivre son nom dans l'histoire, avec le souvenir de son généreux sacrifice et de ses héroïques vertus.

CHAPITRE XXVI

NOVICIAT DE LOUISE. — PROFESSION RELIGIEUSE.

> « Le jour est arrivé de mes adieux au monde ;
> La cloche du couvent m'appelle à son autel,
> Qu'à cette voix de Dieu ma faible voix réponde :
> Mon cœur n'appartient plus qu'au seul maître immortel.
>
> . . . .
>
> Pour cette fête, Tombez, parure,
> Pour ce bonheur, Tombez, cheveux.
> Me voilà prête. Robe de bure,
> Avec ferveur,   Voilà mes vœux !
> Je vais, Marie, Car, sous le voile
> Je vais, Jésus, Que je choisis,
> Naître à la vie Dieu me dévoile
> De vos élus.   Un paradis.
>
> G. BOREL.

Dès son entrée au couvent, Louise voulut être en tout traitée comme la plus simple des novices. Malgré la distinction de son esprit et ses connaissances « en clergie et lettres, » elle ne dédaigna pas de retourner à l'école et de s'asseoir sur les bancs, avec ses compagnes du noviciat. Et comme on ne pouvait lui rien apprendre qu'elle ne sût déjà parfaitement, elle travaillait de ses mains sur la soie et confectionnait de beaux ouvrages pour l'église. Elle se fit aussi sous-maîtresse, aidant la mère des novices à instruire ses élèves et « à les recorder le plus doucement que oncques on vit faire (1). »

1. Cath. de Saulx.

Au fond, elle avait peu besoin de cette épreuve, elle, dont la vie avait été comme un noviciat continuel et une préparation anticipée à la profession religieuse. Mais la règle le veut ainsi, et l'on ne saurait assez louer sa sagesse. Il y a bien des états de la vie où le noviciat serait à désirer, s'il était possible, et où, selon la remarque d'un saint (1), l'on verrait bien moins de profès que de postulants.

Le temps marche rapidement, et une année est bientôt écoulée, pour qui surtout la passe au service de Dieu et dans la paix du cloître. Cependant, au gré de Louise, cette année de la probation était bien lente à finir. Comme quelqu'un qui attend un grand bonheur, elle soupirait après le jour de sa profession religieuse : elle comptait les semaines et les heures qui l'en séparaient.

Par trois vendredis consécutifs qui précédèrent immédiatement le jour de sa profession, les sœurs étant réunies en chapitre (2), elle venait après avoir dit sa coulpe, se mettre à deux genoux devant la communauté, suppliant, les mains jointes, que, sans regarder à ses grands péchés et défauts, mais pour l'amour de Dieu, les sœurs voulussent lui faire la grâce de la recevoir en leur compagnie et l'admettre « à la sainte profession, indigne que j'en suis, » disait-elle. Pas n'était besoin, ajoute ici Catherine de Saulx, qu'elle s'humiliât si profondément pour obtenir cette faveur : car il n'y avait aucune sœur qui ne désirât voir arriver « ce benoît jour de toute son affection. »

1. Saint François de Sales.
2. Cath. de Saulx.

Nous avons vu que l'année précédente, avant son entrée au couvent, Louise avait renoncé en faveur de son neveu, le duc de Savoie, à toutes ses prétentions aux successions paternelle et maternelle, ne se réservant que les châteaux et seigneuries de Cossonay et de Versoix, inféodés pour le paiement de sa dot qui se montait à soixante mille florins petit poids.

Le 16 août 1492, Blanche de Savoie, dame tutrice de son fils, Charles-Jean-Amédée, duc de Savoie, écrivait à son conseiller et trésorier, au-delà des Monts, Philibert Alegretti :

« Comme notre illustre sœur, très chère dame Louise de Savoie, dame de Château-Guyon, est disposée à remettre et céder à nous et à notre fils les châteaux, terres, juridiction et mandement de Versoix et de Cossonaix..., nous avons ordonné... de payer à notre sœur six mille florins (en déduction de la dot), etc... »

Un acte du même jour porte: « Sciemment et après avoir mûrement délibéré avec notre conseil, nous ordonnons de payer deux mille florins à notre sœur, comme solde des 8000 qui lui étaient dûs. — Etaient présents illustres seigneurs : Philibert de Savoie, comte de Bugey, gouverneur et lieutenant-général, révérend Antoine de Champion, chancelier, évêque de Genève, Hugues de la Palud, comte de Varax, maréchal de Savoie, Merlon de Blozasco, amiral de Rhodes, et Antoine de Gingins, seigneur de Divone. »

Ces sommes, on le devine bien, ne restèrent pas dans les mains de Louise : elles furent dépensées en bonnes œuvres et servirent, entre autres, à une dernière fondation, datée du 28 juin 1493, veille de sa profession religieuse (1).

Cette fondation est celle d'une messe quotidienne, en la chapelle de l'Immaculée-Conception, récemment construite à ses frais dans l'église du couvent d'Orbe, pour le repos de l'âme de feu son seigneur et mari, de ses prédécesseurs, parents et alliés (2), et dont la rente annuelle était payée, au siècle suivant, par Philippe II, roi d'Espagne (3).

Le premier chapelain institué par la pieuse fondatrice fut Louis Macerral, avec dévolution, après le décès de celui-ci, au clergé d'Orbe. Une rente de soixante-treize francs huit engrognes (environ 2.000 francs de notre monnaie), est assignée à cet effet sur un revenu de pareille somme provenant du partage d'Auxerre, en la grande saunerie de Salins, acheté naguère, des hoirs de feu Pierre de Jougne. — Il était mort, le digne homme.

Toutes ces affaires réglées pour la plus grande gloire de Dieu et le bien du prochain, Louise, dépouillée de tout, n'avait d'autre préoccupation que de se préparer à la profession de ses vœux. Bien qu'elle eût fait plus d'une confession générale avant son entrée en religion, elle voulut en faire une nouvelle, en s'adressant d'après la règle, à l'aumônier du couvent, et écrivit toute sa confession, elle qui, au dire de son confesseur ordinaire (P. Perrin), était « innocente de péchés mortels et sans tache. » Dire « les belles et dévotes préparations » qu'elle fit en vue de

---

1. Duvernois, *le Comté de Bourgogne et l'Helvétie*.
2. Pièces justificatives, n° III.
3. Acte daté de Gand.

ce grand jour, serait, selon le témoignage de sa biographe, chose impossible (1).

Le jour si impatiemment attendu arriva enfin pour elle et probablement pour ses deux inséparables compagnes, Catherine et Charlotte. C'était le 29 juin, fête des bienheureux apôtres saints Pierre et Paul. Elle fit sa profession à genoux, les mains jointes dans celles de l'abbesse, « avec une dévotion et une humilité merveilleuses. » Elle se rendit ensuite à l'église pour rendre grâce à Dieu et demeura toute la matinée plongée dans une dévotion extraordinaire.

A l'heure du dîner, quand la communauté fut réunie au réfectoire, « elle s'en vint devant la table, à genoux et les mains jointes, remercier toutes les sœurs de la grande grâce, disait-elle, qu'il vous a plu, mes chères mère et sœurs, de me faire en m'admettant à la sainte profession, en votre compagnie, tout indigne que j'en suis. Et pour reconnaître cette grande faveur que vous venez de me faire, je prierai pour vous toutes et à vos bonnes intentions (1). »

Depuis lors, chaque année, à pareil jour, elle ne manquait pas de renouveler cette scène touchante, en conjurant les sœurs de lui pardonner toutes les occasions de distraction, empêchements et mauvais exemples qu'elle s'accusait d'avoir donné à la communauté, se recommandant à leurs prières pour que Dieu lui pardonnât tout et lui fît la grâce de se bien amender. « Et pour certain, dit Catherine de Saulx, il n'y avait rien à amender en elle, car c'était en toutes façons un vrai et parfait miroir de toutes grâces, vertus et perfections. »

1. Cath. de Saulx.
2. Cath. de Saulx.

Nous avons dit que sœur Louise avait achevé de se dépouiller de tout avant sa profession religieuse maintenant accomplie. Nous devons faire une exception en faveur de deux objets qui devaient lui être doublement chers, parce qu'ils lui rappelaient le souvenir de sa mère Yolande, et un des actes les plus beaux et les plus touchants de la vie de cette illustre princesse : c'est une copie des deux lettres ou consécrations à la sainte Vierge, dont nous avons parlé et que nous avons reproduites en partie.

Louise n'en avait qu'une copie écrite de sa main. Il est à remarquer que les deux originaux avaient été confiés par la duchesse Yolande à l'une de ses femmes, avec ordre de ne les montrer à personne, mais de les lui rapporter quand elle la verrait près de mourir. Mais, ainsi que cela arrive souvent en pareil cas, la dame oublia l'ordre de sa maîtresse. Se l'étant enfin rappelé, elle mit ces lettres sous les yeux des membres du conseil, qui en furent aussi touchés qu'édifiés.

Louise fit de vaines instances pour se procurer ces précieux et chers manuscrits. Elle dut se résigner à en prendre la copie qu'elle a toujours gardée et apportée avec elle au couvent, « comme chose aimant moult chèrement. »

Après la mort de notre Bienheureuse cette copie fut envoyée par les religieuses de Sainte-Claire, avec les dépouilles de sa chambre, aux cours de Savoie et de Bavière, la copie devenant alors, par le souvenir des mérites qui s'y rattachaient, aussi et plus précieuse même que les originaux.

CHAPITRE XXVII

VIE DU COUVENT. — VERTUS RELIGIEUSES

> « Placé dans la maison du Seigneur, le juste croîtra comme le lys, et ses fleurs demeureront toujours. »
> (*Brév. rom.*)

Nous entreprenons en ce moment la tâche la plus difficile : celle de redire la vie de « sœur Loyse, » et de retracer un tableau, bien imparfait sans doute, de ses vertus religieuses. Or, rien d'uniforme et de ponctuel comme la vie monastique, et rien de plus caché, en général, que ces vertus qui s'exercent à l'ombre du cloître, dans une communauté de saintes femmes vouées à la prière et à la solitude.

Ici nous ne pouvons que glaner et cueillir quelques fleurs « de ce beau pré flori, comme dit Catherine de Saulx, de toutes bonnes odeurs de grâces et vertus, qui étaient en elle en si grande plénitude, que toutes les vertus qui peuvent être en créature humaine, elle les avait parfaitement en elle assemblées et les possédait toutes sans défaillance, sinon en force corporelle, qui n'était pas grande, mais la spirituelle excédait humaine estimation. Elle avait tout abandonné pour Dieu, puis s'était donnée elle-même corps et âme, tellement que, en pensant ou en parlant d'elle, et en considérant le bien et grâces qu'avons vus si amplement, nous sommes en admiration non racontable, comme dans un abîme de tous biens. »

En faisant sa profession religieuse, Louise venait de se donner à Dieu sans réserve ni partage, par les grands vœux d'obéissance, de chasteté et de pauvreté. C'est l'exacte pratique des *conseils évangéliques* : « Celui qui laissera sa maison, ses frères, ses sœurs ou son père, ou sa mère, ou sa femme, ou ses fils, ou ses champs, pour mon nom, celui-là recevra le centuple et possèdera la vie éternelle (1). »

L'obéissance est la première vertu du cloître, sans laquelle nul ordre, nulle communauté n'est possible. C'est l'abdication libre et spontanée de sa volonté propre et trop souvent de ses caprices, sous le joug de la règle commune et d'une volonté supérieure qui ne commande qu'au nom de Dieu.

Louise fut un parfait modèle d'obéissance religieuse et de ponctualité à la règle. Au premier son de la cloche, elle accourait et semblait dire par sa présence plus encore que de parole : « Je suis prête (2). » Elle se fut bien gardée de faire quoi que ce soit d'elle même et de son propre chef : en toute chose, elle disait à la mère abbesse : « Ma mère, vous plaît-il que je fasse cela et que je dise ainsi ? » Sur sa réponse affirmative ou négative, elle agissait en conséquence, sans mot dire. Elle s'abstenait des œuvres les plus méritoires, du désir, par exemple, qu'elle avait de se donner la discipline, uniquement pour

1. S. Math., XIX, 29.
2. Cath. de Saulx.

obéir à sa supérieure qui le lui défendait à cause de sa faiblesse corporelle et de ses grandes infirmités.

Cette belle vertu d'obéissance était si bien enracinée en elle, que la mère abbesse prenait plaisir à lui commander, uniquement pour la voir tout quitter à l'instant, avant même que « la parole (de la supérieure) fût ouie. »

Sa pureté angélique, son détachement des choses d'ici-bas n'étaient pas moins grands que son amour de la règle et de l'obéissance.

Etant encore dans le monde, dit Catherine de Saulx, Louise aimait tant la pauvreté que rien ne lui paraissait assez pauvre pour elle. Elle n'achetait rien de neuf qu'à contre-cœur, « et choisissait le pire en tout. » En religion, son bonheur était de porter les couvre-chefs les plus usés ou de toile la plus grossière, des habits bien rapiécés ; elle aimait à porter le linge mis au rebut et sollicitait cela comme une faveur.

Comment dire son esprit de pénitence et de mortification, de frugalité et d'abstinence ? Nous avons vu son goût prématuré pour la discipline ; des écrivains disent qu'elle portait le cilice dès sa jeunesse, étant encore à la cour du duc, son père. Dans le cloître, il fallut, par égard pour sa complexion maladive, modérer ses désirs de mortification. Née avec un tempérament extrêmement délicat, elle prenait les aliments les plus grossiers, alléguant pour prétexte qu'ils convenaient mieux à sa santé ; elle passait à d'autres ce qu'elle envisageait pour elle comme des délicatesses. Pour se mortifier sans bruit, elle portait sur elle une fiole d'odeur nauséabonde et la flairait souvent, en disant « que c'était l'ordre du médecin du ciel à qui elle voulait obéir (1). » Il lui fallait si peu pour vivre, dit Catherine de Saulx, « qu'une autre n'eût pu vivre ainsi sans tantôt trépasser. » Ce qui fit dire que sa vie fut comme un continuel miracle.

Parlerons-nous de sa profonde humilité et du mépris qu'elle avait d'elle-même? Nous en avons déjà cité des preuves nombreuses; qu'on nous permette d'ajouter quelques nouveaux traits qui se rapportent à la vie du cloître, et qui montrent que cette vertu était bien chez elle, comme chez tous les Saints, la base de tout l'édifice de sa perfection et de sa sainteté.

Les plus vils services de la maison étaient ceux qu'elle recherchait; ils faisaient « sa souveraine joie et consolation, » dit Catherine de Saulx. Elle était heureuse quand elle pouvait s'aider à la cuisine, laver et nettoyer les légumes. Pour lui faire plaisir, la mère Abbesse lui permit de s'aider tous les vendredis à laver la vaisselle.

Son désir de remplir les bas offices dépassait toujours ses forces, et quand on lui en faisait l'observation : « Je sais bien, disait-elle, mais j'ai la ferme espérance que si vous me commandiez, par le mérite de la sainte obédience, Dieu m'en donnerait la force (2). »

Le jeudi-saint, dans la représentation que l'on faisait au couvent de la sainte Cène, elle lavait les pieds des sœurs et, se mettant devant chacune d'elles à deux genoux, les leur baisait « en merveilleuse humilité et dévotion. » Elle s'humiliait sou-

---

1. *Vertus et dons merveilleux*
2. Cath. de Saulx.

vent jusqu'à baiser terre, ce qu'elle faisait d'une manière « moult dévote et bien à loisir. »

Ce qui témoigne surtout de son esprit de parfaite humilité, c'est la manière dont elle accueillait les observations et les critiques mêmes dont elle était l'objet. « Son plus délicieux contentement était dans les mépris et moqueries que le monde faisait d'elle. Elle s'en réjouissait, priait et tâchait de faire du bien à ceux qui lui procuraient des souffrances et des humiliations, et les recevait avec des marques merveilleuses d'amour et de bienveillance (1). »

Un jour qu'elle était occupée à balayer, une religieuse lui dit en passant, d'un ton assez brusque : « Vous faites terriblement de poussière, sœur Loyse ? » Elle sourit, en disant qu'elle tâcherait de mieux faire.

Depuis son entrée au couvent, il lui fut rapporté par des amis que quelques-uns de ses serviteurs plaisantaient sur la vie austère qu'elle menait et qu'elle leur avait fait mener, disant « que de son temps bon temps était allé dormir, et qu'ils allaient l'éveiller après un si long sommeil. » Ceux qui lui rapportaient ces propos en étaient indignés. Louise ne fit qu'en rire. « Laissez-les faire, disait-elle, car s'ils ont trouvé bon temps, je ne m'en prive pas de mon côté et l'ai encore meilleur qu'eux... Tout le mal, ajoutait-elle, c'est que je ne suis pas bonne, bien que je sois en lieu pour le devenir. Priez Dieu qu'il m'en fasse la grâce (2). »

Pour l'éprouver et pour s'édifier de ses réponses,

---

1. *Vertus et dons merveilleux.*
2. Cath. de Saulx.

ses compagnes faisaient parfois semblant de la blâmer. « Beau sire Dieu, lui disait-on, vous êtes mal dévote, sœur Loyse ! Si vous étiez bien dévote et bien attentive en vos oraisons, vous ne sauriez ni ce que l'on fait ni ce que l'on dit, tandis qu'on ne peut vous faire le moindre signe que vous ne soyez venue. » — « Vous voyez ce que c'est, répondait-elle, je vous promets que je ne sais pas ce que c'est que la dévotion. J'ai moult grand désir de devenir quelque peu dévote ; car je crois que celles qui le sont, sont bien aises et ont bon temps. »

Elle avait toujours si grande frayeur d'offenser Dieu en paroles ou autrement, qu'elle avait chargé une sœur d'être son moniteur et de l'avertir, si jamais il lui échappait « parole mal plaisante et non idoine. » Celle-ci, toujours pour l'éprouver, lui disait quelquefois : « Ma sœur Loyse, si vous étiez bien bonne, vous ne diriez oncques rien qui ne fût à la louange de Dieu et en grand profit. Mais savez-vous combien vous défaillez en cela ? » — « Las ! non, je ne saurais le dire. » — Et pour ce, disait le moniteur, je vous en advise, amendez-vous. » Elle recevait l'avertissement avec joie, « et l'en remerciait, les mains jointes et de bon cœur. »

Elle avait une adresse singulière à faire passer ses vertus pour des imperfections et à dissimuler les grâces et dons extraordinaires dont elle était favorisée.

Désirant « moult être inconnue de tous (1), » elle ne pouvait souffrir que « les sœurs de Madame sainte

---

1. *Vertus et dons merveilleux.*

Claire parlassent de ce qu'elle avait fait pour leur maison et de ses fondations ; » elle ne voulait pas non plus qu'on fît aucune remarque sur les faveurs signalées qu'elle recevait du ciel, « se tenant comme petit enfantelet en douce simplicité devant Dieu sans point s'élever. »

CHAPITRE XXVIII

SUITE DU CHAPITRE PRÉCÉDENT. — VERTUS. — P. PERRIN AUMONIER DU COUVENT D'ORBE.

> « Un jour passé dans les tabernacles du Seigneur vaut mieux que mille passés sous la tente des pécheurs. »
> (*Psal.* LXXIII, 10.)

Le lien de toute société et surtout de toute communauté religieuse, c'est la charité. Et où chercher cette vertu, si ce n'est dans le cloître, parmi les âmes vouées à la perfection et dans le cœur des saints?

Aussi Louise était-elle un parfait modèle de charité envers ses sœurs.

Quand il y avait des malades, elle les visitait et aimait à les servir. Ses insistances à cet égard étaient si pressantes, que pour lui faire plaisir, les malades lui disaient quelquefois : « Sœur Loyse, donnez-nous telle chose. » Elle était alors si contente que « sa douce face lui riait de grande consolation qu'elle avait de pouvoir rendre quelques petits services. Si malades qu'elles fussent, les sœurs étaient toutes récréées de la voir ainsi, et il leur semblait qu'elle leur fit grand allègement, tant de sa digne présence comme de ses saintes paroles (1). »

Il y avait une pauvre sœur, entre autres, affligée

1. Cath. de Saulx.

de grandes infirmités et de plaies aux jambes. Louise venait souvent la visiter, se faisait montrer ses plaies, et se mettant à genoux devant son lit, lui demandait la permission de les panser. La pauvre sœur était toute confuse et feignait quelquefois la courroucée et l'importunée, pour écarter ses excessives attentions. « Allez-vous-en de céans, lui disait-elle, je n'ai que faire de vos services. » Connaissant le motif du refus, Louise se mettait à rire, et ne laissait pas de s'en plaindre à elle et aux autres.

Notre-Seigneur a dit en parlant à ses apôtres : « Celui qui vous reçoit me reçoit » et « celui qui reçoit le prophète comme tel aura la récompense du prophète (1). » Se rappelant cette maxime et, fidèle à son respect pour le sacerdoce, Louise était heureuse quand le couvent d'Orbe avait eu l'honneur d'accorder l'hospitalité aux prêtres et religieux qui se trouvaient en voyage ou en passage. Elle voulait qu'on n'épargnât rien pour bien les recevoir, disant qu'elle jeûnerait volontiers de sa bouche pour leur donner.

Lorsque le chapitre provincial des Franciscains se tint à Lausanne, il vint un grand nombre de Pères et de Frères qui logèrent dans les bâtiments du couvent. Louise fut empressée de les servir, s'aidant elle-même à la cuisine. « C'est un grand bonheur, disait-elle, que Dieu nous fait, quand il nous envoie de ces bons Pères et Frères, des fils de notre benoît Père Monseigneur saint François, et nous ne saurions trop faire pour les bien accueillir (2). »

---

1. Saint Mathieu, x, 41.
2. Cath. de Saulx.

Autant Louise aimait ses sœurs en religion qu'elle appelait « ses anges, » autant elle en était aimée et recherchée. Quand les sœurs la savaient quelque part en récréation, occupée de quelque travail — « car oncques n'eut perdu un moment de temps, » elles allaient se ranger à côté d'elle et travailler en sa compagnie, filant ou faisant quelque autre chose, pour le plaisir surtout « d'ouïr ses saintes paroles qui étaient toujours de Dieu. » Elle rappelait les sermons qu'elle avait entendus en France et ailleurs, dès son enfance, comme s'ils eussent été faits à l'heure même, ou comme si elle les eût lus et « si ferventement » qu'on voyait tout le plaisir et tout le bonheur qu'elle éprouvait à parler de Notre-Seigneur.

Les sœurs profitaient de l'occasion pour la consulter, pour apprendre ce qu'elles désiraient savoir, et elle pour leur demander ce qui pouvait leur être agréable. Elle montrait tout, répondait à chacune, comme si elle eût été son enfant, « aussi bien que docteur pourrait faire, » et avec cette grâce affectueuse qui lui était propre. « Nul ne pouvait lui parler de quelque état que ce fût, sans être merveilleusement consolé de l'ouïr et de la voir. »

Il y avait entre elle et la mère abbesse une amitié telle, une telle intimité qu'on eût dit qu'elles ne faisaient qu'un cœur et qu'une âme en Dieu. Elles ne pouvaient se passer l'une de l'autre ; étaient-elles une heure ou deux sans se voir, c'est comme si elles ne se fussent vues d'une année, « de la fête qu'elles se faisaient. »

A part cette exception bien permise et bien naturelle vis-à-vis de sa première supérieure, Louise n'avait de préférence et de prédilection pour aucune de ses sœurs, traitant la plus humble comme la plus grande. Aussi, « chacune avait en elle son refuge, » comme dans une mère commune.

Si quelque trouble venait à éclater entre les sœurs, son principal soin était de rétablir la paix et l'union et de faire disparaître ces petits nuages qui naissent inévitablement du contact et de la diversité des caractères, même dans les communautés les plus ferventes.

Louise n'était pas seulement une sainte femme et une admirable religieuse dans le cloître : elle était, au besoin et selon l'occasion, apôtre et prédicateur, non plus pour ses sœurs groupées autour d'elle et avides de l'entendre, mais pour les gentilshommes et les mondains qui venaient la voir. Elle ne descendait jamais au parloir, que par nécessité et malgré elle, « mais elle savait laisser sa consolation pour celle des autres. »

A ceux qui venaient lui dire que, avec tout ce qu'elle avait laissé dans le monde, elle eût pu faire grand bien, beaucoup d'aumônes, et gagner le paradis tout aussi bien qu'au couvent, elle faisait cette magnifique réponse : « Je n'ai laissé que ce que je n'ai jamais aimé et ce qui m'était à charge, et je vous dis que quand je serais Dame de tout le monde, que j'aurais dans le siècle tous les biens et avantages qu'on saurait souhaiter, et puis que je fusse incontinent en Paradis au sortir de cette vie, je ne voudrais ni ne pourrais me désirer ailleurs que là où je suis (1).

1. Cath. de Saulx.

D'autres mieux avisés lui disaient : « Madame, nous n'eussions jamais cru que vous eussiez pu vivre plus d'une année dans l'état où vous êtes. Et cependant vous avez meilleure mine que jamais. » Flattée de ce propos qui tournait à l'avantage de la vie religieuse, elle répondait : « Vous voyez bien comme il fait bon servir Dieu ! Cette vie est de beaucoup plus aisée que celle du monde. » — « Oui, bien pour vous, Madame, mais chacun n'est pas de cet avis. » — « Heureusement, ajoutait-elle, car si chacun avait éprouvé comme il fait bon d'être en religion, chacun y voudrait venir. Au monde il n'y a que peine et ennui ; ici il n'y a que plaisance. Ils sont bien heureux et bien redevables à Dieu ceux et celles à qui il fait cette grâce. Je n'eus jamais si grands désirs que d'obtenir cette grâce ; maintenant je ne saurais plus rien désirer que le Paradis. »

Elle leur disait encore « tant d'autres vertueuses paroles » qu'ils étaient « moult ébahis et s'en allaient bien édifiés et consolés, mais sans se presser », tant il faisait « bon l'entendre, » tant ils aimaient à jouir de sa présence et de ses entretiens.

Louise avait quitté le monde sans emporter aucun regret, sans jeter un seul regard en arrière. Catherine de Saulx pourtant nous assure qu'elle regretta une chose : c'est de se séparer de son digne et vertueux aumônier, le P. Perrin, qui avait été pendant plus de treize ans son fidèle conseiller et son confident intime. Si elle le laissa en entrant en religion, ce fut pour l'amour de Dieu et pour se soumettre en tout à la règle commune. Quoique absent, le P. Perrin ne laissa pas de consoler sa pénitente et de la diriger de ses conseils. La séparation du reste ne fut pas longue. L'aumônier ordinaire étant venu à décéder, fort regretté des religieuses pour sa grande vertu, le P. Jean Perrin fut élu à sa place. Il accepta l'office qui lui était proposé par égard et par attachement pour sa fille spirituelle.

Les deux directeurs, juges compétents en cette matière, étaient unanimes pour rendre hommage à l'éminente sainteté de la servante de Dieu. « Quand nous parlions d'elle, dit Catherine de Saulx, exprimant notre étonnement et notre admiration de voir une si grande abondance de grâces et de vertus, et tant de perfection en elle, notre dit révérend maître (P. Perrin) nous disait : « Et je dis que c'est encore plus grande chose d'elle que l'on ne croit. »

CHAPITRE XXIX

DON D'ORAISON, DE PROPHÉTIE ET DE MIRACLE. — LOUISE S'INTÉRESSE A LA CANONISATION DE LA BIENHEUREUSE COLETTE. — SES ÉCRITS.

> « Elle a été puissante en œuvres et en paroles. »
> *(Saint Luc,* XXIV, 19.)

Louise possédait à un haut degré le don d'oraison. C'était pour ainsi dire son exercice continuel, autant que ses occupations et les saints devoirs de son état le lui permettaient; le parloir même n'était pas capable de l'en distraire. Elle avouait à une de ses intimes qu'elle y puisait de grandes consolations et une extrême douceur. Puis se reprenant, elle ajoutait : « Mais je suis si mauvaise que cela ne dure guère. »

Le Dieu de l'Eucharistie était l'objet particulier de sa dévotion. Quand elle avait eu le bonheur de communier, elle demeurait comme ravie et toute absorbée dans la contemplation. Elle restait longtemps à la table sainte; puis elle se retirait dans un petit oratoire et s'y livrait tout entière à ses transports d'amour et de bonheur.

Avec le don d'oraison, elle avait celui des larmes. Etant encore Dame séculière, elle consacrait à l'oraison le temps qu'elle pouvait dérober aux affaires, et surtout les nuits (1). On l'entendait pleurer et se soumettre à des pénitences rigoureuses pour expier les péchés qui se commettaient de jour, se chargeant ainsi des fautes d'autrui. Voilà comment les Saints entendent la solidarité chrétienne ; et malheur au monde le jour où il n'y aurait plus de ces âmes pures et saintes pour faire contre-poids à ses folies et à ses crimes !

Les larmes que Louise versait étaient parfois si abondantes qu'elle semblait se morfondre, au dire de Catherine de Saulx, témoin oculaire, tellement que les sœurs en étaient toutes émues. Celles qui étaient à ses côtés se retiraient alors ou s'écartaient par respect, pour la laisser plus libre dans ses épanchements.

Nous avons dit que, après la sainte communion, elle avait l'habitude de se retirer dans un lieu secret, en forme d'oratoire, pour s'y donner tout entière à l'oraison, à la contemplation. Là elle se jetait aux pieds du crucifix et tombait dans des extases qui lui ôtaient l'usage des sens. Là, dans ces heures de saints ravissements, si on avait à communiquer avec elle, il fallait longtemps heurter à la porte avant d'être entendu, quelquefois même ouvrir de force pour la faire revenir à elle-même. On la trouvait alors tout enflammée de l'amour divin ; la joie qui brillait sur sa figure témoignait des délices intérieures dont son âme était remplie. On la fit voir maintes fois, dans cet état extatique, au confesseur et au médecin, lesquels demeuraient tout étonnés et se conten-

---

1. *Vertus et dons merveilleux.*

taient de dire qu'il n'y avait rien d'humain dans cette sainte femme, et qu'il fallait la laisser en paix jouir de Dieu et de ses communications célestes.

Ces dons extraordinaires étaient toujours accompagnés de la parfaite soumission et obéissance à ses supérieurs : caractère de la véritable vertu et de la véritable humilité. Si, dans le temps même qu'elle était ainsi plongée dans la contemplation divine et dans les délices surnaturelles, la voix de l'Abbesse l'appelait et lui disait : « Ma sœur Loyse, venez donc ici ! » elle reprenait aussitôt le sentiment et quittait Dieu pour revenir aux créatures.

On rapporte que, dans ses ravissements et dans ses extases, elle s'écriait quelquefois, comme saint Ephrem et saint François-Xavier : « Assez ! Seigneur, assez ! je n'en puis plus ! » *Non amplius, Domine*.

Au don de larmes et d'oraison, elle joignit le don des miracles et de prophétie.

« Cette benoîte Dame, dit Catherine de Saulx, était de si grande pureté qu'elle avait moult connaissances ; et quand aucun de ses bons amis spirituels, dans le monde ou en religion, devaient avoir quelque adversité, elle l'annonçait souvent, avant l'évènement, à ses intimes. » Celle qui parle ici était certainement du nombre.

Quant aux miracles, que le monde ne veut plus admettre depuis qu'il a perdu la foi en Dieu et au surnaturel ; quant aux miracles, disons-nous, pour ainsi dire journaliers dans la vie des Saints, nous en avons déjà rapporté et nous en citerons encore. Qu'on nous permette de relater ici un seul fait que nous lisons dans l'extrait du manuscrit intitulé : *Vertus et dons merveilleux de Madame Loyse de Savoie*.

Un jour que le vin se trouva manquer au couvent pour la sainte messe, la sacristaine embarrassée s'adressa à sœur Louise pour savoir ce qu'il y avait à faire dans cette détresse. « Retournez à la cave, lui dit l'enfant de la Providence, et puisez dans le tonneau. » — « Mais, sœur Loyse, il n'y en a plus ! » — « Allez toujours, lui dit son interlocutrice, pleine de confiance en Dieu. » — La sœur obéit et trouva, à sa grande admiration, le tonneau rempli.

Rien de plus zélé pour la gloire des saints que les saints eux-mêmes, oublieux de leur propre gloire et inconscients de leurs propres mérites.

En 1492, on procédait à Gand à l'exhumation des précieux restes de la Bienheureuse Colette, réformatrice de l'Ordre de Sainte-Claire. L'année suivante, plusieurs princes et princesses de l'Europe se firent gloire d'user de leur crédit et de leur influence pour solliciter la canonisation de l'humble religieuse de Corbie.

« Louise de Savoie, dit le P. Sellier (1), ne se contenta pas d'écrire à ce sujet : elle fit des démarches auprès de son cousin, Charles VIII, roi de France, pour l'engager à intervenir dans la cause. »

Louise fut très heureuse auprès du roi, dont elle possédait toute l'amitié. Ses pressantes missives furent confiées au R. P. Rollet et au P. Viltare, ce dernier provincial des couvents de Saint-François en Savoie.

Accompagnés des vœux et des prières des fidèles, ces deux religieux s'acheminèrent vers Rome en passant par le Milanais.

1. *Vie de sainte Colette.*

Charles écrivit de sa propre main au Souverain-Pontife. Il voulut même faire accompagner les religieux franciscains de deux députés qui devaient travailler à lever tous les obstacles et rester auprès du Pape comme témoins de tout l'intérêt que le roi et la France entière prenaient à la canonisation de la sainte réformatrice. Les quatre députés arrivèrent à Rome vers la mi-carème de l'annnée 1495, et, le lundi de la semaine de la Passion, le Pape ayant tenu un consistoire, ils purent remettre les dépêches dont ils étaient chargés.

Dans le moment même où les rois et les peuples témoignaient si hautement de leur confiance et de leur vénération pour la Bienheureuse Colette, les armées françaises occupaient le Milanais, puis le royaume de Naples. La guerre et les troubles religieux, survenus plus tard, firent malheureusement ajourner ce projet de canonisation.

Louise eut la douleur de mourir sans avoir vu ses vœux exaucés pour la glorification de sa sainte mère. La canonisation solennelle n'eut lieu que trois cents ans plus tard, sous le Pape Pie VII (juin 1807.)

Espérons que les âmes dévorées du même zèle qu'animait sœur Louise, et qui travaillent aujourd'hui à rendre le culte de sainte Colette, universel, prenant place dans les Missels, les Bréviaires et les calendriers du monde entier, ne mourront pas, eux, sans avoir vu leurs pieux et généreux efforts couronnés par le succès.

Nous avons contemplé jusqu'ici dans Louise l'humble Clarisse, la religieuse parfaite, l'apôtre même, la sainte en un mot : un don peut-être plus rare pour l'époque, dans une femme surtout, c'est celui d'écrivain. Si jamais Louise dut remplir dans la communauté d'autre mission que celle de l'éclairer et de l'édifier, elle mérita d'occuper l'emploi d'*écrivaine*.

Elle écrivit de sa main, au couvent d'Orbe, les méditations qu'elle faisait sur la vie et la passion de Notre-Seigneur, en récitant le saint Rosaire (1). Ces méditations étaient au nombre de cent cinquante. L'opuscule, aujourd'hui perdu, fut longtemps conservé par les religieuses d'Orbe réfugiées à Evian.

On attribue pareillement à Louise de Savoie un petit traité intitulé : « *Les véritables signes pour connaître quand un monastère commence à perdre l'esprit de religion, où quand il l'a déjà perdu.* »

Cet opuscule, dit M. Jeanneret, fut trouvé dans les débris des archives du couvent d'Orbe. Il était enfermé dans une liasse dont l'étiquette portait : *Loyse de Savoie* ; ce qui indiquerait que ces pages furent écrites par la Bienheureuse pour l'édification de ses sœurs, ou qu'elles furent composées sous sa dictée, d'après ses entretiens. L'abbé Rey, confesseur des Clarisses d'Evian, vers le milieu du xviiie siècle, écrit que Madame Louise de Savoie fut une tendre mère pour la communauté, qu'elle l'édifia par de sages et dévots entretiens, et qu'elle composa même un traité sur la tiédeur et le relâchement dans les monastères. Il y a donc tout lieu de croire que ce petit traité est bien sorti de la plume de notre Bienheureuse. L'exemplaire que nous avons trouvé n'est

---

1. Cath. de Saulx.

pas fort ancien ; le style en est changé, il fut copié sur un original perdu à la Révolution française.

Le fond de l'ouvrage dénote une grande expérience du sujet; la forme, une tournure d'esprit vive et originale. Ne pouvant reproduire ici ces intéressantes pages à cause de leur longueur, nous les renvoyons aux pièces justificatives (1). Nous ferons seulement remarquer la finale : « Priez pour le renouvellement du clergé. »

N'y a-t-il pas dans ces simples mots comme une révélation, comme un signe des temps ? Cela annonce la grande crise religieuse qui s'approche, comme les miasmes répandus dans l'air font présager l'orage. Louise, du reste, ne le verra pas, Dieu, dans sa bonté, voulant lui épargner cette suprême douleur.

Nous n'osons trancher la question, mais il n'y a pas de témérité à la soulever. Sœur Louise n'a-t-elle point été élevée en dignité, dans le couvent d'Orbe? Son éducation, les vues de son intelligence supérieure, sa grande facilité d'écrire, de parler, sa connaissance de la langue latine, sa prodigieuse mémoire, ses sages réponses dans les perplexités et difficultés de l'ordre temporel et spirituel, enfin ce titre de *Mère* qu'emploie souvent Catherine de Saulx dans une biographie bien courte (74 pages), ne semblent-ils pas nous autoriser à croire que l'*écrivaine* d'Orbe a joué un rôle plus distingué, celui de Mère des Novices ou Mère Vicaire ?

1. Pièces justificatives, n° IV.

CHAPITRE XXX

INFIRMITÉS, SOUFFRANCES DE LOUISE. — DERNIÈRE MALADIE.

> « La mort n'est pas à craindre quand on la connaît. »
> (Parole de Louise.)

La souffrance est l'apanage de la pauvre humanité, et la mort le triste salaire du péché. Les Saints ne sont exempts ni de l'une ni de l'autre; mais ils sanctifient les souffrances qui achèvent de purifier et de perfectionner leur vertu; et pour eux la mort, qui est la pierre d'achoppement de toutes les grandeurs et de tous les rêves humains, est le commencement de la vie et un véritable gain. *Mihi mori lucrum* (1).

Louise ne pouvait être la servante et la compagne de Jésus sans avoir part à sa croix et sans le suivre dans la voie douloureuse. Aussi eut-elle beaucoup à souffrir, non seulement du monde et de ses discours qu'elle méprisa toujours, mais de ce pauvre corps que l'apôtre des nations châtiait pour le réduire en servitude.

Louise fit de graves maladies ; et si elle paraissait au couvent mieux que dans le monde, au dire même des mondains, cela n'empêchait pas qu'elle n'y fût affligée de grandes infirmités. Elle éprouva de très

---

1. S. P. aux Phil., I, 21.

violentes douleurs de tête et de dents, au point d'en avoir le visage tout enflé, d'en perdre entièrement l'appétit, le sommeil et même la parole (1). Ses sœurs en religion en étaient souvent émues jusqu'aux larmes ; mais elle les rassurait en leur faisant signe, quand elle ne pouvait parler, que c'était peu de chose, qu'elle serait bientôt guérie (2).

Elle était surtout affligée du chagrin qu'en éprouvait son inséparable amie, la digne mère Abbesse. « Ma tendre mère, lui disait-elle, la peine que vous en ressentez me fait plus de mal que choses que j'ai. Ne vous inquiétez pas tant, ma chère mère ; je ne suis pas privilégiée plus que les autres qu'il ne me faille avoir du mal. Mais qu'est cela ? Ce n'est rien. »

« Son tendre cœur était si malade, et son petit estomac » — expressions de Catherine de Saulx — si délabré, qu'elle ne pouvait prendre aucune nourriture solide, ni la digérer, ni la retenir. La sainte Eucharistie était pour ainsi dire son seul aliment, sans lequel elle ne pouvait vivre. Les jours où elle ne communiait pas, par obéissance à son confesseur qui voulait l'éprouver, elle était si débile, que, sur la fin de sa vie, on fut obligé de lui permettre presque tous les jours la table sainte, pour la soutenir (3).

Elle souffrit de ces maux d'estomac pendant neuf ans, sans plainte et sans murmure. Elle déclara enfin à un confesseur extraordinaire ce qu'elle croyait être

---

1. Elle était atteinte d'une espèce de paralysie que les médecins appellent la crampe, qui lui engourdissait les membres. (L'Abbé Rey.)
2. Cath. de Saulx.
3. *Vertus et dons merveilleux*.

la cause de son mal. Celui-ci, qui était un très saint homme, en eut pitié et lui dit un jour qu'il allait dire la sainte messe pour demander à Dieu, si telle était sa volonté, qu'elle fût délivrée de cette infirmité, l'invitant à unir ses prières dans la même intention. Elle le fit, simplement par obéissance ; et de fait elle fut, l'espace d'un an, entièrement soulagée. Ce qu'elle ne manqua pas d'attribuer à la vertu de ce bon prêtre, quoiqu'elle y eût sans doute puissammet contribué ; mais c'était son industrie ordinaire d'attribuer aux autres les effets miraculeux que Dieu opérait par elle.

Quand ses crises étaient passées ou qu'elle avait un moment de répit, on la voyait aussitôt reprendre ses exercices et ses dévotions accoutumées avec plus de ferveur que jamais. Si sainte et si admirable qu'ait été constamment sa vie, on remarqua que la dernière année elle fut plus merveilleuse encore. « Elle se changeait de jour en jour, sa vie était celle d'un ange plutôt que d'une créature humaine (1). »

Cette ferveur toujours croissante, qu'était elle, sinon le pressentiment, disons-mieux, la certitude de sa fin prochaine, ou plutôt de l'approche du terme de ses désirs ?

Le manuscrit de 1599, auquel nous avons fait plus d'un emprunt, rapporte en propres termes que « peu de temps avant son trépassement, Notre-Seigneur Jésus-Christ lui apparut crucifié ; et alors toute transportée de l'ardent amour qui la consumait, elle s'écria comme saint Paul : « Seigneur, que vous plait-il que je fasse ? Voulez-vous que je sois attachée avec vous

1. Cath. de Saulx.

à cette croix? — Non, lui répondit ce débonnaire Sauveur, il faut mourir et venir au ciel avec moi. »

D'autres disent qu'elle eut une vision de la sainte Vierge, et que celle-ci lui annonça l'heure prochaine de sa délivrance.

Quoi qu'il en soit, Louise, pour parler le langage de Catherine de Saulx, « prit le mal de mort » le 20 juillet (1503). C'était un jeudi, fête de sainte Marguerite, vers midi. Elle se plaignit d'abord d'un mal de reins et surtout de cœur ; et, selon son habitude de taire ou de dissimuler ses souffrances, elle ajouta: « Je n'ai pas grand mal; ce n'est que faiblesse, mais j'ai le cœur si faible que je n'en peux plus. »

Si le cœur et la chair étaient faibles et défaillants, l'âme était « toute ravie en Dieu. » Elle parlait aux sœurs, du Paradis, des fruits de la vertu et du bonheur de la vie religieuse. « Nous sommes, mes sœurs, disait-elle, bien redevables à Dieu qui nous a appelées à un si saint état. Il me semble que jamais nous n'en pouvions choisir de meilleur ni de plus sûr. »

Elle prédit dès lors qu'elle mourrait de cette maladie. A cette annonce, les sœurs qui étaient présentes furent percées de douleur, en songeant qu'elles dussent perdre « celle qui était la joie et la consolation de leurs âmes et de leurs cœurs. » — « Ma sœur Louise, je vous prie de ne plus parler de cela, » dit la mère Vicaire. Reconnaissant la voix de la supérieure, elle se tut, obéissante, à l'exemple du divin modèle, jusqu'à la mort.

Elle recommandait en termes touchants l'union, la charité fraternelle, et se recommandait elle-même aux prières de la communauté. « Je vous conjure, mes chères mères et sœurs, priez bien pour moi... Je ne fis oncques bien, vous le savez, vous qui avez vu la vie que j'ai menée. » Puis, levant les yeux vers le crucifix qui était là, elle s'écria : « Tu sais, mon Dieu, que je n'ai d'espérance qu'en toi seul. »

Sentant sa fin approcher, elle disait à ses compagnes : « Je vous prie, mes chères mères et sœurs, s'il advient que je perde connaissance, ne cessez point par vos prières de me tenir présente devant Dieu. »

Les sœurs éplorées lui dirent : « Priez Notre-Seigneur, sœur Loyse, qu'il vous veuille encore laisser et prêter à nous bien longuement. » — Sur quoi elle répondit avec bonté : « J'ai toujours pris si grand plaisir de vivre en la compagnie de vous toutes, que s'il plaît à Dieu de m'y laisser, je suis contente d'y demeurer encore bien longuement; et, s'il lui plaît de m'enlever d'ici-bas, pareillement je suis contente; que sa sainte volonté soit faite ! »

Ne croirait-on pas, à plus de mille ans de distance, assister à la mort de l'illustre patriarche des Gaules, saint Martin de Tours ?

CHAPITRE XXXI.

DERNIERS MOMENTS DE LOUISE. — SA SAINTE MORT.

> « Mon désir est de voir la prison de mon âme tomber en poussière, pour être réuni à mon Dieu. »
> *(Saint Paul aux Philipp.*, I, 2, 3.)

Le jour de sa mort, dès le matin, Louise se fit conduire à l'église, se confessa et communia en viatique, à genoux, derrière la grille, « en grande révérence et dévotion. » Puis, « elle nous dit, c'est Catherine de Saulx qui parle : « Je suis, mes sœurs, maintenant bien souffrante et serai ainsi jusque bien tard dans la soirée : alors je serai soulagée et dans la joie. Par où nous avons reconnu qu'elle avait eu connaissance du moment de sa mort, et que par ce grand soulagement et cette joie elle entendait le ciel. » C'est, en effet, à cette heure même qu'elle rendit sa belle âme à Dieu.

Pendant cette journée qui fut la dernière de sa vie, plusieurs sœurs s'enhardirent jusqu'à se recommander à ses prières. « Si j'ai, leur répondit-elle doucement, quelque puissance devant Dieu, soyez assurées que je ne vous oublierai pas, ni toute la communauté. Car je vous ai toutes aimées autant qu'une mère pourrait aimer ses propres enfants. »

En voyant la grande affliction des sœurs, elle les consolait « tant bénignement que c'était chose merveilleuse. » Elle avait surtout compassion de la mère Abbesse ; en son absence, elle la recommandait aux sœurs (1) ; devant elle, Louise ne parlait que de choses joyeuses. « Prenez courage, ma mère et vous toutes mes bonnes mères et sœurs, il n'arrivera que ce qu'il plait à Dieu. »

Quand la mère abbesse n'était pas présente, la douleur la forçant souvent de s'éloigner toute éplorée, alors la malade parlait clairement de son départ de ce monde. « Il faut, disait-elle, nous y résigner, car il convient que la séparation se fasse. Je m'en vais sans aucun regret de quoi que ce soit. Ne vous affligez pas, car nous nous reverrons toutes dans la joie. »

Apercevant près d'elle sa belle-sœur bien-aimée, Philippine de Châlon, laquelle était fort désolée, elle la regarda doucement et lui prenant la main : « Il faut, lui dit-elle, ma sœur Philippine, que vous ayez patience et que vous vous résigniez à ce que Dieu veut faire de vous et de moi. » Philippine ne put articuler un seul mot, tant elle était émue. Louise avait toujours eu en singulière estime et affection cette sœur à double titre, en religion et par alliance. Elle disait d'elle aux autres sœurs que s'il y avait au monde une véritable religieuse, sœur Philippine en était une (2).

1. « Elle disait, ajoute ici Catherine de Saulx, plusieurs choses à sa recommandation. Pourquoi la dite mère Abbesse, qui devant Notre-Seigneur ne se répute pas telle, ne veut les dites choses être ici mises. »

2. Ce mot sera répété par sainte Thérèse de saint Jean de la Croix.

Philippine a mené une vie aussi sainte, régulière qu'exemplaire, et a fait après sa mort plusieurs miracles. Le récit de sa vie et de ses miracles, mis par écrit (et attribué à Catherine de Saulx), a été perdu à l'époque de la Révolution française. (Rey, *manuscrit*.)

Elle vit aussi les deux bonnes filles qu'elle avait amenées avec elle au couvent, à genoux devant son lit et tout éplorées. Elle les consola, de son mieux, les exhorta à la persévérance, à la ferveur dans leur saint état. Elle recommanda à sœur Catherine, qui était *dépensière* (économe du couvent), d'avoir bien soin des sœurs, de remplir joyeusement son office, lui montrant tout le mérite qu'elle en pouvait acquérir. Puis, adressant la parole à son autre fille, sœur Charlotte de Saint-Maurice, encore toute débile par suite de maladie, elle l'exhorta à la patience, et lui prenant affectueusement la main : « Ne vous inquiétez pas, mon enfant, lui dit-elle, car Notre-Seigneur vous comblera de biens et de consolations. »

Le soir venu, elle fit en latin sa profession de foi, si belle, d'une manière si distincte et avec tant de dévotion « qu'il semblait que Dieu fût là présent tout visiblement. » Puis elle ajouta : « Ma mère et vous toutes, mes bonnes mères et sœurs, je vous prends à témoin que je veux mourir dans cette sainte foi catholique. »

Cela fait, elle voulut se dépouiller de tout ce qui était sur elle, de son dé à coudre, d'une petite boîte renfermant un peu d'épices pour se mettre à la bouche selon le besoin, et dit à la mère Abbesse : « Tenez, ma mère, voici que je vous rends tout, car je veux mourir dans la sainte pauvreté. » Elle voulut encore ôter le chapelet qu'elle portait à la ceinture : « Laissez-le, ma fille, lui dit la mère Abbesse, je vous le prête. » Ce qu'elle fit surtout en considération des reliques que renfermait une croix attachée au chapelet. Sur cette parole de la mère Abbesse, Louise se tranquillisa.

Elle avait surtout recommandé aux sœurs d'avoir soin qu'on lui administrât l'Extrême-Onction et les derniers secours de la religion. Pour la préparer à cette réception, les sœurs voulaient la mettre au lit. « Si vous vouliez me porter à l'église, dit-elle, vous me feriez bien plus grand plaisir; sinon, laissez-moi aller seule, j'en aurai bien la force; car c'est là tout mon confort. »

Sur les représentations qu'on lui fit, que son état ne le permettait pas, elle se soumit sans difficulté. Arrivée près du lit, elle s'agenouilla, joignit ses belles mains, leva les yeux sur une image de la mère de Dieu, fit trois fois le signe de la croix, et se mit au lit.

Comme c'était l'heure de vêpres, le souvenir de la sainte Cène lui vint tout à coup à l'esprit, et ravie de cette pensée : « Il nous faut, mes sœurs, dit-elle, faire notre cène. » C'était ainsi que l'Homme-Dieu s'était séparé de ses apôtres. Et c'est ainsi que le grand patriarche de l'Ordre séraphique avait pris congé de ses frères et de ses disciples (1).

Bien que frappée de cette idée ou de cette inspiration, se rappelant qu'elle était un enfant d'obéissance, et s'adressant à la mère Abbesse : « Vous plaît-il, ma mère, dit-elle, que nous fassions notre cène ensemble ? » Sur sa réponse affirmative, elle prend

---

1. A cette époque et dans le cours du moyen-âge, c'était l'usage de représenter les fêtes et les mystères de la religion. On conserve encore quelques-unes de ces représentations dramatiques. Dans la *Chronique des chanoines de Neufchâtel*, se trouvent les rôles remplis par eux le jour de l'Epiphanie. Trois chanoines représentaient les Rois-Mages, d'autres représentaient Hérode, le prince des prêtres, les anges, les bergers, saint Joseph, etc.

son verre, le bénit, après qu'on y eut mis un peu de vin, et dit : « Voici l'heure à laquelle Notre-Seigneur fit sa sainte Cène avec ses saints Apôtres, et que, en signe d'amour et de charité, il se donna à eux, en leur disant : « Prenez et buvez le vin de la vraie vigne. » — En souvenir de ce grand amour, je vous prie, mes sœurs, buvons ce vin de la vraie vigne. Puis elle but en disant : « Voici ma dernière boisson, » et répétant toutes les paroles de la sainte Cène. Elle donna ensuite le verre à la mère Abbesse et aux sœurs, disant : « Buvez toutes de ce fruit de la vraie vigne. » Et en faisant cela, ajoute Catherine de Saulx, « elle était toute ravie en Dieu, » et comme transfigurée, « tant elle était belle et agréable à voir. »

Cette pieuse représentation achevée, Louise se reprenant ajouta : « Pardonnez-moi, mes sœurs, il ne m'appartient pas de faire ceci ; mais il m'est ainsi venu à l'esprit sans que j'y aie songé et d'une manière toute spontanée. » Puis elle dit : « Adieu, mes sœurs bien-aimées ! Je m'en vais en Paradis. Il y fait si beau ! Il n'y a là, mal, peine, douleur ni tristesse, mais toutes joies, délices, félicités et gloire éternelles (1). »

Elle parlait d'une voix si forte, si haute, et prononçait aussi distinctement que jamais. Elle avait toute la force de son corps et l'usage de tous ses membres. Elle leva les bras, fit un élan vigoureux, en disant : « En haut ! en haut ! en Paradis ! en Paradis ! » Puis elle fut comme trépassée (transie). Les sœurs la cru-

---

1. Cath. de Saulx.

rent morte. Les pleurs et les sanglots éclatèrent dans tout le cloître.

Malgré ses recommandations expresses, celle qu'on croyait morte n'avait point reçu le sacrement des mourants (*le saint oéle*). Une sœur dit à la mère Abbesse de lui commander, au nom de l'obéissance religieuse, d'attendre que le prêtre vînt lui administrer l'Extrême-Onction.

Ici comme dans tout ce qui précède, nous ne faisons que suivre mot pour mot le récit de Catherine de Saulx.

Incontinent après que la mère Abbesse lui eut intimé l'ordre d'attendre l'arrivée de l'aumônier, elle revint à elle et dit tristement : « Dieu vous le pardonne! mes sœurs, vous me faites grande peine : j'étais déjà bien haut, et vous m'avez fait revenir bien bas, par vos prières si importunes devant Dieu. Je ne vous en sais gré. J'attends trop : ceci m'ennuie ; je ne voudrais plus demeurer. » Les sœurs lui dirent : « Sœur Loyse, il faut attendre que le révérend Maître (aumônier) vous donne l'Extrême-Onction, et fasse la recommandation de l'âme. »

Son désir d'aller à Dieu était si grand qu'elle ne pouvait se résigner à attendre. Il fallut que la mère Abbesse, faisant effort sur elle pour parler, lui dît une seconde fois : « Ma fille, attendez le révérend Maître. » Sur ce, en vertu de la sainte obédience, « elle se soumit débonnairement. »

Le prêtre ne tarda pas à venir, accompagné d'un clerc. Il donna à la mourante le dernier sacrement et fit la recommandation de l'âme. On lui lut ensuite la passion de Notre-Seigneur, selon saint Jean et selon saint Mathieu, et la messe du Saint-Sacrement.

Elle continua à parler d'une manière parfaitement distincte et à s'entretenir des choses du ciel. Ses dernières paroles furent celles-ci : *Maria, mater gratiæ, mater misericordiæ*, et quand elle vint à ces mots : *et hora mortis suscipe* (1), la voix lui manqua, et elle expira « joyeusement et moult doucement. »

C'était le quatrième jour de sa maladie, le lundi 24 juillet, veille de saint Jacques, apôtre, vers neuf heures du soir. Elle avait vécu, selon Catherine de Saulx, quarante-un ans cinq mois moins dix jours, après avoir passé onze années en religion, sous l'humble habit de sainte Claire.

« Dieu, ajoute ici sa biographe, Dieu qui prend ses délices à être avec les enfants des hommes, qui aime ceux dont il est aimé, voyant et sachant clairement combien il était aimé de cette digne âme, par force d'amour, estimons qu'il a été contraint de ne la plus laisser en cette mortelle vie pleine de misères, mais, comme une créature toute céleste, la voulut tirer en sa gloire, pour la faire jouir de sa divine et éternelle vision. »

1. « Marie, Mère de grâce et de miséricorde..., recevez-nous l'heure de la mort. »

CHAPITRE XXXII

OBSÈQUES DE LOUISE. — FAITS MERVEILLEUX ; FAVEURS DUES A SON INTERCESSION. — SON PANÉGYRIQUE.

> « Les hautes vertus sont comme les baumes pénétrants qui laissent leur parfum dans les vases qui les ont contenus. »

Dans la mort merveilleuse à laquelle nous venons d'assister, tout révèle la sainteté, tout respire le ciel: c'est la mort du juste. La gloire des Saints était empreinte sur l'angélique figure de la Bienheureuse défunte. « Jamais, dit Catherine de Saulx, elle ne fut si belle ni si agréable à voir qu'en tirant à la mort. Les frères mêmes dirent que jamais ils n'avaient vu si belle créature à l'heure de la mort. »

On comprend le deuil et la douleur des pauvres religieuses, devenues « orphelines, » après avoir perdu leur mère, « celle qui était leur précieux trésor et la joie de leurs esprits. » Catherine de Saulx ne trouve rien de mieux que d'emprunter ici la voix du prophète Jérémie, pleurant sur la fille de Sion, parce qu'elle a perdu toute sa beauté et toute sa splendeur.

La journée qui suivit cette mort inattendue fut pleine d'une amère tristesse, observe encore Catherine de Saulx, qu'on n'en vit jamais au couvent d'Orbe. Cette douleur était d'autant plus grande qu'elle était, comme nous venons de le dire, plus inattendue. Malgré ses grandes infirmités et ses souffrances habituelles, jamais, depuis longtemps, Louise ne s'était mieux portée en apparence que pendant le dernier été qu'elle vécut ; si bien que « les sœurs en étaient moult consolées. » Hélas ! cette consolation devait être de courte durée et se changer en bien grande amertume.

De l'infirmerie, théâtre de ses dernières souffrances et de ces derniers combats, le corps de la Bienheureuse Louise fut transporté à l'église, revêtu de cet habit de bure qu'elle avait préféré à l'or et à la soie.

Comme pour sainte Colette et d'autres religieuses mortes en odeur de sainteté, on avait élevé, au milieu de la nef, un modeste catafalque, disposé de manière que les fidèles pussent contenter leur piété et leur vénération, en contemplant ces traits embellis en quelque sorte par la mort, et ce corps précieux, temple naguère vivant du Saint-Esprit et de tous ses dons célestes.

Cependant le bruit de la mort de Louise s'était répandu au loin, avec la rapidité de l'éclair. Chacun se sentait attiré vers elle : tant il est vrai que la sainteté est un aimant, et qu'il n'est pas, même sur la terre, de gloire comparable à celle-là. Ainsi se vérifie cette parole d'un grand docteur de l'Eglise (1), qui a dit, en parlant des Saints, que la gloire les suit comme l'ombre suit le voyageur, et que ceux qui ont

---

1. Saint Jérôme.

fait profession de la mépriser ici-bas, l'ont obtenue par surcroît.

Les funérailles de Louise se firent au milieu d'un immense concours de prêtres, de fidèles, de grands et de peuple. On lui fit, dans le cimetière du couvent, une sépulture honorable, à laquelle il est à présumer que la famille de Savoie ne resta point étrangère. Cette modeste tombe sera encore une sorte de chaire d'où Louise prêchera, *defuntus adhuc loquitur*, et un de ces lieux bénis par les grâces qu'on y vient chercher et les faveurs qui s'y répandent.

Nous avons dit en tête de ce chapitre, empruntant une pensée qui n'est pas de nous, que, « les hautes vertus sont comme les baumes pénétrants qui laissent leur parfum dans les vases qui les ont contenus. » Cette parole se vérifia à la lettre dans la circonstance.

Ici nous ne ferons que relater ce que rapporte Catherine de Saulx. Après la mort de Louise et le jour de son enterrement, les sœurs, en visitant les lieux qu'elle avait coutume de fréquenter de son vivant, y sentirent « une merveilleuse odeur, comme s'ils fussent pleins de violettes odorantes, bien que certainement on n'y eût rien mis alors ni avant. » Il en fut de même des draps, couvre-chef et autres objets qui avaient servi à son usage, après qu'on les eut lavés.

Ce n'est pas tout. Le vertueux P. Perrin, devenu aumônier du couvent, souffrait, depuis quatre ans, d'un mal qui lui avait ôté tout appétit et l'avait mis dans un pitoyable état. Louise, encore vivante et très attachée, comme on sait, à ce digne prêtre, compatissait vivement à ses souffrances et en parlait souvent à la communauté avec grande commisération. Après son décès, les sœurs eurent l'heureuse idée d'invoquer une protection devenue plus puissante et plus efficace, en faisant une neuvaine sur sa tombe. La neuvaine à peine achevée, voilà que le malade recouvre entièrement son appétit et ses forces, comme il peut en témoigner lui-même, ajoute Catherine de Saulx.

La mère Abbesse, pour qui nous avons vu la tendre affection de Louise, souffrait aussi, depuis nombre d'années, d'un tremblement de tête extraordinaire, provenant de la faiblesse des nerfs, au dire des premiers médecins qu'on avaient consultés et dont les remèdes avaient été impuissants. De son vivant, Louise, en voyant sa bonne mère en proie à ces terribles tremblements, en était émue jusqu'aux larmes. Après le décès de la Bienheureuse, Françoise d'Aubonne cessa d'éprouver son mal ; elle en fut entièrement guérie et délivrée pour toujours, ce qu'elle-même atteste, ainsi que toute la communauté qui en est témoin. Cette guérison complète et permanente, elle ne put que l'attribuer aux mérites et aux prières de sa sainte fille en Jésus-Christ. Il en est de même des sœurs, dit notre biographe, qui ne l'invoquent jamais dans leurs besoins et nécessités sans se sentir grandement soulagées et consolées par « l'intercession de cette digne et sainte Dame (1). »

Terminons ce chapitre par une belle page qui sert comme d'épilogue au récit de Catherine de Saulx (2).

---

1. Dans la *Vie de la Bienheureuse Louise de Savoie* que le couvent d'Evian possédait encore à la fin du siècle passé, on lit : « La Bienheureuse Louise faisait tous les jours de nouveaux miracles par le seul attouchement de ses os. La relation de ces miracles signée par la main des notaires a été égarée. »

2. Cette page, intitulée *Post-face*, semble révéler une autre plume ou avoir été retouchée. Elle porte pour épigraphe ce

« Dieu se sert des saints, mes bonnes mères et sœurs, pour en tirer plus de gloire, pour nous animer et fortifier dans son saint service, pour nous porter avec plus de sûreté à cette perfection et sainteté de vie qu'il demande de nous toutes dans le saint état où il nous a appelées et choisies pour ses épouses. Il nous a suscité et donné pour exemple et pour modèle la grande sainte Louise de Savoie, qui nous a précédées dans la sainte religion dans notre monastère de Sainte-Claire d'Orbe. La vie sainte, innocente, pénitente, austère, mortifiée et régulière, qu'elle a menée l'espace de onze ans et quelques mois, qu'elle a passés dans la sainte religion, comme nous venons de voir, et la vie sainte et exemplaire, quelle a menée dans sa plus tendre jeunesse jusqu'à sa mort, doit être pour nous toutes, tant ici présentes qu'à venir, un miroir fidèle et un modèle achevé, sur lequel nous devons régler toute notre conduite, comme l'ont fait nos bonnes et chères sœurs qui nous ont précédées.

« Nous devons faire tous nos efforts pour l'imiter dans toutes les vertus qu'elle nous a enseignées, dans les bonnes œuvres qu'elle a pratiquées, dans l'étroite observance de nos saintes règles, constitutions, ordonnances et coutumes de la sainte religion, dans l'amour de la croix, souffrances, mépris, humiliations : dans ses pénitences, austérités, mortifications ; dans sa régularité, sa fidélité au service de

---

texte de l'Ecriture : *Inspice et fac secundum exemplar quod tibi in monte monstratum est.* Exode, xxv, 40. — Regardez et suivez le modèle qui vous est montré en haut lieu. Elle se termine par ces mots : *Explicit laus Deo :* terminons en disant gloire à Dieu !

Dieu, dans sa pauvreté extrême, ce mépris et oubli d'elle-même, dans ses ferveurs, oraisons et prières, que nous venons de remarquer dans sa sainte vie.

« C'est là le dessein adorable de Dieu sur chacune de nous toutes ; et si nous y sommes fidèles, nous aurons le bonheur de nous mériter sa puissante protection et intercession auprès de Dieu et de Jésus crucifié, notre divin époux. Elle nous y ménagera les grâces, lumières, bénédictions qui nous sont nécessaires pour marcher avec fidélité sur les pas et les vestiges qu'elle nous a tracés dans cette vie mortelle, afin de régner un jour avec elle dans la gloire. »

CHAPITRE XXXIII

LES RESTES DE LA BIENHEUREUSE LOUISE TRANSFÉRÉS A NOZEROY.
LA RÉFORME A ORBE. — SES CONSÉQUENCES.

> « Ne pleurez plus, prenez courage.
> « Pensez-vous que ce soit peu
> « D'avoir pu, dans son court passage,
> « Saluer un ange de Dieu.
> « La cellule qu'elle abandonne,
> « Ornez-la des plus belles fleurs :
> « Car les élus pour sa couronne
> « Ont déjà préparé les leurs. »
> G. BOREL.

La bienheureuse Louise s'était détachée doucement de la terre comme un fruit mûr pour le ciel. Ainsi qu'elle le disait elle-même à ses sœurs réunies et éplorées autour de son lit de mort, il convenait que cette séparation se fît. Tout en récompensant ses vertus et en l'appelant de bonne heure à lui, Dieu voulait lui épargner le navrant spectacle des maux qui allaient fondre sur la chrétienté.

Quelques années encore ; et tout sera en feu en Allemagne, en Suisse, et jusque dans cette petite ville d'Orbe, naguère si tranquille, si étrangère aux dissensions religieuses.

Il n'entre pas dans notre plan et dans le cadre de cette histoire de raconter ici en détail toutes les épreuves, toutes les tribulations qu'eurent à essuyer les pauvres Clarisses d'Orbe, jusqu'au jour où, chassées par la réforme de leur pieux asile, elles durent se réfugier sur la terre étrangère et chercher ailleurs une patrie où il leur fût permis de servir Dieu selon leur sainte vocation.

La Bienheureuse Louise semblait les avoir prémunies d'avance contre les dangers d'un avenir très prochain par sa belle profession de foi et par l'exemple de sa vie tout entière. Aussi, disons-le à leur gloire, pas une ne fit défection, pas une ne viola ses serments, préférant toutes l'exil à l'apostasie, la faim même et les persécutions à la honte (1).

L'ombre ou plutôt la protection de Louise dut planer longtemps sur cette cité d'Orbe, qui fit une résistance si énergique à l'introduction de la Réforme. Si Fribourg, co-seigneur d'Orbe avec Berne, avait eu la puissance de cette dernière, si peut-être même il eût montré autant d'énergie que de bon vouloir, les habitants de cette ville eussent probablement conservé la foi catholique, la foi de leurs pères (2).

Quoiqu'il en soit, les Clarisses d'Orbe n'attendirent pas la fin ou le fort de la tempête religieuse pour prendre leurs précautions et sauver ce qu'elles avaient de

---

1. Il est icy à noter qu'il n'y eust aucun prestre, ni moine, ni aussi religieuses, ni converses, qui estoyent en la ditte ville d'Orbe qui voulut renoncer à sa religion, quelque party que les dits seigneurs de Berne leur présentassent. (*Mémoires de Pierrefleur*, grand banneret d'Orbe, p. 332.) — Ruchat. Hist. de la réf., t. II, p. 77.

2. Le souvenir des vertus modestes de ces deux princesses (Philippine de Châlon et Louise de Savoie) et la piété exemplaire des religieuses Clarisses qui, pour la plupart, appartenaient aux plus notables familles d'Orbe, contribuèrent sans doute à fortifier la résistance que la nouvelle doctrine, prêchée par les réformateurs, rencontra dans cette ville. (*Hist. de la ville d'Orbe*, par Gingins-la-Sarraz, p. 111.)

plus précieux et de plus cher : les saintes dépouilles de Louise de Savoie. Exhumées secrètement du cimetière du couvent, avec celles de Philippine de Châlon, et enfermées dans un coffre en bois de chêne, elles furent transférées à Nozeroy, par les soins de Philiberte de Luxembourg, et déposées dans la chapelle des Cordeliers de cette ville (1). — Dans ce transfert d'Orbe à Nozeroy, plusieurs prodiges, dit-on, s'opérèrent par la vertu des saintes reliques (2).

Nous ne suivrons pas les péripéties de ce pauvre couvent d'Orbe, illustré par tant de vertus, et finalement transformé, après le départ des religieuses, en taverne à l'enseigne du Saumon!... Le cri de l'orgie là où avaient retenti les chants sacrés! Le blasphème trop souvent substitué à la prière!... Voilà ce que les hommes savent faire dans les jours d'erreur et de vertige!

Exilées d'Orbe, les Clarisses se réfugièrent à Evian (1555), emportant dans leur fuite leurs archives, les documents qui nous servent en partie à composer cette histoire, les dons précieux faits par Louise de Savoie, et surtout le souvenir et l'héritage de ses vertus. Elles se regardèrent longtemps comme en exil sur les bords du Léman, semblables aux Hébreux sur les rives de l'Euphrate, les yeux in-

---

1. *Annuaire du Jura.* — *Vie des Saints* (1855). — Besson. — Duvernoy.
Allora donna Philippina di Lucemburgo... fa transferire il corpo della B. Ludovica di Savoya e quello della Beata Pilippina di Chalon di lei cognata, in Nozeret nella Borgogna, dove nel convento dei Francescani furono tenuti in venerazione e frequentamente adornati di tavolette votive finche i Conventi esistettero. Gioseffo Massa. *Torino*, t. II, p. 42 (1815).
2. Archives de Turin. — *Annuaire du Jura.*

cessamment tournés vers Orbe, dans l'attente d'une restauration prochaine. Déçues de cet espoir, elles se fixèrent définitivement dans la cité savoisienne, y fondèrent, avec le secours de généreux donateurs, un nouveau couvent de Sainte-Claire, s'y succédant pendant plusieurs générations, jusqu'à ce qu'une nouvelle tempête, non moins terrible que la première, la révolution française, vint chasser de leur nid ces chastes colombes du Seigneur, pour les disperser à tous les vents du ciel (1).

Deux objets en particulier, qui se rattachent à la mémoire de Louise, ont survécu au temps et aux révolutions : la statue vénérée, connue sous le nom de *Notre-Dame-de-Grâce*, don de la Bienheureuse Louise aux religieuses d'Orbe, et l'écuelle de bois qui servait à son usage dans la communauté.

Placée aujourd'hui dans la nef latérale de droite

---

1. Le nom de la dernière abbesse, Marie-Pacifique Joudon et la fermeté héroïque qu'elle déploya, lors de l'invasion du couvent par la populace ameutée, méritent d'être connus et de passer à la postérité.

C'était le 30 nivôse de l'an II de la République. Après avoir envahi l'église et commis d'horribles profanations, la tourbe révolutionnaire pénètre dans l'intérieur du cloître, faisant voler en éclats les portes et les grilles sous les coups de haches et de piques. L'abbesse, suivie des sœurs, paraît alors tout à coup à la porte du réfectoire, une croix à la main, et se présente devant ces forcenés en disant : « Je ne puis vous prier au nom de Dieu de vous retirer; mais au nom de vos mères et de vos sœurs, respectez la pudeur de mes filles et laissez-nous partir. Si vous voulez entrer, vous me passerez sur le corps. »

Ces impies reculèrent devant cette femme courageuse, armée du crucifix, comme les Sarrasins avaient autrefois reculé devant sainte Claire, tenant le Saint-Sacrement entre ses mains.

(*Relation authentique de ce qui se passa à Évian à la Révolution*, par un prêtre du diocèse de Genève, p. 18).

de l'église paroissiale d'Évian, près de l'autel de la sainte Vierge, cette statue fait l'objet d'un vrai pèlerinage, comme elle est la source de nombreuses faveurs du ciel.

Au sommet du cadre ou buffet qui renferme cette statue sont inscrits, en ligne circulaire, ces mots : *Maria, mater graciæ* (Marie, mère de la divine grâce), avec la date : « D'Orbe, 1493. »

L'écuelle de bois, à l'usage de la bienheureuse Louise, fut, après sa mort, conservée précieusement au couvent d'Orbe, puis à celui d'Évian. Déposée, à son lit de mort, par la dernière religieuse survivante du monastère d'Évian, sœur Duc, entre les mains de M. le curé de cette ville, l'abbé Périssou, cette précieuse relique fut solennellement reconnue (1850) par S. G. Monseigneur Rendu, évêque d'Annecy, et exposée dès lors à la vénération des fidèles dans l'église d'Évian.

Au fond du vase, en bois d'érable ou de noyer, est une plaque d'argent, avec le monogramme du Christ : J. H. S. Pour arrêter une fente qui s'y était produite, les religieuses d'Orbe y firent mettre un léger cercle d'argent, avec la date de la restauration (1539).

Outre ces deux reliques, on conserva longtemps au monastère d'Évian les beaux vases sacrés, les riches ornements d'église, offerts par Louise de Savoie au couvent d'Orbe (1). Mis successivement en sûreté à

---

1. Fodéré. *Description des couvents*. Levade.

Les feuilles publiques nous annonçaient naguère le rétablissement des Clarisses à Évian. Cette nouvelle ne pouvait passer indifférente pour les auteurs de la *Vie de la bienheureuse Louise de Savoie*, et c'est avec bonheur que, de concert avec tous les vrais catholiques, nous avons salué cette restauration.

Pendant deux ans elles durent habiter l'ancien couvent. Mais

Nozeroy, à Romont, à Montmélian, ils formaient un précieux trésor pour la communauté. Malgré toutes les précautions, ils disparurent (15 mars 1714) de la sacristie du couvent d'Évian et furent volés avec un grand nombre d'autres objets sacrés.

La veille de la suppression de ce dernier monastère (1790), après trois siècles, on conservait encore à Évian le reliquaire de la bienheureuse Louise, renfermant un fragment de la vraie Croix, sa cuiller d'enfance et la lettre écrite de sa main aux religieuses d'Orbe, pour solliciter son admission au noviciat.

Dieu qui veille à la conservation des ossements de ses saints, daigna aplanir les obstacles nombreux qui s'opposaient à l'établissement d'une nouvelle communauté à Évian. Qui n'admirera l'amour de ces pauvres Dames de Sainte-Claire s'empressant de courir au cimetière de l'ancien couvent et de reprendre les ossements de quatre-vingt religieuses qui y reposaient? Ces ossements relevés avec respect furent placés dans le chœur de l'église, près de l'autel où chaque jour coule le sang de l'Agneau. Qui n'admirera la piété de ces nouvelles Sœurs Clarisses, veillant encore à ce que les pierres de l'ancienne église, pierres bénies par les prières de l'évêque, témoins pendant plus de deux cents ans des prières d'une fervente communauté, entrassent dans les murs de la nouvelle chapelle qu'on édifiait.

Le 3 juin 1877 les religieuses Clarisses prenaient possession de leur nouvel édifice, bâti, non loin de l'ancien, le jour où Mgr Magnin, évêque d'Annecy, en faisait la consécration. — Puissent le nom et les mérites de notre Bienheureuse protéger toujours ces saintes filles !

CHAPITRE XXXIV

CONCOURS AU TOMBEAU DE LA BIENHEUREUSE. — EXHUMATION
ET TRANSLATION DE SES RELIQUES.

> « Ses os ont été visités, et ils ont prophétisé après sa mort. »
> (*Eccl.*, XLIX, 18, 19).

Nous avons vu, devant les menaces et les craintes trop réelles de la Réforme, les restes de la Bienheureuse Louise, avec ceux de Philippine de Châlon, transférés d'Orbe à Nozeroy. Ils furent inhumés dans la chapelle du couvent des Cordeliers de cette ville, près de l'autel Saint-Pierre. Le 7 juillet 1531, les religieux de Nozeroy accusaient au couvent d'Orbe réception du précieux dépôt (1).

Puisqu'elles n'étaient plus, ces saintes dépouilles, en sûreté sur une terre qui allait devenir infidèle, c'était du moins une consolation de les voir à Nozeroy, longtemps la patrie adoptive de Louise, dans

---

1. Une attestation faite par les gardien, vicaire et autres religieux du couvent des Frères-Mineurs de Nozeroy, déclare qu'on leur a remis en garde, dans leur couvent, les ossements des corps de leurs dévotes sœurs Louise de Savoie et Philippine de Châlon, qui étaient en leur vivant religieuses du couvent d'Orbe et y étaient insépulturées... signé frère Jean Trouvain, liseur du couvent. (*Inventaire des titres de la seigneurie de Nozeroy*, n° 226). — *Annuaire du Jura* (Juillet). — Fodéré.

cette église des Cordeliers qu'elle visita si souvent, et sous la garde de ces bons religieux qui veilleront avec zèle et amour pendant des siècles sur elles.

Peu s'en fallut cependant que le danger devant lequel elles fuyaient, ne vînt menacer les cendres de Louise jusque dans leur nouvel asile. Attiré à Nozeroy par Guillaume de Nassau, héritier de la maison de Châlon, zélé partisan de la Réforme, Jean Calvin vint prêcher sa doctrine dans la chapelle même du château. Les ossements de Louise en durent tressaillir d'indignation. Mais assailli à coups de pierres par les fidèles sortant de la collégiale de Saint-Antoine, l'apôtre de Noyon dut s'éloigner au plus vite et abandonner Nozeroy.

Calvin et ses acolytes ne se tinrent pas pour battus (1). Ils revinrent à la charge, firent des prosélytes jusque parmi les chantres de la chapelle du château ; mais ils furent définitivement expulsés par les braves habitants qui leur couraient sus « avec enseignes et tambourins battants. »

Nous passons à pieds joints sur deux siècles et demi de pèlerinage et de concours plus ou moins considérable au tombeau de la bienheureuse Louise: concours attesté, avec les faveurs qui en étaient la récompense, par les traditions de l'époque et par les nombreux ex-voto qui garnissaient la chapelle du couvent de Nozeroy.

En 1792, date néfaste, les Cordeliers de Nozeroy furent chassés de leur paisible et séculaire demeure, le couvent démoli ; l'église elle-même, qui renfer-

---

1. *Arch. du château d'Arlay.*

mait les précieuses dépouilles, fut détruite ; mais du moins les tombeaux furent-ils respectés.

Hâtons-nous de dire que le même sort fut réservé à l'abbaye de Mont-Sainte-Marie, avec cette différence que les tombeaux des princes de Châlon qui y avaient leur sépulture, ne trouvèrent point grâce devant la fureur révolutionnaire. Moins heureuses que celles de sa sainte épouse, les cendres de Hugues furent arrachées de son cercueil, dispersées et jetées au vent.

Après un sommeil, qui ressemble un peu à l'oubli, après une certaine période d'années, les cendres de Louise vont sortir ou ressusciter plus glorieuses que jamais de la terre profanée qui les renferme. Ainsi, s'il est permis de se servir de cette comparaison, après trois jours passés dans le sépulcre, l'Homme-Dieu sortit victorieux du tombeau et de la mort. Ici les trois jours étaient trois siècles ; mais que sont les temps devant Dieu et même « pour ceux dont la mémoire est éternelle (1) ! »

Frappé des écrits récents qui vinrent tout à coup réveiller la mémoire de Louise de Savoie, et jaloux de posséder dans sa capitale les précieux restes de la fille réunis à ceux du père (Amédée IX), Charles-Albert, roi de Sardaigne, chargea en 1839 son ambassadeur à Paris, le marquis de Brignoles-Sales, de demander à l'évêque de Saint-Claude et au gouvernement français la permission d'exhumer les restes de son illustre et sainte parente.

Cette permission fut gracieusement accordée par

---

1. *Ps.* 111, 7.

le gouvernement de Louis-Philippe et par Mgr de Chamon, évêque de Saint-Claude. Le 15 juin fut annoncé dans l'église collégiale de Nozeroy pour la double cérémonie de l'exhumation et de la translation des restes de Louise de Savoie (1).

L'évêque de Saint-Claude avait nommé une commission composée de MM. l'abbé Prince, curé de Nozeroy, l'abbé de Champreux, prêtre retiré à Miéges, et l'abbé Balland, supérieur du petit séminaire de Nozeroy. A ces trois commissaires ecclésiastiques fut adjoint un docteur en médecine, M. David (Jean-Joseph-Edouard).

Pour le travail de l'exhumation, on appela des ouvriers qui, avec les témoins, durent prêter serment de dire la vérité, et s'engager, sous peine d'excommunication, à ne rien soustraire ni ajouter aux saints ossements.

La commission nommée pour procéder aux fouilles et à l'exhumation, sur l'emplacement de l'ancienne église des Cordeliers détruite pendant la Révolution, n'était pas sans inquiétude. Point de monument, point d'épitaphe ; rien qu'une vague tradition, des manuscrits étrangers, une page de Fodéré qui dit : « Ses précieux restes (de Louise) furent portés d'Orbe à Nozeroy pour reposer dans le Chapitre de l'Observance, attendant si la foi catholique pourrait être rétablie à Orbe... »

Arrivée sur les lieux, que voit la commission ? Un

---

1. Nous devons la plupart de ces détails aux communications obligeantes de M. l'abbé Charnal, alors curé de Nozeroy, de M. l'abbé Cornu, alors supérieur du petit séminaire de Nozeroy et du Dr David, de Nozeroy.

vrai désert où rien ne rappelle le souvenir du séjour des disciples de saint François : des appartements occupés par des gendarmes, puis une remise à pompes. C'est près de la fenêtre prenant jour au midi, dans la partie du sol où une rosée abondante avait depuis bien des années attiré l'attention, que les fouilles furent commencées (1).

On comprend de quel côté étaient tournés les yeux des nombreux assistants, avec quelle impatience ils attendaient le résultat de ces recherches.

Après une heure de travail, à une profondeur de cinquante centimètres, la pelle heurta un corps dur et mit à découvert une caisse en bois de chêne renfermant deux squelettes de femmes.

C'étaient bien là les restes que l'on cherchait et que la terre, plus clémente que ses enfants, avait gardés dans son sein pendant près de trois siècles !

A ce moment, les cloches de la ville sonnant à toute volée annonçaient à la cité et à tout le Val de Miéges l'heureuse découverte et invitaient les habitants à la grande fête du lendemain. L'arrivée de Mgr de Chamon en fut comme le signal.

Immédiatement après les fouilles, la commission épiscopale, nantie du précieux trésor, l'avait transporté dans la demeure de M. David, et placé dans une nouvelle châsse préparée à cet effet. Avant de la sceller, Mgr de Chamon prit quarante à cinquante

---

1. Déclaration de M. l'abbé Fraignier, directeur au grand séminaire de Lons-le-Saunier, de M. l'abbé Jacques, chanoine de Saint-Claude, de M. l'abbé Cornu, professeur au petit séminaire de Nozeroy, de MM. Petit, Fraignier et Parizot, ancien maire de Nozeroy.

parcelles des reliques, dont le sceau épiscopal devait garantir l'authenticité.

Cependant tout était prêt pour la grande cérémonie de la translation (16 juin 1839). Entouré d'un vicaire général, d'une foule d'ecclésiastiques et de fidèles des diocèses de Saint-Claude et de Besançon, accompagné des magistrats et de tous les notables de la ville, escorté des soldats-pompiers, l'évêque de Saint-Claude partit processionnellement de la collégiale de Saint-Antoine pour y ramener les précieuses reliques. Couverte d'un riche drap, la châsse était portée par quatre demoiselles vêtues de blanc.

Voilà donc Louise parcourant encore une fois en triomphe cette cité de Nozeroy qui semblait l'avoir oubliée, mais qui à cette heure est toute fière et toute heureuse d'avoir possédé une sainte et de l'avoir enfin retrouvée. Dans ces sortes de fêtes et d'exhumations où le tombeau est forcé de rendre sa dépouille, il y a comme un triomphe de la vie sur la mort, qui fait dire avec l'Apôtre : « O Mort, où est ta victoire ? O Mort, où est ta puissance (1) ? »

« A cette heure, dit un témoin de cette fête, mon âme était dans la jubilation en pensant qu'une Dame de Nozeroy possédait le paradis, après avoir vécu au milieu de notre peuple, prié avec nos pères, soulagé leurs misères, fini heureusement la carrière des combats. Et aujourd'hui qu'elle est dans la gloire, pourrait-elle oublier ceux qu'elle a aimés sur la terre, être indifférente ou insensible à leurs intérêts, à leurs besoins ? »

Cependant la procession, après avoir traversé les

---

1. S. P. aux C., xv, 55.

rues de Nozeroy, rentrait dans la collégiale de Saint-Antoine, trop étroite pour contenir l'énorme affluence. La châsse est déposée sur un mausolée richement décoré, et l'office pontifical commence.

A la fin de la cérémonie, Mgr de Chamon annonça à la foule que les saintes reliques seraient exposées toute la journée dans l'église, puis transportées à la sacristie, en attendant les ordres du roi de Sardaigne.

Un fait qui se passa dans cette circonstance mémorable et dont l'authenticité nous est garantie, mérite d'être rapporté à la gloire de celle dont nous écrivons la vie.

Mlle Fraignier, de Nozeroy, sentait depuis longtemps de vives et continuelles douleurs à une jambe. Elle ne pouvait marcher qu'à l'aide d'un bâton. Le 15 juin, veille de la translation des restes de la bienheureuse Louise, elle reçut la visite de Mgr l'évêque de Saint-Claude, qui l'invita à se mettre au nombre des jeunes demoiselles qui devaient porter ou accompagner la châsse, l'engageant à prier avec lui pour sa guérison. Cette pieuse personne obéit sans peine à l'appel du premier pasteur du diocèse. Pendant toute la cérémonie, elle invoqua avec ferveur et confiance le secours et l'intercession de notre Bienheureuse.

Ses prières furent exaucées : dans l'année elle déposa le bâton, marchant avec facilité et sans douleur.

CHAPITRE XXXV

EXAMEN DES RELIQUES — LEUR TRANSLATION A TURIN

> « Ceux que la vie avait unis retrouveront la même sépulture ici-bas. »
> (Office de sainte Scholastique.)

Ce premier et solennel triomphe de notre Bienheureuse, après sa résurrection d'un oubli momentané, ne devait pas être le dernier. Elle est maintenant, au jour marqué par la Providence, sortie des catacombes : sa mémoire, désormais, ni son culte, ne s'éteindront plus sur la terre, tant qu'il y aura un autel debout et une âme pieuse pour vénérer les saints et implorer leur assistance.

Une année encore, les précieuses reliques restèrent à Nozeroy, en attendant les ordres de Sa Majesté le roi Charles-Albert.

Enfin, le 10 mars 1840, M. Célestin Girod, vicaire général de Mgr l'évêque de Saint-Claude, député par Sa Grandeur, pour procéder à la reconnaissance des précieux restes de Louise de Savoie, religieuse de Sainte-Claire et de Philippine de Chalon, en vertu du rescrit de la sacrée Congrégation des Rites, se transporta à la sacristie de l'église paroissiale de Nozeroy, accompagné de M. Alexandre Vogliotti, chanoine, chapelain du roi de Sardaigne, de M. de Vaulchier et d'autres personnages de distinction (1).

Après avoir rappelé l'excommunication majeure réservée au Souverain Pontife, contre quiconque se permettrait d'enlever ou d'ajouter quoi que ce soit : ayant rompu le sceau, M. l'abbé Girod ouvrit la châsse.

M. David, médecin expérimenté et consciencieux, procéda avec toute l'attention possible à l'examen des précieux restes conservés dans la sacristie de Nozeroy, examinant chacun des ossements et fragments contenus dans la châsse, ainsi que les fragments extraits par Mgr l'évêque de Saint-Claude, mesurant le volume, la longueur, afin de mieux connaître et de distinguer les ossements et fragments qui appartenaient au même corps.

Cette opération terminée, l'homme de l'art plaça séparément, dans deux pièces d'étoffe de soie, tous les ossements et fragments appartenant aux deux corps, et dans une troisième pièce de même étoffe, ceux sur lesquels il y avait doute de savoir auquel des deux corps ils devaient appartenir.

Sur la soie enveloppant l'un de ces corps on grava le numéro 1, avec cette inscription : Ossements et fragments qui semblent appartenir à la plus grande et à la plus âgée des princesses, probablement Philippine de Châlon. » La deuxième enveloppe portait le numéro 2, avec cette inscription : « Ossements et frag-

---

1. Le roi Charles-Albert qui avait envoyé en 1839 la somme de mille francs pour les pauvres de Nozeroy, ajouta à ce don, au mois de juin 1840, un ornement complet du culte en drap d'or, armorié des armes de Savoie, destiné à l'église paroissiale.

ments qui semblent appartenir à la princesse la moins grande et la moins âgée, probablement Louise de Savoie. »

Un troisième lot portait le numéro 3, avec cette inscription : « Ossements et fragments douteux. »

Les trois parts furent scellées du sceau épiscopal et renfermées immédiatement dans leur châsse, laquelle à son tour fut scellée par M. le vicaire général en sept endroits différents.

Chose étonnante ! tout cadavre inspire une horreur instinctive : ces corps défigurés, ces ossements terreux, ces débris légers et arides d'une chair tombée en poussière, « ce je ne sais quoi qui n'a plus de nom dans aucune langue (1), » tout cela fait peur, eût-il été habité par le génie, illustré par la gloire ou rehaussé par la beauté. Mais dès que la grâce divine a fait son séjour dans ces corps privilégiés, dès que l'héroïsme de la sainteté les a pour ainsi dire transformés ; alors tout change d'aspect. Non seulement toute horreur naturelle disparaît à la vue de ces restes glorifiés, mais on ne peut se rassasier de les contempler, on voudrait même les toucher et imprimer ses lèvres et l'on se sent heureux d'en posséder la moindre parcelle !

La raison de ce phénomène, c'est Fénelon qui nous l'indique. « Cette cendre, toute cendre qu'elle est, et quoiqu'on n'y voie plus que de tristes débris foudroyés par la mort, exhale encore une odeur de vie et nourrit dans nos cœurs une espérance pleine d'immortalité. »

Le 16 mars, dans la soirée, le vicaire général Vo-

1. Bossuet.

gliotti rentrait à Turin, chargé du précieux dépôt. La voiture s'arrêtait devant la porte des caveaux de l'église métropolitaine. Là se trouvait une compagnie des gardes du palais royal, et dans la chapelle souterraine, était l'archevêque de Turin, Mgr Franzoni, entouré des chanoines du chapitre, revêtus de la chape. Parmi les assistants, on remarquait le comte Solar de la Marguerite, ministre des affaires étrangères, et d'autres personnages de la cour. Le roi avait ordonné que la Bienheureuse reçut les honneurs dûs à une princesse du sang royal, sans oublier ce qui était dû à la sainte (1).

On enleva l'enveloppe de la châsse contenant les reliques ; on vérifia les sceaux apposés à Nozeroy et demeurés intacts. Cette vérification terminée, la châsse fut transportée dans un caveau sur la porte duquel on lit : « Tombeau provisoire de la maison de Savoie. »

Immédiatement après, on dressa procès-verbal du transfert des précieuses reliques, de leur arrivée, de la reconnaissance des sceaux et du dépôt de la châsse dans le caveau.

Ce ne fut que deux ans plus tard, en 1842, que la châsse fut transférée dans la chapelle du palais royal, et placée sous l'autel du bienheureux Amédée. La tombe de la fille sert ainsi de fondement à l'autel sur lequel on vénère les reliques du père. Après trois siècles et demi de séparation, la fille, victime de tant d'orages religieux et politiques, vient enfin se reposer

1. Communication de M. l'abbé Vogliotti, chanoine de la collégiale de la Sainte-Trinité, chapelain du roi ; aujourd'hui chanoine du chapitre et provicaire général du diocèse de Turin.

sous l'ombre paternelle et sous la garde d'une cour pieuse.

Que si maintenant, l'on se demande comment il peut se faire qu'une mémoire si pure, si lumineuse, après avoir souffert de l'injure du temps et des hommes et avoir subi une sorte d'éclipse, apparaisse ou se réveille juste à notre époque : nous répondrons ce que saint Augustin disait en présence des reliques du glorieux martyr saint Etienne, découvertes quatre siècles seulement après sa mort : « Le corps du premier de tous les martyrs vient d'être révélé au monde, comme ont coutume de l'être les corps des martyrs, au moment marqué par la Providence. »

« Cette loi constatée par le grand saint Augustin, dit un pieux évêque de France (1), cette loi générale et ordinaire qui réserve à des époques marquées par le bon plaisir de Dieu ces providentielles apparitions des corps saints, cette loi subsiste toujours, et elle se rattache aux plus secrets desseins de Celui au gré duquel s'écoulent les siècles. »

1. Mgr Pie, évêque de Poitiers.

CHAPITRE XXXVI.

CULTE TRADITIONNEL DÉCERNÉ A LA B. LOUISE. — TÉMOIGNAGES RENDUS A SA SAINTETÉ. — DÉMARCHES POUR OBTENIR SA BÉATIFICATION.

> « La gloire des justes sera éternelle. »
> (*Ps*. CXI, 7.)

Dès son vivant, et surtout à sa mort, Louise de Savoie avait laissé une réputation de sainteté bien établie, et le nom de Bienheureuse lui fut décerné par la vénération publique, bien avant que l'Église se fût occupée de sa béatification.

Peu après son glorieux décès, les religieuses d'Orbe, pour satisfaire au grand concours qui se faisait à son tombeau, se virent obligées d'exhumer ses restes et de les placer dans un lieu plus apparent et plus accessible à la piété des fidèles. Transférés à Nozeroy, ils continuèrent, comme nous l'avons vu, à être l'objet du concours et du culte public jusqu'aux jours néfastes de la Révolution française.

Pressées par le vœu général autant que par leur propre désir, les religieuses d'Orbe écrivirent aux Supérieurs de l'ordre de Saint-François, pour obtenir, par leur intermédiaire, que la cause de la vénérable servante de Dieu fût introduite et qu'on s'occupât de sa béatification.

Dès 1503, les enquêtes préliminaires commencèrent, et des actes furent rédigés d'une manière authentique, sous la signature de notaires publics. Il est à regretter que tous ces actes se soient perdus dans la suite des temps et par l'effet des révolutions (1).

Dès lors aussi, la plupart des écrivains ecclésiastiques et profanes qui ont fait l'histoire de la maison de Savoie ou celle des Ordres religieux dans ces contrées, ont célébré à l'envi la gloire et les vertus de cette héroïne chrétienne.

La peinture et la sculpture s'étudièrent à reproduire ses traits entourés du nimbe ou de l'auréole des saints. Sa fête fut célébrée dans quelques églises, et des panégyriques prononcés en son honneur. Il n'est pas jusqu'à la poésie qui ne se complût à proclamer les mérites et la puissance de cette illustre servante de Dieu. Nous en avons un curieux échantillon dans une pièce de l'époque intitulée : *Invocation à la bienheureuse Loyse de Savoie.* C'est un homme souffrant qui implore dans ses peines celle qu'il a prise

> ... pour sa Princesse,
> Son avocate, son adresse.

Sans date précise, cet intéressant document est en tout cas antérieur au départ des religieuses d'Orbe, soit à l'année 1555 (2).

Les premiers intéressés à la gloire de la bienheureuse Louise étaient les membres de la famille de Savoie. Aussi voyons-nous des princesses de cette illustre maison

---

1. Actes de béatification. — Coutumier d'Orbe.
2. Pièces justificatives, n° VI.

solliciter de l'abbesse d'Orbe la relation de la vie de Louise, celle probablement qui est attribuée à Catherine de Saulx (1).

De 1504 à 1553, le duc Charles III, dit *le Bon*, avait formé le dessein de réunir les corps d'Amédée IX et de sa fille, en sollicitant pour eux les honneurs des autels. Mais les guerres survenues entre l'empereur Charles-Quint et le roi de France, en provoquant l'occupation de ses Etats, le privèrent des moyens de réaliser ses pieux désirs (2).

Un autre prince de Savoie, Charles-Emmanuel, lequel, bien différent de tant d'autres et d'un surtout que nous connaissons, demandait pour lui « moins de terre et plus de ciel (3), » fit visiter le tombeau de la bienheureuse Louise à Nozeroy (9 novembre 1629).

Au commencement du siècle passé, une pieuse servante de Dieu, Crescence de Haufbourn, originaire du diocèse d'Augsbourg, s'éprit d'un beau zèle pour la gloire de cette autre servante de Dieu du quinzième siècle. Elle fit entendre sa voix pour solliciter la béatification de la glorieuse Clarisse d'Orbe.

---

1. Actes de la béatification.
2. Rey. — Fodéré. — Guichenon et lettres ordinaires. (*Arch. de Turin.*)
3. *Più di cielo, meno di terra.*

CHAPITRE XXXVII.

DÉCRET DU SAINT-SIÈGE CONFIRMANT LE CULTE IMMÉMORIAL ET PUBLIC RENDU A LA B. LOUISE. — ACTES POSTÉRIEURS. — ÉPILOGUE.

> « Et voici que dorénavant les générations m'appelleront bienheureuse. »
> (Saint Luc, I, 49).

Il était réservé au roi Charles-Albert et à tous ceux qui de nos jours s'intéressaient à la gloire de Louise de Savoie, de lui voir décerner enfin le titre de Bienheureuse, de voir son culte reconnu par l'Église.

L'année même de l'exhumation des restes de la B. Louise à Nozeroy, le roi de Sardaigne chargeait le comte Frédéric de Broglie, son représentant auprès du Saint-Siège, de faire les démarches nécessaires pour introduire la cause de la servante de Dieu, en même temps que M. l'abbé Vachetta, chanoine de la cathédrale de Turin, avait la mission de recueillir tous les témoignages capables d'établir la perpétuité du culte rendu à la bienheureuse fille d'Amédée (1).

Un décret du pape Urbain VIII, de l'année 1634, pour remédier aux abus et mettre en garde la piété des fidèles contre les dangers d'une dévotion prématurée, établit que, hors des décisions solennelles de l'Église, il ne peut être décerné à un saint personnage quelconque un culte public s'il n'est immémorial ou

---

1. Actes de béatification.

centenaire, approuvé expressément ou tacitement par l'Eglise, autorisé par un indult du Saint-Siège ou une sentence de la sacrée Congrégation des Rites.

Par son plénipotentiaire, le roi fit proposer à cette congrégation la question de savoir si, à raison du culte public et immémorial rendu à Louise de Savoie, celle-ci ne devait pas être admise au bénéfice de l'exception prévue dans le décret d'Urbain VIII.

Pour faciliter la tâche de la sacrée Congrégation, le comte de Broglie surveillait à Rome (1839) l'impression d'un volume in-quarto, de cent vingt-trois pages, destiné à dissiper toute incertitude sur la question à résoudre.

Ce livre renferme la preuve irrécusable de la perpétuité du culte public et ecclésiastique rendu à Louise de Savoie. Il cite à l'appui les martyrologes, les panégyriques, les histoires, les calendriers, les vies de Saints, les prières où Louise de Savoie est invoquée, les faits miraculeux, les *ex-voto*, le respect dont sa tombe est entourée, les statues et les images exposées dans les églises, à côté de celles des saints de la maison de Savoie.

Le 3 août 1839, la sacrée Congrégation, réunie en Assemblée ordinaire au palais du Quirinal (1), sur le rapport de S. E. le cardinal Louis Lambruschini, rapporteur, après avoir entendu le R. P. Virgile Pescetelli, promoteur de la foi; après avoir examiné et discuté avec soin tous les faits de la cause, admit que le culte public et ecclésiastique décerné de temps immémorial à Louise de Savoie, veuve et religieuse de Sainte-Claire à Orbe, était au bénéfice de l'excep-

---

1. *Quantum mutatus ab illo!*

tion statuée dans le décret du pape Urbain VIII, de sainte mémoire.

Sur le rapport fidèle du secrétaire Frattini, S. S. Grégoire XVI daigna approuver la sentence de la sacrée Congrégation, ratifier et confirmer le culte rendu à Louise de Savoie le 12 du mois d'août, fête de sainte Claire, dont la bienheureuse Louise avait suivi la règle (1). Défense fut faite toutefois de décerner un culte public à ses reliques, vu l'impossibilité d'en constater la parfaite identité.

Après cette ratification du Saint-Siège, et encouragés par ce succès, les représentants du roi à Rome sollicitèrent, à titre de faveur, *l'augmentation du culte,* par la concession de l'office et de la messe en l'honneur de la Bienheureuse.

Pour obtenir cette concession, qui consiste dans l'insertion au bréviaire des leçons du deuxième nocturne, et dans les trois oraisons propres de la messe, à l'usage du clergé tant séculier que régulier du royaume de Sardaigne, le comte de Broglie expose, dans sa supplique, que, d'une décision de la sacrée Congrégation des Rites, approuvée par le Saint-Siège, est sorti le décret établissant la perpétuité du culte rendu à la bienheureuse Louise de Savoie. Il rappelle qu'un roi pieux, uni à tout son peuple, demande avec humilité et instance la concession de l'office et de la messe; que l'image de cette fervente chrétienne est exposée à la vénération publique dans l'église du Saint-Suaire à Turin, parmi les principaux patrons du royaume ; que les leçons et les oraisons présentées à l'approbation de la sacrée Congrégation des Rites ne con-

1. Journal de Savoie, 31 août 1839. — *La Gazette piémontaise.*

tiennent rien qui ne soit fondé sur des monuments incontestables, sur les vertus et la vie de la fidèle servante de Dieu ; enfin que cet office et ces oraisons seront un nouveau moyen d'accroître la piété des fidèles et de les exciter à la pratique de la vertu.

Une nouvelle lettre du roi Charles-Albert à Sa Sainteté le pape Grégoire XVI expose très humblement que, par la miséricorde divine, la B. Louise de Savoie, ayant été placée dans toutes les conditions de la vie, peut offrir un modèle aux personnes de tout âge et de tout état ; que ses mérites démontrés par l'éclat et le nombre des prodiges semblent demander un culte particulier. Tels sont la pensée et le désir de tous les peuples du royaume de Sardaigne et le vœu le plus cher de Sa Majesté le roi.

Ces pieuses démarches furent couronnées d'un plein succès. Au décret de confirmation du culte, succéda de près un autre décret statuant qu'on pouvait réciter en l'honneur de la bienheureuse Louise, d'après les rubriques du Missel et du Bréviaire romains, la messe et l'office des saintes Femmes, avec les oraisons et les leçons approuvées par le Saint-Siège :

ORATIO	ORAISON
Deus, qui in beatâ Ludovica per omnes vitæ semitas traductâ, singulare virtutis exemplum proposuisti, concede ut in viâ quâ nos vocasti ejusdem vestigia sequamur et cum ipsâ, ad te pervenire mereamur. Per Dom. J.-C.	O Dieu, qui nous avez offert dans la bienheureuse Louise, pour avoir suivi toutes les positions de la vie, un exemple admirable de vertu, accordez-nous de suivre ses traces dans la voie où vous nous avez appelés, et de mériter d'être avec elle réunis à vous dans le ciel. Par N. S. J.-C., etc.

La récitation de cet office a été accordée aux diocèses de l'ancien royaume de Sardaigne, aux églises et aux couvents de l'Ordre séraphique.

Le martyrologe franciscain place la fête de la bienheureuse Louise au 1ᵉʳ octobre. « Commémoraison de la bienheureuse Louise, veuve, qui, illustre par la noblesse de sa naissance, ayant embrassé la première règle de sainte Claire, réformée par sainte Colette brilla à Orbe par la sainteté de sa vie. »

Dans le calendrier présenté dès l'année 1850, à la sacrée Congrégation des Rites par Mgr Marilley, évêque de Lausanne, la fête de la bienheureuse Louise de Savoie, sous le rit double, est fixée au 24 juillet, date de son décès.

Les diocèses sur lesquels régnait en 1839 la maison de Savoie ont la même fête fixée sur le 11 du mois d'août. Le clergé de Savoie se sent heureux de conserver l'office de la bienheureuse Louise, comme un de ses plus précieux souvenirs.

Le diocèse de Saint-Claude, auquel appartiennent Nozeroy et les lieux si longtemps sanctifiés par la présence et les vertus de Louise de Savoie, n'a point introduit dans son Propre la fête de la Bienheureuse. Il nous semble impossible que ce diocèse ne tienne pas tôt ou tard à faire la commémoraison d'une sainte qui lui appartient à tant de titres, et que son pieux clergé vénère et invoque.

Mgr Marpot, récemment élu évêque de Saint-Claude, désirant satisfaire aux vœux du clergé de la paroisse de Nozeroy, située dans son diocèse, a sollicité instamment de Notre Très Saint Père, le pape Léon XIII, la faveur de pouvoir célébrer à Nozeroy seulement, à la date du 24 juillet, la fête de la bienheureuse Louise de Savoie, avec l'office et la messe déjà approuvés par le Saint-Siège pour les diocèses du royaume de Sardaigne.

Or Sa Sainteté, sur le rapport du secrétaire de la sacrée Congrégation des Rites a daigné accueillir favorablement cette supplique, pourvu toutefois que les rubriques fussent observées (1).

Le 23 juillet 1881, Mgr Marpot venait à Nozeroy, accompagné de ses vicaires-généraux, inaugurer lui-même le culte de la Bienheureuse, bénir une chapelle et une statue représentant l'ancienne Dame de Nozeroy dans son costume de religieuse clarisse.

Le lendemain, jour de la fête de la *Sainte*, dans cette vieille collégiale de Saint-Antoine, qui avait reconquis sa jeunesse sous la fraîcheur des guirlandes et draperies placées habilement sur les murs intérieurs par les Dames de Nozeroy, Sa Grandeur Mgr Marpot faisait solennellement son entrée, au son des cloches, accompagné d'un nombreux clergé, d'une foule compacte, et s'avançait vers l'autel pour y célébrer un office pontifical.

M. l'abbé Gignoux, curé de Nyon (Suisse), chargé par Sa Grandeur de faire le panégyrique *de la Sainte de Nozeroy* répondit à la confiance du prélat et à l'attente de son nombreux auditoire. En termes bien choisis, souvent émus, M. l'abbé Gignoux rappela la vie de la bienheureuse Louise, les paroles et les actes de celle qui en qualité de Dame et de Souveraine avait si souvent prié dans cette même église.

Malgré ses fatigues et ses émotions, Mgr Marpot

1. Ce décret, en date du 7 avril 1881, est signé par le préfet de la sacrée Congrégation des Rites, S.É. le cardinal Bartolini. (Pièces justificatives. Note VII.)

voulut monter en chaire dans l'après-midi, remercier le prédicateur du matin, et les auteurs de la *Vie de la Bienheureuse* dont l'un d'eux était présent. Sa Grandeur ajouta des réflexions pleines de joie et d'encouragement. « En vous montrant cette fille d'Ève, disait l'infatigable prélat, vivant avec vos ancêtres, passant par vos chemins, buvant l'eau de vos fontaines, se reposant sous vos toits, priant dans vos églises et par ce moyen faisant la conquête du ciel, ne dois-je pas réveiller dans vos âmes de hautes espérances et enflammer dans vos cœurs de nobles désirs. » L'auguste pontife a présenté cette fille d'Amédée tour à tour fille, épouse, veuve, religieuse, à l'admiration et surtout à l'imitation de tous. Il a fait comprendre que cette Dame et Princesse de Nozeroy, qui avait beaucoup aimé ces contrées où elle avait fait la conquête du ciel, continuerait de bénir et de protéger tous ses habitants qui l'invoqueraient. Les chantres, qui étaient les élèves du petit séminaire de Nozeroy, conduits par un vrai artiste, M. l'abbé E. Brune, professeur de musique, ont chanté avec beaucoup d'intelligence une messe en musique. Qui n'a admiré encore le chant d'un cantique à la bienheureuse Louise dont les paroles sont de M. l'abbé Cornu et la musique de M. l'abbé Brune, tous deux professeurs du petit séminaire de Nozeroy.

Dès ce jour un pèlerinage a commencé à ce sanctuaire de Nozeroy.

Pendant l'année qui suivit ces belles fêtes que nous venons de raconter, ils ont été nombreux les pèlerins venus des diocèses voisins, prier et recevoir la guérison de leurs infirmités ou du moins un adoucissement à leurs maux avec la grâce de les supporter.

Le 24 juillet 1882, malgré le mauvais temps qui a retardé la marche de beaucoup de pèlerins, surtout des plus éloignés, quarante prêtres et un grand nombre de fidèles ont laissé leurs occupations et leurs travaux pour venir honorer, prier la bienheureuse Louise et entendre son panégyrique prononcé par l'auteur même de cette Vie. M. l'abbé Jacquet, curé de Nozeroy revenant du pèlerinage de Jérusalem, ménageait à ses paroissiens une agréable surprise, en leur offrant une magnifique statue représentant la Bienheureuse avec la robe de drap d'or et la couronne de princesse qu'elle portait le jour de son mariage avec le prince Hugues de Châlon. Cette statue représentant la Dame de Nozeroy, après avoir reçu la bénédiction en ce beau jour de fête, pouvait revendiquer une place vis-à-vis de celle qui avait été bénie l'année précédente et représentant la sœur d'Orbe. Le pèlerin élevant ses regards tour à tour sur l'une et l'autre statue peut mesurer l'étendue du sacrifice : il voit les biens, les honneurs méprisés et la pauvreté et les humiliations recherchées. Pour le pauvre, quelle consolation ! Pour le mauvais riche, quelle leçon !

En Suisse, la paroisse catholique d'Yverdon, dans le ressort de laquelle se trouve la ville d'Orbe, a pris une heureuse initiative en consacrant à la bienheureuse Louise un des autels de son église. Il est placé dans la nef latérale de droite et orné d'un magnifique tableau, don du roi Charles-Albert (1841). (1)

1. Cet autel, élevé par l'abbé Constant Queloz, de Saint-Brais (Berne), fondateur de l'église d'Yverdon et depuis l'année 1846 membre de la Congrégation du très saint Rédempteur, a été religieusement entretenu par l'abbé Genoud, curé actuel de cette paroisse. Le savant ecclésiastique est l'auteur d'une

Cette remarquable peinture, œuvre d'un artiste distingué, M. François Marabotti, représente la bienheureuse Clarisse en oraison, agenouillée dans l'église du couvent d'Orbe. Quelle heureuse idée de rappeler cette église, témoin de ses prières et de ses ferventes contemplations! A ses pieds sont le sceptre et la couronne échangés contre le pauvre habit de Clarisses. Et pour marquer la date de cet héroïque sacrifice, l'habile peintre a écrit sur une pierre tumulaire en latin: *Obiitin Domino* 1492. C'est la date de son entrée au couvent, comme le *natalis dies* des premiers martyrs rappelait le jour de leur véritable naissance en Dieu.

La lithographie qu'on voit en tête de la *Vie de la bienheureuse Louise de Savoie*, publiée par les soins du comte Solar de la Marguerite, premier ministre de Charles-Albert, est une copie d'un tableau exécuté par ordre de cet homme d'Etat aussi distingué que pieux. Heureux temps que ceux où les ministres des rois et les rois eux-mêmes trouvaient du loisir pour s'occuper de la gloire de Dieu et de ses saints!

Dans un compte-rendu de cette vie (1860), le prince Auguste Calitzin déclare avoir vu (1842) le portrait de la Bienheureuse dans l'appartement de Charles-Albert. Le même monarque avait fait graver, pour orner un

---

histoire des saints vénérés dans notre diocèse; il a soigné avec un amour tout particulier les pages consacrées à la mémoire de la bienheureuse Louise. M. l'abbé Genoud, aujourd'hui professeur au collège de Saint-Michel à Fribourg, voit un digne prêtre lui succéder dans la personne de l'abbé Marius Mouthod, curé actuel d'Yverdon. M. l'abbé Mouthod pourrait-il négliger de recommander le culte de celle qui a illustré le Jura dont il est originaire, avant de venir chercher un glorieux tombeau dans sa paroisse?

livre de dévotion plusieurs images représentant des saints de sa famille : tels que les bienheureux Humbert, Boniface, archevêque de Cantorbéry, Amédée, et les bienheureuses Marguerite et Louise.

Dans cette image, cette dernière est représentée avec son habit de Clarisse, à genoux sur le marchepied d'un autel, en contemplation devant le Saint-Sacrement. Deux anges lui tiennent compagnie : l'un les mains jointes et dans l'attitude de l'adoration, l'autre balançant un encensoir d'où s'échappent des nuages d'encens : symbole de la bonne odeur de la vertu et de la prière

Le 2 juin 1851, le pape Pie IX a accordé des indulgences aux membres du Tiers-Ordre qui feraient la sainte Communion le 1er octobre, jour de fête de la bienheureuse Louise.

EPILOGUE.

Et maintenant nous voilà, Dieu aidant, arrivés au terme de notre tâche. Avant de clore ces pages, il ne nous reste plus qu'à formuler un vœu et à adresser une prière.

Ce vœu, on le devine, c'est celui de voir accorder les honneurs suprêmes à celle dont nous sommes les sincères admirateurs, plus encore que les pâles historiens, et de voir son culte s'étendre à toute l'Eglise.

Notre dernière prière s'adresse à la Bienheureuse elle-même.

Par votre naissance, ô bienheureuse Louise, par votre glorieux père et vos illustres ancêtres, vous êtes enfant de la Savoie et de l'Italie; par votre vertueuse mère, par votre alliance avec les princes de Châlon, vous êtes devenue enfant adoptive de la France; par votre fuite du monde, par votre vie cachée en Dieu et dans la solitude du cloître, vous avez choisi la Suisse comme le lieu de votre dernier séjour et de votre dernier repos sur la terre.

Du haut du ciel où vous régnez maintenant, protégez ces pays, ces pauvres patries qui nous sont chères.

Protégez cette France qui vous fut si longtemps hospitalière et à laquelle vous étiez attachée par tant de liens.

Protégez cette terre d'Italie, où vous reposez maintenant, cette Italie qui persécute les oints du Seigneur et chasse les vierges sacrées. Protégez son auguste Pontife et avec lui l'Eglise tout entière.

Protégez cette Suisse, ou la persécution n'a pas cessé. Protégez nos évêques et nos pasteurs; protégez notre foi au milieu des attaques réunies du schisme, de l'hérésie et de l'impiété.

S'il est permis enfin de l'ajouter, n'oubliez pas les deux obscurs écrivains qui ont osé entreprendre ce travail ; tenez-leur compte de la bonne volonté, bien plus que du succès. Protégez-les dans le temps et sur le seuil de l'éternelle vie — *et horà mortis suscipe*.

PIÈCES JUSTIFICATIVES

Note I.

ARBRE GÉNÉALOGIQUE DE LA MAISON DE SAVOIE.

Ces princes descendent en ligne directe du bienheureux Humbert III, comte de Savoie, mort en 1188.

LOUIS, né en 1402; marié à ANNE DE CHYPRE, ✝ 1465.

―――――――――∧―――――――――

AMÉDÉE IX, né à Thonon, le 1ᵉʳ fév. 1435, marié en 1452 à Yolande de France, ✝ le 29 avril 1478.

―――――――――∧―――――――――

PHILIBERT, né en 1465, ✝ 1482.

―――――――――∧―――――――――

CHARLES Iᵉʳ, né en 1468, ✝ en 1489.

―――――――――∧―――――――――

CHARLES-JEAN AMÉDÉE II, né à Turin 24 juin 1488, ✝ en 1496, à Montcalier. } En lui s'éteint la branche d'Amédée et de Yolande.

―――――――――∧―――――――――

PHILIPPE II, comte de Bresse né en 1447, marié à MARGUERITE DE BOURBON, dont il eut PHILIPPE LE BEAU et LOUISE DE SAVOIE, mère de FRANÇOIS Iᵉʳ, roi de France, et à CLAUDE DE BRESSE, dont il eut CHARLES, ✝ en 1497.

―――――――――∧―――――――――

PHILIBERT LE BEAU, né en 1480, ✝ en 1504.

―――――――――∧―――――――――

CHARLES III, dit LE BON, né en 1486, ✝ en 1553.

Note II.

Lettre de Louise de Savoie, veuve de Hugues de Châlon, à Messieurs de Fribourg.

A Messieurs les advoyer et conseil de Fribourg.

Messieurs, je me recommande à vous de bon cueur. Feu Monsieur le prince père de Monsieur mon mary que Dieu perdoint ja piece et à son vivant donna aux abbés et couvent de l'abbaye de Mont-Sainte-Marie, six muys de froment cense chascun an de rente que lui appartenoient lors au villaige d'Yvonnans à cause de la seigneurie de Grancon, laquelle rente leur assigna sur plusieurs ses hommes estans ou dit villaige, comme vous pourra apparoir par les lettres de fondacion sur ce faictes, et ce pour la fondacion et dotacion d'une messe qu'il voulut estre dicte et célébrée chascun jour en leur monastère pour le remède et salut de l'âme de madame la princesse sa femme, laquelle rente leur a tousiors esté payé sans nul contredit jusque deppuis certain temps en ca que aucuns particuliers dudit Yvonans doidgeant ladite rente sont estez reffusans et encore sont de présent de leur paier icelle por ce mesme que l'on ne leur fait ostencion des recognoissances par eulx et leurs prédécesseurs aultresfois de ce faictes laquelle chose ne se pourroit faire obstant que icelles sont estées perdues et brulées au chastel dudit Grancon au temps des guerres et aussi ne furent jamais ès mains desdits abbé et couvent ains tousiours sont estés paiez de ladite rente en monstrant lesdites lettres d'assignal sans aultre enseignement et combien que puis naguères par Guillame Coindet commis de vous a faire vos recognoissances en vostre seigneurie de Grancon soient iceulx habitants estez requis de vouloir recognoistre ladite rente nyantmoins les aulcuns d'iceulx sont estez reffusans de ce faire par la cause et raison que dessus et par ce Messieurs que mondit S^r et mary et Messieurs ses prédécesseurs, que Dieu perdoient sont enterrez et inhumés en ladite abbaye au moyen de quoy désire de tout mon cueur leurs ordonn(ances) estre entretenues et affin que le divin service se face tousiors selon leurs intencions, je vous prie Messieurs tant qu'il m'est possible que vuilliez comander à vos subiectz dudit Yvonans qu'il devront ladite rente qu'ilz paient icelle doresenavant aux ditz abbez et couvent tout selon leur rentier et ainsi qu'ils ont paié avant les guerres et icelle rente recognoistre ès mains dudit Guillaume Coindet ainsi qu'il est de raison en luy donnant puissance de ce faire ainsi que desia il a commence. Et en ce faisant m'en tiendray tenue et obligée a vous et aussi vous prie Messieurs vous prie que ayez por recommandez ledit abbé et couvent touchant le differand qu'ilz ont au fait des dyesmes d'Yvonans dont avés la cognoissance, en priant autant à Dieu..... Escript à Noseroy le XVIII de novembre (1490 à 1492).

La toute vostre : LOYSE DE SAVOYE.

Archives cantonales de Fribourg.

NOTES III.

Fondation d'une chapelle à Orbe par madame de Châtelguyon. (Acte tiré des archives de la Préfecture du Doubs.)

Je, Jean Febvre de la Rivière, clerc notaire de la court de Besançon, tabellion et juré des cours de hault, très-noble et puissant seigneur, Monseigneur Messire Jehan de Châlon, prince doranges conte de Tonnerre et de Ponthièvre, baron et seigneur d'Arlay fais scavoir à tous comme j'ay vehu tenu et de mot à mot leu une lectre escripte en parchemin commenceant en la seconde ligne de Savoye vesve de feu, en la pénultième présens nobles hommes, signées en la fin de vers, saines et entières sans aucun vice de rasure ne aultre extrincèque dont de première face mest apparu dont desquelles la teneur sensuyt. En nom de la tressaincte et individue trinité du père du filz et du benoit sainct Esperit Amen A tous ceulx qu'ilz ces présentes lectres verront et orront, Nous Louyse de Savoye vesve de feu de bonne et recommandée mémoire Monseigneur Messire Hugues de Châlon jaidis chevalier et a son vivant seigneur de Chastelguyon et de Nozeroy, et au présent religieuse au couvent des sœurs de Madame saincte Clerc dorbe. Comme dois pieca ayons heu singulière dévotion et affection de fonder et instituer une chapelle d'une messe cothidiaine en l'église dudit couvent desdictes sœurs dudict Orbe et que à ceste cause ayons fait construyre lediffice d'icelle chapelle bien et convenablement et que tout nostre cueur desirons icelle chapelle estre fondée et à rentes perpétuellement. Scavoir faisons que pour la grande amour et entière dévotion que dois pieca avons hu, et encoures avons audi couvent desd. sœurs désirans de tout nostre cueur laccomplissement de la fondation de lad. chapelle et aussi que c'est œuvre méritoire plaisante à Dieu nostre Créateur. Et pour nous acquicter de nostre vouloir et entention à la louange de Dieu nostre souverain créateur de la glorieuse vierge Marye sa douce mère, et de la benoite conception, de toute la court celestial de Paradis et pour le salut et remède des âmes tant de feu nostre dict feu seigneur et mary ses prédécesseurs que aussi de feu noz prédécesseurs. Avons fondé constitué et ordonné, fondons constituons et ordonnons en l'honneur et révérence de la glorieuse conception une chappelle perpétuelle en ladite abbaye et couvent dudit Orbe par nous nouvellement construicte et ediffiée audit couvent soubz les charges conditions poingnes que cy après seront divisées et déclairées. En laquelle chappelle nous voulons fondons et ordonnons estre dit a tousiours et perpétuellement une messe cothidiaine a cause de ladite fondation en la manière cy-après déclairée, Asscavoir que aux fêtes solempnelles ladicte messe sera dicte en ladicte chappelle du jour de ladite feste avec commémoration des trépassez. Et aux aultres jours a la dévotion des chapelains d'icelle, et icelle chappelle et chappellenie dois maintenant de nouvel et pour ceste première fois nous avons donné et conféré donnons [et conferons à Messire Loys macerral nostre chappelain et aulmonier pour icelle desservir sa vie naturelle durant. Et dicelle lavons commis et institué commectons et instituons premier et nouveal chappelain d'icelle chapelle. Et dicelle par ces présentes lavons mis et mectons en possession pourveu touteffois que icelluy Messire Loys faice sa résidence en sa personne au lieu Dorbe pour icelle desservir. S'il nom en cas de pure et légitime excusation et nécessité, au quel cas il pourra faire desservir ladicte chappelle par les chappelains ydoynes et souffisans de bonnes vies et honnestes conversations. Item que après le deces ou trespas dud. Messire Loys nous voulons et ordonnons que icelle nostre dicte chapelle et chappellenie soit baillie et conférée aux familiers et clergie de leglise d'Orbe. Et laquelle dois maintenant pour après le trespas dudict messire Loys leur avons donné et conféré, donnons et conferons par ces présentes soubz les charges et conditions cy-après déclarées c'est assavoir que ledit Messire Loys au présent chappelain, et après son décès et trespas, les chappelains de la dite familiarité et clergie dudit Orbe seront tenuz de dire a tousiours et perpétuellement une messe cothidiaine en ladite chappelle à heure convenable pour le confort et plaisir des sœurs que pour le temps seront audit couvent en la manière dessusdite. Et aussi seront tenuz de aidie a chanter aux frères dudit couvent à note à haulte voix et champs ecclésiastiques les messes conventuelles dudit couvent que se diront les dymanches festes solempnelles de lan et a toutes les festes ferables que l'on solempnize, solempnizeraet feriera pour le temps advenir en ladite abbaye. Et pour ce faire seront tenuz de fournir trois chappelains ou ung chappelain avec ung chantre ou deux enffans de cueur souffisans pour aidie a chanté a note haulte voix et champs ecclésiastique lesdites grandes messes esdits dymanches et festes dessusdites. Item voulons et ordonnons que quand il n'aura audit couvent aucuns religieux pour dire la messe conventuelle que le chappellain ou chappellains que desservira ou desserviront nostre dicte chappelle seront tenus de dire ladite messe au grant haultel dudit couvent toutes et quanteffois que les dits chappellains et mesmement celluy qui le desservira en sera requis par labbesse que pour le temps sera audit couvent ou quelle les en fera requerir.

Item, voulons et ordonnons que au cas que ledit Messyre Loys ou aulcuns desdits chappelains que desserviront la dite chappelle fussent des voyé de bonne vye et honneste conversation pour estre lubrigues et vicieux ou qu'ilz ne desservissent honnestement ladicte chappelle ou qu'ilz ne observeront toutes et singuliers les conditions ordonnances et charges contenues et déclairées en la présente fondation et que par leurs faultes ils ne fournissent chappellains ydoynes et souffisans agréables a ladicte mère abbesse et au père confesseur que pour lors seront en ladicte abbaye tant pour dire les petites messes cothidiaines que pour aydier a respondre et chanter lesdites grant messes dessusdites. En ce cas ou aulcuns d'eulx et après qu'ilz auront estez requis et admonestie par ladite mère abbesse que pour lors sera audit couvent qu'ilz corrigent leur faultes et emeudent leurs malvaises mœurs et accomplissent les charges dicelle chappelle. Sil deans quinze jours après ladite requisition et monition, lesditz chappellains ne se emendent et que les dits familiers et clergie ny pourvoient d'aultre chappellain de bonne vie pour dire et célébrer lesdites messes et qu'ilz ne facent et accomplissent le contenu en ladite fondation nous voulons et ordonnons iceulx familliers et clergie dudit Orbe estre privez deschargiers et desutés entièrement et perpétuellement de ladite chappelle des fruys et desserte d'icelle et que au lieu d'eulx touteffois que lesdits cas ou aulcuns d'eulx adviendront labbesse

que pour lors sera audit couvent puisse et doibge a ladvis et
délibération de ses sœurs discretes et de leur père confesseur donner et conféré ladicte chapelle a deux chappellains
et chappelenie ydoynes et souffisans pour desservir icelle
a la manière avant dite et les faires joyr des fruits et revenu dicelle chappelle soubz les charges et conditions des
susdites. Et sans ce que lesdits chappellain ou chappellains
puissent ou doibgent aler ne venir au contraire par quelque voye ou raison que ce soit ou puisse estre soit par droit
petitoire ou possessoire et nonobstans oppositions ou appellations quelxconques pour lesquelles ny voulons aulcunement estre différé et de ce faire avons donné et donnons par
ces présentes a ladite abbesse que pour lors sera audit couvent Dorbe plain pouvoir auctorité faculté et puissance.
Item seront tenus ledit Messire Loys pour le temps qu'il
tiendra ladite chappelle et après son décès et trespas lesdicts familiers et clergie Dorbe ou ceulx que ladite mère
abbesse instituera à la desserte de la dite chappelle de maintenir et reparer ladite chapelle en tous ses édiffices vestemens ornemens calices missel parcimaines et aultres choses
nécessaires touteffois que mestier sera et requis en seront
par ladite abbesse que pour lors sera oudit couvent et par
lordonnance dicelle a leurs propres frais missions et dépens.
Item que lesditz chappellains et clergie et chascun d'eulx
avant leurs réceptions promectront et jureront aux sainctz
évangilles de Dieu de non vendre aliener ne distraire aucunes rentes ne revenus de ladite chappelle. Ains que icelles
soubtiendront maintiendront et deffendront a leurs despens
et desferont bons et loyaux serremens et aussi qu'ilz ne
aulcuns d'eulx ne permueront ne changeront ladite chappelle ne le service dicelle a aultre en quelque manière que
ce soit sans le vouloir et consentement de ladite mère abbesse que pour lors sera oudit couvent. Et ou cas que aulcuns ou lung deulx fairoient le contraire que ladite renunciation soit nulle et de nulle valeur et que ladicte abbesse a
ladvis des seurs discretes dudit couvent la puissent anuler

et icelle chappelle donne de plain droit a aultre que
bon leur semblera, sault et reserver que ledit Messire Loys
porroit résigné et permuer la dite chappelle auxdits familliers et clergie Dorbe et non a aultre du vouloir et consentement de ladite mère abbesse. Item et pour ce que lesdits
familliers et clergie de ladite église Dorbe dois maintenant
ont acepté et acceptent ladite fondation. Et que durant la
vie dudit Messire Loys ilz veullent et entendent aidier a
desservir et fournir chappellains pour aidier a chanter la
noté et chants ecclésiastiques les grandls messes cy-dessus
déclairées leurs sera payé et délivré la somme de vingt-
francs monnnoye chascun an qu'ilz recouvreront par leurs
mains sur la rente de ladite chappelle en supportant leurs
portion des frais que pourroient subvenir sur la dite rente et
ne seront tenuz la vie du dit Messire Loys durant que de
fournir deux chappellains ou ung chantre avec ung chappellain et avec deux enffants de cueur ydoynes et souffisans pour aidier a dire et chanter a note les grans messes dessusdictes avec lesquels le dit Messire Loys sera
tenu destre et comparoir pour aidier à dire les dites
grans messes. Et quant icelluy Messire Loyse sera dehors
par la licence de la mère abbesse icelluy sera tenus de bailler et fournir ung chapellain ydoyne et souffisant pour avec
les chappelains dudit clergie aidié à dire les dites grans
messes et après le trespas dudit Messire Loys fairont et ac-
compliront les dits familiers et clergie tout le contenu en
la présente fondation comme dessus est dit. *Item* seront
tenus perpétuellement Led. Messire Loys sa vie durant et
après son décès et trespas lesdits familiers et clergie dudit
Orbe et tous aultres chappellains dicelle chappelle de
mectre sur l'haultel de ladite chapelle aux dymanches
festes solempnelles et feriables que se ferieront et sollemp-
nizeront oudit couvent deux cierges de cire ardans durant
la célébration de ladite messe que en icelle chappelle sera
dite et célébrée et aultres jours seront tenuz de mectre et
allumer sur ledit haultel un cierge ardant durant la célé-

bration de ladite messe. Et aussi fourniront de torches nécessaires pour ledit service honnestement comme il appartiendra... *Item* voulons et ordonnons que oudit cas que ledit Messire Loys perviendroit a estre du nombre et colliége des familliers et clergie dudit Orbe et quand il aura aucuns anniversaires que se diront es esglise dudit Orbe a icelluy Messire Loys seulement et de grâce spécial avons donné et donnons licence de pouvoir aler dire et desservir la messe de nostre dite chappelle en lune des églises de ladite ville, touteffois que la mère abesse lui en donnera licence et non aultrement sans ce que aucuns que pour le temps advenir soit chappelain de ladite chapelle puisse prétendre ne user dudit droit dessusdit. *Item* oultre plus voulons et ordonnons que se ladite chappelle ainsi fondée estoit vacquant ou vacasse par mort ou a deffault de suppourter aulcunes des charges contenues en icelle fondation que ladite chappelle ensemble tous et singuliers ses droits actions et prérogatives quelxconques perpétuellement soit tenue nouvelle et réputée estre et debvoir par droit dinstitution de la collation et totale disposition desdites mère abbesse et sœurs discretes dudit couvent auxquelles nous avons donné et donnons la provision et donnation institution et totale disposition ainsi que cy-devant est déclaré sans ce que aultrement de quelque estat autorité dignité ou préheminance que ce soit ait puissance au doibge avoir ne prétendre aulcune autorité ou faculté, oultre et a lencontre le vouloir et consentement desdites abbesses et sœurs pour la fondation et doctacion de ladite chappelle et pour lentretenement dicelle et desdits chappelain ou chappellains que desserviront icelle affin qu'ilz puissent honnestement vivre avons donné cédé remis et transporté donné cédons remectons et transportons a icelle nostre dite chappelle pour et au proffit dudit chappellain ou chappellains dicelle la rente annuelle et perpétuelle de soixante treize francs huit engrougnes monnoye courrant au conte de Bourgogne Laquelle rente soixante-treize francs huit engrougnes pour la doctacion et fondation dicelle cháppelle nous avons assigné, baillie et délivre assignons baillons et délivrons, pour et au prouffit d'icelle chappelle et desdits chappelains que en auront la desserte sur telle et semblable somme de soixante-treize francs huit engrougne que nous prenons chascuns ans de rente sur le partaige Dauxerre en la grans saulnerie de Salins par nous puis naguères acquises des héritiers de feu Pierre de Joigne payables chascun an aux termes a plain contenus et desclairey es lectre dudit vendaige. En de laquelle sommes dessusdites nous pourchasserons auxdits chappellains le consentement et amortissement ou il appartiendra De laquelle somme et rente dessusdictes nous noz fumes devestue et devestons pour et au prouffit de ladite fondacion dicelle notre dite chappelle et des chappellains d'icelle. Et avons promis et promectons en bonne foy et sur nôtre honneur garder et observer fermement et entièrement toutes et singuliers les choses dessusdites soubs hypothecque et obligation de tous et singuliers nos biens présens et advenir quelxconques. En tesmoingnaige de vérité desquelles choses nous avons prié requis et faict mectre à ces présentes le scel de Monsieur l'official de la Court de Besançon par maître Hugues de Vers clerc notaire publicque juré dicelle court ensemble et avec le scel du couvent et abbaye desdites seurs. Faict et donné ou couvent et abbaye desdites seurs le vingt huictième jour du mois de Jung lan nostre seigneur courrant mille quatre cens quatre vingt et treize Présens nobles hommes Claude Darnay filz de feu Jacques Darnay, Claude Darnay chastellain de Chalamant Pierre Darnay escuyers discretes personnes Messires Henry Grenat, Pierre Richart Hugues Pansart Pierre Combe prêtres et chappellains de ladite clergie dudit Orbe, Philippe Dargilly, Oudot de pierre fleur, amont Villette et plusieurs aultres tesmoings ad ce appellez et spécialement requis Ainsy signé : L. de Vers. En témoingnaige de vérité duquel présent vidimus jay signé ces présentes de mon saing manuel et faict seeler du scel aux causes de la court du bailly de mondit sieur donné a la Rivière le quinzième jour de Novembre lan mille quatre cens quatre vingt et quatorze. Ainsy signe fabry.

Les dictes lettres seront scellées d'un petit scel tout entier en cire verte à double queuhe de parchemin pendant.

Note IV.

Les véritables signes pour connaître quand un monastère commence à perdre l'esprit de religion, ou quand il l'a déjà perdu.

1. Quand la tiédeur se glisse dans l'oraison, ou qu'on la fait par coutume, sans connaître par expérience la nécessité que l'âme a du secours divin.

Où l'oraison n'est pas bonne, il n'est point de véritable esprit.

2. Quand on désire les visites des parents et des amis.

La religieuse n'aime pas Dieu, qui a de l'affection pour autre que pour lui; Dieu veut être aimé tout seul; on triomphe de l'amour des parents, en fuyant et non pas en combattant.

3. Quand on désire des viandes délicates ou bien apprêtées.

Qui se laisse gagner au démon par la friandise, ne peut recevoir les attraits du ciel.

4. Quand on perd l'amour de la pénitence.

La chair et l'esprit de Dieu ne peuvent pas s'ajuster ensemble.

5. Quand les religieuses sont trop délicates en leurs maladies.

Il n'y a pas beaucoup de l'esprit de Dieu, là où l'on craint la perte du corps; qui aime véritablement Dieu, reçoit les infirmités comme des faveurs, et la mort comme une grâce; parce qu'il s'en va faire les noces avec l'époux de son âme.

6. Quand on perd l'amour du silence.

Qui n'a pas l'esprit de Dieu, ne peut se taire. Qui parle souvent avec Dieu, les anges et sa propre conscience, a bien peu de temps pour s'entretenir avec les créatures.

7. Quand on se laisse emporter à l'ambition, ou au désir des supériorités.

Le maître de l'humilité, Jésus-Christ, ne se trouve jamais où l'ambition règne.

8. Quand on méprise l'obéissance même en chose légère.

Le démon ne commence pas par des petites choses pour s'en contenter, mais pour attirer l'âme à de grandes.

Qui est désobéissant en l'extérieur, a déjà la rebellion dans son intérieur, à savoir dans son esprit et dans sa volonté.

9. Quand on se laisse emporter à l'oisiveté, ou qu'on travaille par grimace.

En ne rien faisant, on apprend à faire de grands maux.

Le démon ne perd pas le temps, où l'oisiveté règne, son emploi est de tailler de la besogne à qui vit sans soucis.

10. Quand la supérieure est partiale, ou qu'elle commande plutôt pour se faire aimer que pour faire aimer Dieu.

Celle-là ne peut pas être appelée fidèle servante de Dieu qui dérobe l'amour qui lui est dû.

11. Quand les novices sont élevées sans l'esprit d'oraison, d'humilité, de patience, de mortification et d'une parfaite obéissance.

Qui plante une mauvaise vigne, ne peut pas en espérer de bons raisins.

Une novice qui n'a point l'esprit de Dieu, est un corps sans âme, qui est toujours puant en quelque endroit qu'on le mette.

12. Quand on loue la science, l'esprit, la prudence, la beauté, ou la noblesse.

Où la vanité est estimée, on ne fait pas grand cas de la vertu.

13. Quand on a des inclinations trop fortes pour un pays, ou pour un parti.

Dieu qui est paix et charité, ne se trouve pas là où loge la division.

Malheur à celui qui entreprend de partager la robe de Jésus-Christ.

14. Quand on fait connaître par les habits plus de curiosité que de pauvreté.

La religieuse qui couvre son corps avec trop de soin, a ordinairement l'âme bien nue.

15. Quand on fréquente trop les parloirs.

L'oiseau qui porte souvent la tête hors de sa cage, n'y demeure qu'avec répugnance.

Qui ne peut pas sortir pour retourner au siècle, et qui le voit avec plaisir par la grille, montre qu'il a beaucoup d'amour pour lui.

La fréquentation de la grille déserte le chœur.

Le feu ne manque pas aux grilles, qui s'en approche se chauffe en cette vie, mais il brûlera bien en l'autre.

Qui veut voir, veut être vu, qui veut être vu, veut être aimé, qui veut être aimé des créatures, n'aime guère le Créateur.

C'est mal juger des choses, que de croire qu'il y ait beaucoup de perfection dans les monastères, où l'on fait profession de fréquenter les parloirs.

16. Quand on murmure beaucoup.

Le tonneau vide fait du bruit, et quand l'esprit est dissipé, l'on entend les murmures.

Si le chariot de l'âme n'a pas l'onction du Saint-Esprit, il étourdit par son bruit tout le voisinage.

Il y aurait moins de mal de manger de la viande le samedi, que de murmurer du prochain.

17. Quand on perd l'amour de la sainte pauvreté.

Qui se charge de terre, ne peut pas suivre Jésus-Christ tout nu.

18. Quand on désire des beaux et superbes bâtiments.

Qui désire des palais, ne demeure pas dans l'étable de Bethléem.

On ne peut pas être citoyen du monde, et citoyen du ciel.

19. Quand on ne corrige pas les fautes à propos.

La vigne qui n'est pas taillée, devient sauvage : les fautes négligées se changent en mauvaises coutumes, et les habitudes vicieuses sont difficiles à déraciner.

Le monastère bien réglé n'est pas différent de celui qui est mal réglé, pour n'avoir point de défauts, mais parce qu'il les corrige, et qu'il les punit par la pénitence.

20. Quand on se fâche, ou qu'on se plaint, après avoir été corrigé.

Il ne se peut pas faire que celui-là porte la croix de Jésus-Christ, qui ne veut pas porter celle du bon larron.

C'est un emportement de frénétique, que de cracher au visage du médecin.

21. Quand on considère plus la dot que la vertu pour recevoir des filles dans la religion.

Ceux qui désirent plus les personnes riches que les vertueuses, ont plus de génie pour augmenter les revenus d'un monastère que pour accroître le culte de Dieu ; il faut recevoir celles qui sont riches d'esprit et de vertus.

22. Quand on obéit plus volontiers à une supérieure qu'à l'autre.

Qui fait plus volontiers la révérence à un crucifix d'or qu'à un d'argent, n'adore pas tant Jésus-Christ que la figure.

23. Quand les exercices de monastères se commencent sans préparation, et qu'ils se finissent sans actions de grâces.

Qui mange par coutume, a peu d'appétit, et se rassasie bientôt, et a du dégoût pour la viande ; qui s'acquitte d'un emploi par coutume, s'en lasse d'abord, et après l'abandonne.

24. Quand on dort plus de sept heures.

Le sommeil engendre la paresse : une religieuse paresseuse ne fait aucun bien pour soi, et empêche les autres.

25. Quand les religieuses plus anciennes font les délicates sans nécessité, et qu'elles veulent être plus estimées et plus honorées quoiqu'elles travaillent moins.

Les plus anciennes au service de Dieu doivent avoir acquis plus de vertus.

Dieu ne récompense pas le temps, mais l'œuvre. Une jeune religieuse peut plus mériter en un an, servant Dieu avec ardeur, qu'une ancienne qui servirait Dieu cent ans avec tiédeur.

26. Quand on dispense de la règle sans nécessité.

Qui dispense sans nécessité, détruit la règle et la religion ; parce que les dispenses indiscrètes se convertissent en abus.

Malheur à qui introduit le premier quelque relâchement dans un monastère, parce que où le relâchement prend pied, l'herbe n'y vient plus.

27. Quand le désir de s'avancer dans le chemin de la perfection se refroidit.

Qui se contente de faire peu de bien, trouvera bientôt son cœur vide.

Ne considérez pas les plus imparfaites ; mais considérez la vie des saints, qui ont fondé des religions, et vous perdrez la tiédeur.

28. Quand celle qui a été supérieure, devenue sujette, obéit avec difficulté.

La véritable servante de Dieu se connaît plus en obéissant qu'en commandant.

Le démon sait commander, mais il ne sait pas obéir.

29. Quand on parle souvent et beaucoup avec le confesseur.

En parlant souvent et beaucoup avec les confesseurs, l'on acquiert plus de matière de confession, que d'esprit pour s'amender.

30. Quand on introduit des paroles *libertines* au préjudice de la vertu et de la pénitence.

Une langue gâtée est la marque d'un estomac infecté, et où l'on canonise le vice, certainement la vertu en est bannie.

31. Quand on a coutume de dire des bouffonneries, ou des extravagances pour rire.

L'esprit de bouffonnerie ne peut s'accorder avec l'esprit d'oraison et de pénitence.

32. Quand on nourrit des rancunes et des aversions.

C'est une chose terrible d'être peu, et de ne pas s'accorder.

Si les pacifiques sont les enfants de Dieu, celui qui aime la guerre, de qui sera-t-il le fils?

33. Quand on désire des confesseurs à conscience large.

Malheur aux brebis, quand le pasteur devient loup.

Un semblable confesseur suffit pour ruiner un monastère.

Celui-là est bon confesseur, qui ne vole pas l'amour à Jésus-Christ.

34. Quand les novices pratiquent la mortification, plutôt pour arriver à la profession, que par esprit de perfection.

Qui ne se mortifie pas pour l'amour de Dieu est martyr du démon.

35. Quand on élit des officiers du monastère, plus par affection, par brigues, et raison de parenté, que par la considération des mérites.

Qui fait une élection par respect humain, rendra compte à Dieu de tous les défauts que commettent celles qui sont mal élues.

36. Quand on accepte plus volontiers les offices d'honneur que d'abjection.

Qui sert bien Dieu, ne regarde pas l'office, mais l'obéissance, laquelle se pratique beaucoup mieux dans les offices abjects, que dans les autres, dans lesquels pour l'ordinaire l'amour-propre se trouve.

37. Quand on lit des livres spirituels plutôt pour appren-

dre, que pour faire ; quand on tient des chapitres par coutume, et que l'on dit des coulpes par grimace, et non pour se corriger.

L'infirmité est mortelle, quand les médicaments ne profitent point.

Les exercices spirituels sont les médecins de l'âme.

38. Quand on parle beaucoup de recréation, et de ce qui flatte le corps.

Qui n'a de la haine pour son corps, ne sait pas aimer Dieu, ni l'âme.

Celui-là ne peut pas aimer le Crucifié, qui est ennemi de la croix.

39. Quand on a plus de soin de l'extérieur que de l'intérieur.

C'est un cimetière de morts, et non pas une maison de religieuses vivantes, où il n'y a point d'autre bonté que celle qui paraît au dehors.

La modestie des yeux doit insinuer l'obligation que nous avons d'être attentifs à nos propres défauts.

La tête baissée nous apprend la résignation de la volonté ; les bras en croix, le désir de souffrir pour Dieu.

Quand on se met à genoux, on se doit représenter les diverses chutes dans le péché de la fragilité humaine.

Les robes de laine représentent la patience et la douceur des agneaux.

L'habit blanc, la pureté de la conscience. Le noir, la mort au monde.

Les cheveux coupés montrent qu'il ne faut jamais penser au monde.

Les souliers qui sont faits de la peau d'un animal mort, représentent aussi la mémoire de la mort.

Quand l'extérieur s'accorde avec l'intérieur, une maison religieuse est une véritable maison de Dieu.

40. Quand la supérieure est relâchée et remplie de tiédeur.

Si le chef est malade, les autres parties du corps sont languissantes.

Le poisson commence à se corrompre par la tête.

Un aveugle ne saurait conduire qu'au précipice.

Veillez, ô supérieure, parce que vous avez à rendre un compte à Dieu fort rigoureux, des épouses qu'on vous a données en garde.

Veillez, parce qu'entre l'observance et le relâchement, il n'y a qu'un travers de couteau.

Ne confiez point les offices, qui donnent sujet de parler aux hommes, qu'à des personnes âgées, dévotes, modestes, et qui parlent peu.

Ne faites point portière ou sacristaine une jeune religieuse, si elle n'est pas sainte ; lui donner ces emplois c'est l'exposer au péril évident de la tentation.

Veillez, parce que le démon ne dort jamais, et le vice s'apprend en un moment.

Veillez, parce que la chasteté est un verre si délicat, qu'un peu de souffle le ternit.

Tenez vos filles éloignées des grilles, autant qu'il vous sera possible, parce que les grilles enseignent le mal, ou font perdre l'estime de la perfection.

Ayez à cœur la ponctualité de l'observance de vos règles, parce que telle est la volonté de vos fondateurs.

L'on vous recommande les stations continuelles devant le Saint-Sacrement, si ce n'est de nuit, au moins de jour, parce qu'à force de communiquer avec le chef des saints, on acquiert la sainteté.

N'oubliez pas aussi la dévotion à la sainte Vierge qui consiste à imiter ses vertus.

Priez pour le renouvellement du clergé.

Note V.

De grand vouloir, de cœur et d'âme,
A vous, me rends, très sainte Dame,
Priant béate sœur Louise,
A qui mon âme ai commise,
Me recevoir en votre garde.

Hélas! Dame, que bien me tarde
D'être en votre protection!
Car j'ai conçu dévotion
De vous tenir pour ma Princesse,
Mon advocate, mon adresse,
En l'accident qui m'est venu
Dont en douleur suis détenu;
Et ne puis faire mon office,
Ni a longue faire service,
A vos filles du couvent d'Orbe,
Puisque m'est venu ce destorbe.

O noble fleuron de Savoie!
Ce viateur ne peut, la voie
Ni ses voyages, bien parfaire;
Pourquoi requiert votre adjutoire.
Vous avez la puissance telle
Que qui est en votre tutelle,
Il aura, par vous, ce bonheur,
Que gardé sera de malheur,
De danger et d'infortune,
Allant de jour ou à la lune.
Après Dieu, j'ai bonne espérance,
Que vous me ferez pour défense
Contre tous insidiateurs,
Détracteurs et émulateurs,
Luthériens et hérétiques,
Maudits malins, pensers iniques.

Certes, vous êtes la Dame forte
Qu'avez, des ennemis en cohorte,
Obtenu triomphe et victoire,
Dont avez la couronne et gloire.
Vous avez vaincu, surmonté
L'ennemi, et le corps dompté ;
Ayant le cœur très pur et monde
Mettant le pied dessus le monde,
Le délaissant de grand courage
En la fleur de votre jeune âge,
Déprisant pompes et richesse,
Qu'étiez si haute princesse.

Note VI.

Cantique en l'honneur de la bienheureuse Louise de Savoie (Fête le 24 Juillet).

> *Dimitte omnia, et invenies omnia.*
> Quittez tout et vous trouverez tout.
> (*Im.* Liv. III, ch. xxxiii.)

Sur l'air du Cantique à saint François-Xavier.

1

Commencement du XVe siècle, sainte Colette
Fin du même siècle, la bienheureuse Louise de Savoie.

En ce siècle où l'Ordre de Claire
Vit se rallumer son flambeau,
La cime des Alpes s'éclaire
Des rayons d'un astre nouveau ;
Colette avait rouvert la voie,
Le sentier âpre et glorieux
Par où Louise de Savoie
Elle, aussi, va monter aux cieux.

LE CHŒUR

Qu'elle vive en notre mémoire,
Objet d'un culte solennel ;
Qu'elle brille au sein de la gloire,
Radieuse étoile du ciel.

2

Le bienheureux Amédée, père de Louise (1462).

Lorsque sur les marches du trône
Dieu fait naître un de ses élus,
Toujours sa sagesse environne
Le berceau d'insignes vertus.
A Louise il donne pour père
Un Amédée, un Bienheureux ;
Vous la verrez, digne héritière
D'un sang si pur, si généreux.

Le Chœur.

3

L'enfance de Louise.

O de la première innocence
Qu'à nos cœurs les charmes sont doux !
Comment peindre la jouissance
D'Yolande et de son époux,
Quand la jeune âme de Louise
S'ouvrait docile à leurs leçons,
Comme au souffle pur de la brise
La fleur des alpestres vallons.

4

Nécessité d'unir l'exemple au précepte dans l'éducation chrétienne des enfants.

Heureux parents, dignes de l'être,
Qui prenez pour enseignement,
La loi sainte du divin Maître,
Loi que rien en vous ne dément ;
Aussi votre fille chérie
Sous vos yeux croît en piété.
Son amour pour Dieu, pour Marie,
Fait présager sa sainteté.

5

Louise perd son père et sa mère.

A peine sa belle jeunesse
Avait compté seize printemps,
La mort cruelle, à sa tendresse,
Ravit ses vertueux parents.
Que fera-t-elle, seule au monde ?
Vers le divin Consolateur,
Louise, en sa douleur profonde,
Tournera ses yeux et son cœur.

6

Double influence.

« Veux-tu, ma fille, être parfaite,
Lui dit Jésus, écoute et vois :
Pour gagner ce sublime faite,
Quitte tout... embrasse ma croix. »
Une autre voix dit : « Le grand prince
Hugues sollicite ta main ;
Louise, sors de ta province,
Il te faut l'épouser demain. »

7

Mariage de Louise avec le prince Hugues de Châlon (1479).

C'est l'oncle, frère d'Yolande,
Qui parle au nom d'un droit sacré :
Il propose, il presse, il commande.
Louise a dit : « J'obéirai. »
Elle part, et cette alliance,
Objet des plus ardents souhaits,
Vient, à tout un peuple en souffrance,
Rendre le bonheur et la paix.

8

Apostolat de Louise vis-à-vis du prince et des gens de sa maison.

Sur son époux, bientôt Louise
Exerce un ascendant heureux,
Pieuse et tendre elle maîtrise
Du guerrier les élans fougueux.
Il redevient chrétien par elle :
Tout cède à ses charmes vainqueurs,
Et cette princesse modèle
Sait gagner à Dieu tous les cœurs.

9

Mort du prince Hugues (1490).

Tandis qu'honorée et bénie,
Louise pouvait s'applaudir
De la salutaire harmonie
Qu'elle avait fait naître et grandir ;
Quel hôte, au seuil de sa demeure,
Vient frapper ?... Le trépas jaloux...
Hugues touche à sa dernière heure,
O femme, tu n'as plus d'époux !

10

Deuil de Louise, sa charité pour les pauvres.

Ah ! de la veuve inconsolée
Qui racontera les douleurs.
Autour de ce froid mausolée
Que ses yeux inondent de pleurs...
Elle cherche dans la prière
Un allégement à son deuil ;
Et l'indigent de sa chaumière
La voit souvent franchir le seuil.

11

**Ses soins pour les malades.
Elle songe sérieusement à se faire religieuse.**

Est-il un mal qui ne la touche ?
A l'infirme porter secours,
Retourner doucement sa couche,
C'est son œuvre de tous les jours.
Mais ne parlez point à Louise
D'un second et brillant hymen,
De Dieu seul son âme est éprise,
Hormis Dieu, le reste n'est rien.

12

Détermination prise (1492).

De ce Dieu la voix la rappelle ;
Cette douce et puissante voix
Lui redit : « Viens, âme fidèle,
Quitte tout, embrasse ma croix !!!
Louise, donc, aux lieux qu'elle aime,
S'arrache, et domptant son émoi,
Elle jette un adieu suprême
Au beau castel de Nozeroy.

13
Néant du faste et des grandeurs.

Antique et fière résidence
De hauts et très puissants seigneurs.
Qu'as-tu fait de ton opulence,
Que reste-t-il de tes splendeurs!...
Une ruine est l'héritage
Que tu léguas à l'avenir!...
Et toi, Louise, d'âge en âge
Tu vis dans notre souvenir.

Tu vis, chère à notre mémoire,
Objet d'un culte solennel;
Tu règnes au sein de la gloire,
Radieuse étoile du ciel.

14
**Louise Clarisse au monastère d'Orbe.
Ses vertus, sa sainte mort.**

Libre, enfin, vers un monastère
Elle a pris son joyeux essor,
Et d'Orbe la famille austère
Reçoit ce précieux trésor.
Vouer une triste clôture,
S'astreindre au plus humble labeur,
En tout asservir la nature,
Pour elle, voilà le bonheur.
    Tu vis....

15
Ses vertus, sa sainte mort (1503).

Ici, comme au milieu du monde,
On admire sa piété
Et son humilité profonde,
Et sa parfaite charité,

Mais le ciel la réclame,
Voici l'époux, le Dieu d'amour :
Quitte l'exil, vole, ô belle âme !
Prends place en l'immortel séjour.
    Tu vis....

16
**La dépouille mortelle de Louise
est transférée à Nozeroy,
sauveé en 1531 de la profanation des Calvinistes**

Trente ans plus tard, la maison sainte
Où dorment les os vénérés,
Voit fondre autour de son enceinte
Des profanateurs abhorrés ;
Elle tremble !... et se dépossède
Du cher et précieux trésor.
C'est à Nozeroy qu'on le cède,
Louise y vivra donc encore.

Ton nom est à notre mémoire
Plus doux que le rayon de miel ;
Louise, oh ! règne dans la gloire,
Mais fais-nous arriver au Ciel.

17
**Béatification de Louise en 1839 par Grégoire XVI.
Translation nouvelle de ses reliques : leur adjonction
à celles de son bienheureux père.**

Trois siècles durant, cette ville
Conserva le dépôt sacré ;
Mais loin de ce modeste asile
Il devait être transféré.
Le Christ a parlé ; son vicaire
Veut, par un décret souverain
« Qu'on adjoigne la fille au père,
Sous un même autel à Turin. »
    Ton nom est...

18
**Invocation au bienheureux Amédée
et à la bienheureuse Louise.**

Vous que même tombeau rassemble,
Vous que couronne dans les cieux
Même gloire, ah! tous deux ensemble
Soyez propices à nos vœux :
Sur l'Helvétie et sur la France
Jetez un regard protecteur ;
Faites à nos jours de souffrance
Succéder des jours de bonheur.

PRIÈRE A LA BIENHEUREUSE

O Dieu ! qui nous avez offert dans la bienheureuse Louise, placée dans toutes les positions de cette vie, un exemple admirable de vertu, accordez-nous la grâce de pouvoir suivre ses traces dans la voie où vous nous avez appelés, et de mériter d'être avec elle réunis à vous dans le Ciel. par Jésus-Christ Notre-Seigneur.

Ainsi soit-il.

NOTE VII.

Décret de la sacrée Congrégation des Rites.

Le Révérendissime Évêque de Saint-Claude, récemment élu, désirant satisfaire aux vœux du clergé de la paroisse de Nozeroy, située dans son diocèse, a sollicité instamment de Notre Saint-Père le Pape Léon XIII la faveur de pouvoir célébrer le 24 juillet la fête de la bienheureuse Louise de Savoie dont la mémoire est encore en bénédiction dans cette localité, avec l'Office et la Messe déjà approuvée par le Saint-Siège pour les diocèses du royaume de Sardaigne.

Or Sa Sainteté, sur le rapport du secrétaire de la sacrée Congrégation des Rites, a daigné accueillir favorablement cette supplique, pourvu toutefois que les rubriques fussent observées.

Le VII° jour d'avril 1881.

Cardinal BARTOLINI,
Préfet de la sacrée Congrégation des Rites.

TABLE DES MATIÈRES

Lettres d'approbation de Mgr Mermillod, de Mgr Besson, de Mgr Marpot, de Mgr Lachat et de Mgr l'archevêque de Turin.

	Pages.
Préface	IX, XX

PREMIÈRE PARTIE
(1462-1492).

Chapitres.

I.	Naissance de Louise de Savoie. — Le bienheureux Amédée, son père; la duchesse Yolande, sa mère. — Enfance de Louise	1
II.	Vertus de la bienheureuse Louise. — Testament de Louis de Châlon. — Le prince Hugues à la cour de Savoie	9
III.	Troubles en Savoie. — Mort d'Amédée, sa sainteté. — Yolande régente	16
IV.	Fiançailles de Louise de Savoie avec Hugues de Châlon. — Bataille de Grandson. — Louise à Nozeroy. — Bataille de Morat	23
V.	Le duc de Bourgogne fait enlever Yolande et sa famille. — Captivité de Rouvres.	30
VI.	Situation des captifs. — Louise est visitée dans sa prison par son fiancé. — Intervention de Louis XI	36
VII.	Fin de la captivité. — Alliance avec le roi de France. — Retour en Savoie.	41
VIII.	Mort de Charles le Téméraire. — Hugues de Châlon prisonnier du roi de France. — Mort de la duchesse de Yolande.	48
IX.	La bienheureuse Louise à la cour de France. — Négociations avec Hugues de Châlon. — Sa délivrance	52
X.	Maison de Châlon. — Château de Nozeroy.	57
XI.	Mariage de Louise avec Hugues de Châlon. — Fêtes et voyages de noces.	65

		Pages.
XII.	Louise à Nozeroy. — Son action bienfaisante. — Réforme du château.	72
XIII.	Suite du chapitre précédent : Louise à Nozeroy. — Chapelle du château	76
XIV.	Fondations. — Œuvres d'utilité publique. — Droit de collature et de patronage	83
XV.	Voyages et excursions. — Louise et le couvent d'Orbe. — Pèlerinage de Saint-Claude	88
XVI.	Traités et alliances. — Hugues et Louise. — Leur amitié ; leurs entretiens.	95
XVII.	Maladie et mort de Hugues. — Ses funérailles. — Son testament. — Fin de la maison de Châlon.	100
XVIII.	Douleurs et consolations. — Veuvage de la bienheureuse Louise. — Sa manière de vivre.	109
XIX.	Charité de la bienheureuse Louise. — Faits exemplaires. — Prodiges	115
XX.	Grande résolution de la bienheureuse Louise. — Sa vocation religieuse. — Elle se dépouille en faveur des églises et des monastères	120
XXI.	Catherine de Saulx. — Sa vocation à la vie religieuse. — Soupirs après le cloître	126
XXII.	Charlotte de Saint-Maurice. — Sa vocation. — Lettre de Louise aux religieuses d'Orbe	132
XXIII.	Louise renonce à tous ses droits et prérogatives. — Départ de Nozeroy. — Arrivée à Orbe.	137
XXIV.	Entrée de la bienheureuse Louise au couvent. — Douleur et regrets de ses serviteurs	143

DEUXIÈME PARTIE
(1492-1503).

XXV.	Le couvent d'Orbe. — Les Clarisses	155
XXVI.	Noviciat de Louise. — Profession religieuse	164
XXVII.	Vie du couvent. — Vertus religieuses	170
XXVIII.	Suite du chapitre précédent : Vertus. — P. Perrin, aumônier du couvent d'Orbe	177
XXIX.	Don d'oraison, de prophétie et de miracle. — Louise s'intéresse à la canonisation de la bienheureuse Mère Colette. — Ses écrits	183

Pages.

XXX. Infirmités, souffrances de Louise. — Dernière maladie 190
XXXI. Derniers moments de Louise. — Sa sainte mort. 195
XXXII. Obsèques de Louise. — Faits merveilleux et faveurs dues à son intercession. Son panégyrique 202
XXXIII. Les restes de la bienheureuse Louise transférés à Nozeroy. — La réforme à Orbe. — Ses conséquences 208
XXXIV. Concours au tombeau de la bienheureuse. — Exhumation et translation de ses reliques. . 214
XXXV. Examen des reliques. — Leur translation à Turin 221
XXXVI. Culte traditionnel décerné à la bienheureuse Louise. — Témoignages rendus à sa sainteté. — Démarches pour obtenir sa béatification . 226
XXXVII. Décret du Saint-Siège confirmant le culte immémorial et public rendu à la Bienheureuse Louise. — Actes postérieurs 229
Epilogue. 239
Pièces justificatives. 241

ERRATA

Page 7, dernière ligne, *avevo*, lisez ***aveva***.

Page 20, deuxième ligne d'une lettre, ***maitrese***, lisez ***maitresse***.

Page 75, sixième ligne, dès le bas, ***vertueuement***, lisez ***vertueusement***.

Page 157, neuvième ligne de la note, ***appelé***, lisez ***appelée***.

Page 214, deuxième ligne, ***rop***, lisez ***trop***.

Page 236, ligne 13, *statue représentant la*, lisez *statue de*.

Page 236, avant-dernière ligne, *curé actuel de*, lisez *curé de*.

Page 237, ligne 10, *obiitin*, lisez *obiit in*.

OUVRAGES

Notice historique sur l'abbaye de ...
Neuchâtel, 1143 à 1890.

Vie de saint Guillaume, chanoine de ...
1231.

Le canton de Fribourg. Le bienheureux ...
et le bienheureux Nicolas de Flüe

Vie abrégée de la bienheureuse Louise
voie.

Les Conversations de la bienheureuse Louise
Savoie.

Les Catholiques sont-ils idolâtres?

La Réforme à Morat.

SOUS PRESSE

Les Catholiques sont-ils idolâtres?
3ᵉ édition.

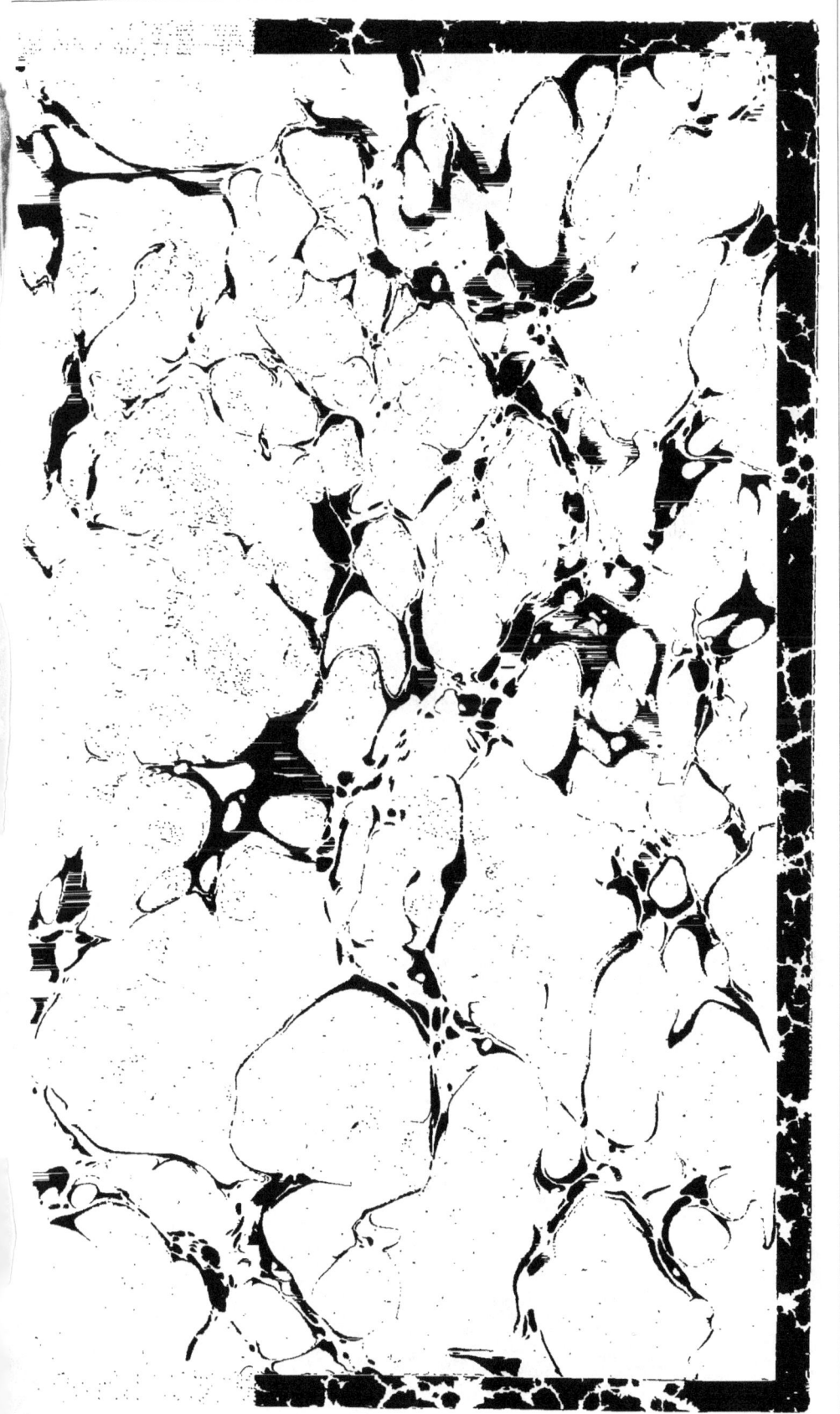

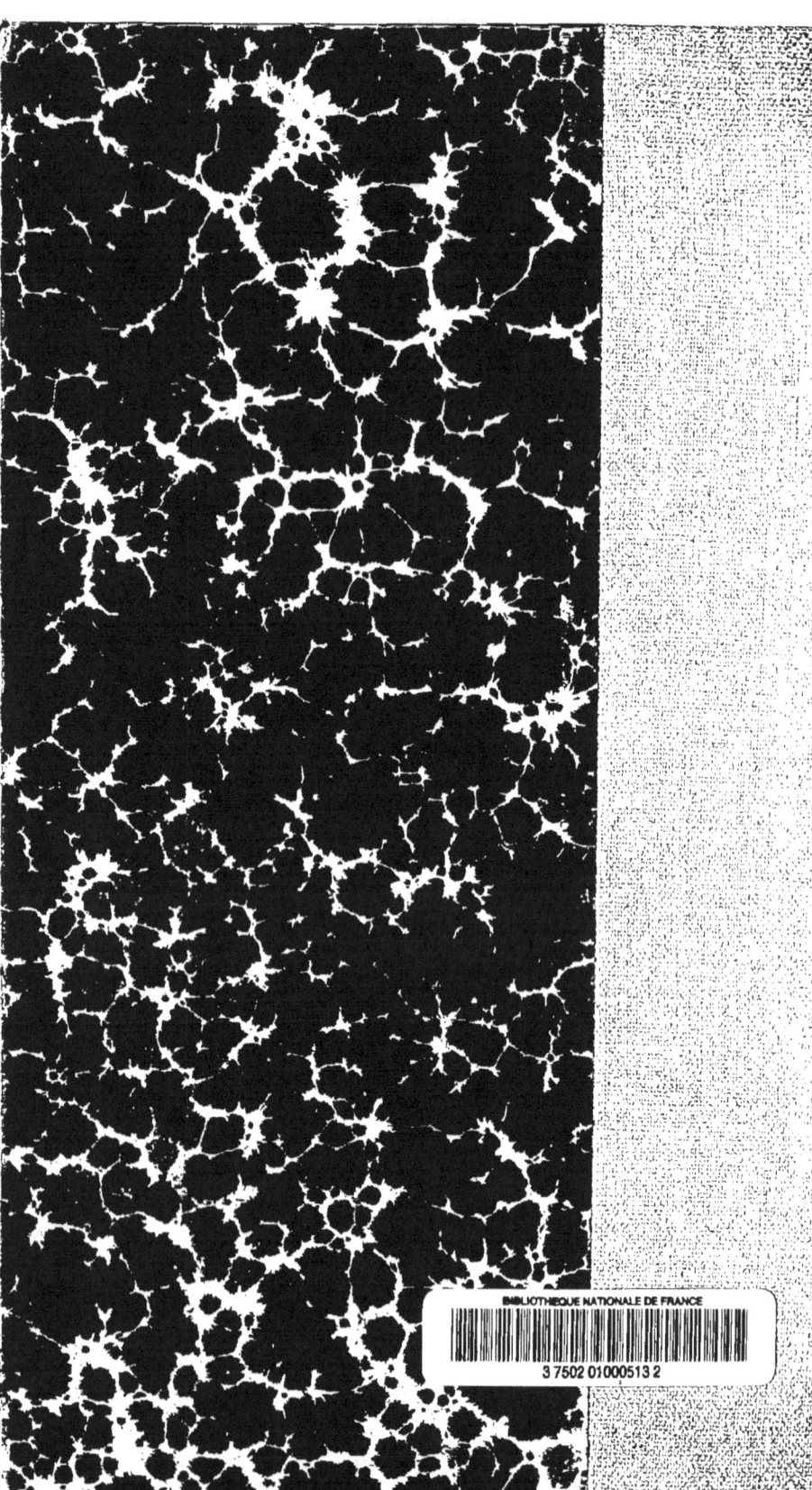

www.ingramcontent.com/pod-product-compliance
Lightning Source LLC
Chambersburg PA
CBHW072110170426
R18158300001B/R181583PG43191CBX00004B/7